다시, 사람에 집중하라

다시,
사람에 집중하라

비대면 업무 시대,
리더는 어떻게 소통과 화합을 이끌어야 하나?

댄 쇼벨

남명성 옮김

예문아카이브

| CONTENTS |

1부

자체 연결을 익혀라

2부

팀 내 연결을 만들어라

3부

조직 내 연결을 구축하라

Back To Human

신기술은 직장에서 어떻게 우리를 고립시키는가

·

우리의 초연결은 디지털 에덴동산에서 우리를 유혹하는 뱀과 같다.
—아리아나 허핑턴 [1]

넷플릭스에서 방영하는 인기 높은 영국 SF 드라마 〈블랙 미러〉 가운데 '추락'이라는 에피소드를 본 나는, 현재 사회가 매우 잘 반영되고 있어서 깜짝 놀랐다. 다른 이들에 대해 스마트폰으로 점수를 매길 수 있고, 점수가 각자 삶에 영향을 준다는 상상 속 세상에서 벌어지는 이야기를 담은 드라마다. 주인공 레이시는 자기 점수를 올리느라 혈안이 되어 있는데, '좋아요'와 댓글 수 그리고 현재 자신의 상황을 타인과 공유하는 데 집착하는 요즘 사람들과 무척 닮은 모습이다. 이야기가 시작할 때 레이시의 점수는 5점 만점에 4.2점인데, 친구가 사는 더 고급 동네로 이사하려면 적어도 4.5점까지 올려야 한다. 점수가 4.8인 친구 나오미는 레이시에게 결혼식 들러리 역할을 부탁한다. 결혼식에 가던 레이시는 연달아 불행한 상황에 빠지면서 점수가 2.6점으로까지 떨어지게 된다. 결국 나오미는 레이시에게 결혼식에 오지 말라고 말한다. 꾸며낸 이야기인데도 이 드라마는, 신기술이 사람들을 함께할 수 있도록 만드는 동시에 어떻게 갈라놓을 수 있는지 보여주고 있다. 또 나도 모르게 사회적으로 비교하면서 우리가 어떻게 잘못을 저지르는지, 우리와 다른 모든 사람을 얼마나 비참하게 만들고 있는지 가차 없이 보여주는 거울 같기도 하다.

현대 기술은 우리 일터에 10년 전만 해도 불가능했던 다양한 방식으로 영향을 미쳤다. 인스턴트 메신저, 디지털 플랫폼 그리고 화상회의 시스템은 우리가 일하는 방식과 시간과 장소를 완전히 바꿔놓았다. 한 갤럽 조사에 따르면 미국 전체 노동자 가운데 3분의 1 이상이 재택근무 경험이 있는데, 프리랜서 조합이 낸 발표를 보면 프리랜서가 전체 노동자의 3분의 1 이상이라고 한다.[2] 로봇공학과 인공지능은 우리의 생산성을 지나칠 정도로 끌어올리면서, 사람의 업무를 대신하거나 심지어 시장에서 정규직 일자리를 없애고 있다. 맥킨지에 따르면 오늘날 경제활동 가운데 절반은 2055년까지 자동화가 가능하다고 하는데, 이는 세계적으로 거의 15조 달러에 가까운 임금에 해당한다.[3]

긍정적인 면을 보자면 네트워크나 애플리케이션, 스마트폰은 더 사회적이고 협력 가능하며 장점이 돋보이는 글로벌 일터를 만들어내기도 했다. 〈하버드 비즈니스 리뷰〉에 따르면 지난 20년 동안 공동작업이 50퍼센트 늘었고, 현재 노동자들이 하는 일상 업무의 75

퍼센트 이상을 차지한다.[4] 하지만 그런 공동작업 가운데 점점 더 많은 부분이 소셜네트워크와 모바일 앱 내부에서 벌어질 뿐, 사람들 사이에서는 이루어지지 않고 있다. 이런 기술 발전을 막을 방법은 없다. 기술은 앞으로도 계속 우리의 직장 생활을 바꾸고 개조할 것이다.

세상이 얼마나 빨리 바뀌는지 예를 들어 설명해보겠다. 19세기 후반 전화기가 발명되었을 때, 이 새로운 기술이 전체 가정 절반에 보급되기까지 수십 년이 걸렸다. 100년 뒤인 1990년대 휴대전화는 같은 수준으로 보급되기까지 채 5년도 걸리지 않았다.[5] 미래에 발명될 장치는 어쩌면 더욱 빠른 속도로 퍼질 수도 있다.

우리가 사용하는 기기들은 실시간 상호작용이나 작업 흐름의 효율성, 새로운 아이디어의 창출, 자원에의 빠른 접근 등, 놀라울 만큼 수많은 혜택을 제공한다. 동시에 그 기기들은 우리 사이의 관계를 망치고 일터가 제대로 기능하지 못하게 만들기도 한다. 우리는 단단하게 뭉치지 못한 채 느슨하게 연결된다. 생산성 높은 회의를 하는 대신 서로 다른 곳에 정신을 팔고 있다. 신기술은 현대 노동자들이 서로 고도로 연결되어 있다는 환상을 만들어냈지만, 현실에서 대부분은 동료로부터 고립되어 있다고 느낀다. 사람들이 가장 원하는 것은, 그리고 점점 더 많은 연구에서 보여주듯 가장 성취감이 높은 직장 문화의 특징은 다른 사람들과 진정으로 연결되어 있다는 느낌이다.

신기술 중독이 점차 늘고 있다. 신기술 발전과 함께 자랐고 그래서 더 얼리어답터일 가능성이 큰 젊은 노동자들이 특히 더 그렇다. 그들은 곧바로 만족감을 얻고 스트레스를 완화하고 개인적인 평가를 받기 위해 기꺼이 이런 기기들을 사용한다. 〈60 미니츠〉에 출연한 전 구글 프로덕트 매니저 트리스탄 해리스는, 이런 기기들은 우리를 중독시키기 위해 설계되었다고 인정했다.[6] 우리는 휴대전화를 들어 올릴 때마다 흥미로운 보상을 얻게 되리라는 희망을 품고 마치 슬롯머신에 매달린 양 손잡이를 당기는 셈이다.

해리스가 기술 중독에 관해 한 말이 일종의 은유일 뿐이라고 간주하고 싶지만, 그는 실제로 그렇다는 말을 하고 있다. 문자메시지를 받거나 자신의 SNS 상태를 확인할 때마다 우리 머릿속 쾌감계에서는 도파민이 분비된다. 쾌감계는 코카인 같은 마약에 대한 중독을 통제하는 곳이다. 스마트폰이 생기기 전 사람들은 하루에 평균 18분 동안 컴퓨터나 다른 전자기기를 사용했다.[7] 오늘날 우리는 하루에 자그마치 다섯 시간이나 전자기기를 사용한다.[8] 기기를 사용하는 동안 휴대전화를 손가락으로 평균 2600번이나 두드려댄다.[9] 미국인 가운데 절반이 스마트폰에 중독된 나머지, 스마트폰이 부서지는 것보다 자기 몸의 뼈 하나가 부러지는 편이 낫다고 선택했다.[10]

기기 제조사와 신기술 관련 회사들 주머니로 들어가는 어마어마한 금액의 돈도 문제지만, 중독된 우리의 정신은 프로그래밍이 바뀌고 결국 우리는 행동과 감정, 생각까지 변하게 된다.[11] 그리고 중독은 사람들 사이의 관계를 방해한다. 작가이자 사상가인 사이먼

시넥은, 젊은이들이 스트레스를 겪을 때 "사람들에게 의지하지 않고, 일시적 안도감을 주는 기기와 소셜미디어에 기댄다"는 사실을 확인했다. 이런 대응기제는 우리를 삶 속에서 우울하고 고립되도록 하며 효율을 떨어뜨린다.

퓨쳐 워크플레이스가 랜스태트와 협력해 국제적으로 진행한 연구에서는, 젊은 노동자들이 원한다고 말하는 것과 그들의 실제 행동은 서로 거의 관련이 없음을 발견했다. 열 개 이상의 국가에서 설문에 참여한 22세에서 34세 사이의 노동자 6천 명 가운데 대부분은 신기술을 통하지 않고 직접 사람들과 대면하기를 더 좋아한다고 연구자들에게 말했다. 하지만 그들 가운데 3분의 2 이상은 개인 또는 업무 시간의 약 30퍼센트를 페이스북을 들여다보며 보냈다.[12] 우리는 실제로 사람을 만나 회의를 하거나 전화를 거는 대신 문자를 보내고 메신저로 이야기하고 소셜네트워크를 사용한다. 내 또래 사람들은 심지어 누군가 전화를 걸어 오거나 음성 메시지를 남기면 아주 괴로워하는데, 일종의 방해물이라고 생각하기 때문이다.

직장 내 외로움이 퍼지고 있다. 우리가 다른 인간과의 연결을 기기에 의존할 때 우리 관계는 더 약해진다. 문자메시지가 인간관계를 대체하면 우리는 외로워지고 불행해진다. 그 결과 외로움이 유행하고, 친한 친구가 있다고 말하는 사람들의 비율이 떨어졌고 전체 미국인의 절반이 공적 생활에서 외로움을 느꼈다고 말하게 되었다.[13] 전 미국 공중위생국장인 비벡 머시 박사는 "취약한 사회적 연결과 외로움은 하루에 담배 15개비를 피우는 것과 비슷할 정도로 수명을 단축하는데, 비만으로 인한 수명 단축보다 더 심각한 문제다"라고 내게 말했다.[14]

직업에서 성취감을 느끼고, 팀에 헌신하고 행복하려면 주변 사람들과 더 깊은 관계를 만드는 데 집중할 필요가 있다. 조지 베일런트의 유명한 〈하버드 그랜트 연구〉는 268명의 하버드 대학생을 75년 동안 추적해 그들 삶의 각기 다른 기간에서 다양한 자료를 수집했다.[15] 베일런트는 만족스러운 인생에 대한 가장 훌륭한 가늠자는 돈이나 직업적 성공이 아니라, 끈끈한 유대감이라는 결과를 발견했다.

일부 연구자들은 고립된 노동자들이 느끼는 외로움과 팀에 대한 그들의 헌신과의 상관관계에 관해 연구했다. 친한 사람들과 일하거나 조직 내 동지애가 있는 경우 업무 성과와 고용주에 대한 충성심, 노동자들의 복지 전반에 아주 큰 차이가 있다는 사실에는 모두 동의한다. 와튼 경영대학의 시걸 바르세이드는 672명의 노동자와 그들의 상사 114명을 면담했는데, 노동자들이 외로움을 더 많이 느낄수록 업무와 직무, 성과 수준이 더 나쁜 것으로 나타났다.[16] 존 P. 마이어와 나탈리 J. 앨런은 각기 다른 연구를 통해, 노동자들의 대인관계의 질은 그들이 회사를 인식하고 연결하는 방식에 중대한 영향을 미친다는 사실을 밝혀냈다. 외롭다고 느끼는 노동자들은 직장에 대한 소속감이 부족할 가능성이 더 컸고 회사에 대한 책임감도 더 낮았다.[17]

갤럽에서 500만 명이 넘는 사람을 대상으로 설문 조사한 결과, 직장에 가장 친한 친구가 있는 사람은 30퍼센트에 불과했다. 그들은 다른 사람들에 비해 자기 일에 일곱 배나 집중하고 있었다.[18] 이 책을 위해 버진 펄스와 퓨처 워크플레이스가 20개 국가 2000명 이상의 노동자를 대상으로 설문을 해 따로 연구한 결과, 7퍼센트의 노동자는 직장에 친구가 전혀 없고 절반 이상은 친구가 다섯 명 이하였다.[19] 친구가 가장 적은 사람들은 "매우 자주" 또는 "늘" 외로움을 느꼈고 자기 직업에 관심이 없었다. 이런 상황은 소속된 팀을 직장에서 가족이라고 생각하고, 상사를 직장에서 부모라고 여기는 내 세대 사람들에게는 특별히 중요하다. 제대로 일을 해내지 못해 가족에게 실망을 안겨주고 싶은 사람이 없듯이, 가족을 떠나 생면부지의 사람들이 있는 다른 회사로 가고 싶어 하는 사람도 없을 것이다.

직장에서 고립된 직원들은 친밀감을 찾게 되고 더 공감하게 되며 좀 더 깊은 우정을 쌓게 된다. 10개 국가에서 2만 5천 명 이상의 노동자들을 상대로 설문 조사를 해본 결과, 멀리 떨어진 곳에서 협업 도구에 의존해 근무하는 사람들은 전화를 걸어 받은 이메일의 느낌을 재확인하거나 동료 직원들과 친교를 쌓으려고 할 가능성이 더 컸다.[20] 보스턴과 뉴욕에서 여러 해 재택근무를 해본 내향적인 성격인 나는, 이런 성향이 소속감의 필요성, 또한 자신이 절대 혼자가 아니라는 사실을 확인하려는 생각과 관련 있다고 생각한다. 뉴욕이라는 도시는 860만 명이 넘게 살고, 헤아릴 수 없을 정도로 식당과 바, 박물관이 많으며 콘서트, 스포츠 행사 외에도 다른 많은 활동 가능성이 있는 곳이지만, 이곳에서도 외로움은 쉽게 느낄 수 있다. 그런 문제는 세계 어느 나라 어느 도시에든 영향을 미칠 수 있고 치명적 결과로 이어질 수도 있다. 1억 2700만 명인 일본 인구는 2060년에 8700만 명까지 떨어지리라는 예상이 있다.[21] 원인은 사람들이 충분한 인간관계를 맺지 않고 서로 "사교" 하는 방식을 신기술에만 의지하면서 혼인율이 감소하고 있기 때문이다. 프랑스는 평균 주당 노동시간이 40시간도 안 되고 1년에 5주나 휴가를 보장받고 있는데도, 정부가 "접속을 끊을 권리" 법률을 만들어 퇴근한 노동자들이 전화기를 끌 수 있도록 하고 있다.[22] 영국에서는 900만 명 이상의 사람이 늘 또는 가끔 외로움을 느낀다는 사실이 밝혀지고 난 뒤 테레사 메이 총리가 이 문제를 해결하기 위해 '외로움' 담당 장관을 임명하기도 했다.[23]

직장에서의 외로움과 신기술 남용 또는 중독과의 결합은 내가 '경험 르네상스'라고 부르는 상황을 불러왔다. 사람들은 의식적으로 다른 이들과 시간을 보내며 활동하는 방법을 찾고 있다. 최근 해리스 그룹의 연구를 보면, 젊은 노동자들의 72퍼센트는 물건보다는 경험에 돈을 쓰는 편을 더 선호했다.[24] 축제, 성인을 위한 일일 캠프, 요가 수련, 단체 여행, 저녁 모임 등을 통해 사람들은 간절하게 원하고 갈망하던 서로의 연결을 만들어내는 방법으로서의 경험을 추구한다. 이런 르네상스인데도 평균 미국인은 여전히 하루에 고작 30분만을 얼굴을 맞대는 소통에 사용하고 있고, 그에 비해 텔레비전은 세 시간 시청한다.[25] 사회적 연결의 부족은 우리의 직업 경험뿐 아니라 우리의 생존에도 영향을 미친다. 유타주 브리검 영 대학의 심리학자인 줄리앤 홀트룬스태드는 30만 8,849명이 참가한 148개의 보고서를 검토한 뒤, 건강하고 수명이 긴 삶에 대한 가장 강력한 예상 지표는 사회적 통합 또는 사람들과 얼마나 많이 교류했는지였다는 결과를 확인했다.[26]

이 책은 매우 개인적이다. 여러분처럼 젊은 리더인 나는 공적 삶과 개인적 삶 사이 균형을 유지하려고 애썼다. 〈포춘〉 선정 200대 기업에서 팀에 속해 일하기도 했고, '1인 기업'을 창업하기도 했고 다시 팀에 속해 다른 기업에서 일하기도 했다. 그리고 나 역시 전화로 통화하는 대신 신기술을 남용하고 문자메시지를 남발했던 죄가 있다. 그러는 동안 내내 외롭고 우울했고 두려웠다. 그래도 나는 어떻게 하면 신기술을 사용해 좀 더 직접적인 교류를 만들어낼 수 있을지 배웠고, 그런 관계의 가치와 그것들을 극대화하는 법을 알고 있다.

내가 속한 세대에 관한 다큐멘터리 제작팀을 위해 세 시간 동안 인터뷰를 했는데, 나는 우리가 처한 거대한 도전에 관해 여러 차례 질문을 받았다. 많은 사람이 아마 지구온난화나 테러리즘, 학자금 대출 위기라고 말했겠지만, 나는 '고립'이라고 대답했다. 다른 문제들도 엄청나게 걱정스러운 게 당연하지만, 그런 문제들은 우리가 매일 살아가면서 해야 하는 선택과 비교하면 상대적으로 즉각 통제할 수 없는 문제이다. 나는 고용인과 피고용인 사이 관계의 중요성에 관한 세계적인 운동을 시작할 수 있기를 바란다. 직장이 우리 모두에게 더 좋은 경험이 되도록 만들어나가는 과정을 시작할 수 있기를 희망한다.

《다시, 사람에 집중하라》의 주제는, 직장 생활에서 더 나은 관계를 만들어내기 위해 의사결정을 할 때 신기술을 적절히 사용할 시기와 방법에 대한 것이다. 나는 신기술이 절대 불가능하리라 생각했던 네트워크를 만들고 사업을 일구는 광경을 직접 목격했다. 또 바로 그 신기술의 일부가 내가 더 깊은 관계를 맺는 것을 방해하고 현재 순간을 즐기지 못하게 방해하는 모습도 확인했다. 이 책을 쓰기 위해 저명한 리더 수십 명과 인터뷰를 했는데, 그들은 신기술은 양날의 검이라는 사실을 여러 차례 반복해 말했다. 《다시, 사람에 집중하라》는 신기술 모두를 무시하는 것이 아니라, 경력 발전을 위해 신기술을 어떻게 사용할지 설명한다. 우리를 덜 기계적이고 더 인간적으로 만드는, 숨은 정서적 요구에 초점을 맞춘다.

내 개인적 소명은, 이 책을 읽는 독자들이 고위 경영진이 될 때까지 전 직업 경력 내내 조언하고 돕는 것이다. 내가 처음 쓴 책 《나, 2.0》은 대학을 졸업하고 첫 직장을 구하는 독자에게 도움이 되었을 것이며, 《스스로 승진하기》는 첫 번째 직장에서 관리직으로 발전할 수 있도록 돕는 책이었다. 이번 책 《다시, 사람에 집중하라》는 특히 다음 세대의 리더들을 위해 썼다. 나는 이 책을 통해, 여러분의 팀 동료들이 진정으로 연결되고 참여하는 감정을 느낄 수 있는 직장을 만들어내기 위해 여러분이 할 모든 활동을 소개할 것이다. 이 책은 스스로 연결하는 법, 팀 내 연결을 촉진하는 법을 습득하고 조직적 연결을 만드는 데 도움을 줄 것이다. 그렇게 함으로써 조직에서 간절히 바라는 리더가 되도록 돕고, 각 개인 그리고 그 개인과 연결되는 이들에게 더 큰 성취감을 제공할 것이다.

내 목표는 직장의 건강함을 회복하는 것이다. 우리는 매주 평균 47시간을 직장에서 일하면서 보내고, 온갖 첨단 기기 때문에 마치 24시간 내내 일하는 것처럼 느끼며 살고 있다.[27] 우리는 인생 대부분을 일하면서 보내기 때문에, 직장 동료들과 관계를 개선하고 서로 신뢰하는 문화를 만들어내는 일은 절대적으로 중요하다.

《다시, 사람에 집중하라》는 신기술이 가득한 직장 내에서 의미 있는 연결들을 만들어내, 더 효과적인 리더가 되는 걸 돕도록 고안된 책이다. 책 전체에서 독자는 네 가지의 종업원 참여 요인(행복, 소유, 목적, 신뢰)이 더 건강하고 생산적인 직장 문화를 강화하는데 어떻게 사용될 수 있는지를 배우게 될 것이다. 각 장은 우리의 직장 생활에 영향을 미치는 중요한 주제들에 초점을 두고 있다. 나는 문제 식별에서 시작해 그 문제를 해결하기 위한 실질 해결책으로 나아간다. 팀과의 상호작용에 대해 어떻게 하면 더 나은 의사결정을 할 것인지 알게 될 것이다. 또 언제 어떻게 신기술을 사용할 것인지(언제 사용하지 않을 것인지)에 대해서도 배우게 될 것이다. 더 깊고 더 효과적이고 좀 더 인간적인 관계를 맺기 위해 구체적으로 어떤 조처를 할지에 대해서도 배울 것이다.

우리가 현재 경험하는 직장 문화는 반드시 달라져야 한다. 이 책은 여러분이 직장에서 더 생산성을 높이고 성취감을 느끼려면 정확히 무엇을 해야 할지 보여줄 것이다.

모두 성공하길 기원하며 응원을 보낸다!

댄 쇼벨

평가 대상, 측정 방법, 점수 보는 법

이 책의 목표는 팀 동료와 더 강력한 관계를 구축하도록 하고, 더 효과적인 리더가 되어 보다 만족스러운 업무 경험을 얻도록 돕는 것이다. 매일 할 일에 치이다 보면 동료와 더 깊은 관계를 만들어내는 중요한 일은 무시하기가 쉽다. 우리는 팀 내 연결성을 당연한 것으로 생각해 자각하지 않는다. 그러나 팀 내 연결성은 성공에 있어 필수적이다.

그런 이유로 나는 조지메이슨 대학교 경영대학원의 부교수인 케빈 로크만 교수와 함께 직장 내 연결지수(Work Connectivity Index, WCI)를 개발하게 되었다. 이 지수는 직장 내 인간 관계의 강도를 스스로 측정해볼 수 있도록 고안했다. 팀 동료 모두가 서로의 연결성 정도를 측정해 연결성을 높일 수 있다. 더 강한 수준의 연결성을 가진 팀은 더 몰두하고 더 나은 성과를 내고 조직의 미래를 위해 훨씬 더 헌신한다.

여러분의 점수는 여러분에게 필요한 사회적 연결성, 실제 연결성, 그리고 직장에서 맺고 있는 관계의 힘을 나타낸다. 평가를 마치면 다음 점수들 가운데 하나를 받게 될 것이다.

- 강한 연결성. 팀원들과 충분한 개인적 상호작용을 하고 관심을 받고 있기 때문에 필요한 연결성을 전반적으로 충족하고 있다.
- 중간 연결성. 필요한 연결성이 대부분 충족되고 있다. 사회적 연결성에 대한 개인적 요구는 변하지 않을 것이기에, 직장에서 발생하는 사회적 접촉을 주시하면서 계속 관계를 개선할 수 있다.
- 부족한 연결성. 직장에서의 연결성을 개선할 필요가 있다. 그런 필요가 있다는 걸 보면, 당신은 동료들로부터 고립된 감정을 느낄 가능성이 있다.
- 취약한 연결성. 직장 내 연결성을 지금보다 훨씬 더 높여야 한다. 그리고 연결을 향상하기 위해 매우 노력해야 한다.

평가를 마치면 현재 함께 일하고 있는 사람들과 얼마나 연결되었는지, 얼마나 고립되었는지 알 수 있을 것이다. 팀의 리더인 사람은 이 평가를 통해 팀원 가운데 어떤 직원이 고립감과 외로움 탓에 직장을 그만둘지 알아차릴 수 있을 것이다. 또 반복 평가를 통해 연결성이 나아지고 있는지 추적할 수 있다. 부족하거나 취약한 연결성을 갖고 있다는 결과를 너무 걱정하지 말 것. 《다시, 사람에 집중하라》을 읽고 나면 직장 내 관계를 향상하는 데 도움이 될 많은 전략을 배우게 될 것이다!

지금 바로 WorkConnectivityIndex.com에서 이 평가를 받아보길 권한다.

1부

자체 연결을 익혀라

성취에 집중하라

·

살면서 생계를 꾸리는 데 얼마나 많은 시간을 쓰는지 생각해보면,
직업에 대한 사랑은 삶에 대한 사랑에서 큰 부분이다.
―마이클 블룸버그[1]

신기술은 외로움을 깊게 만든다. 내성적인 기업가인 나는, 가끔 집에 있는 사무실에 아주 오래 숨어 다른 사람들과 소통하지 않고 지내곤 한다. 그런 식으로 고립된 채 외로운 시간을 보내는 일이 재충전의 기회를 준다고 생각할 때도 있지만, 혼자 시간을 너무 많이 보내고 나면 그냥 외로운 정도가 아니라 그 이후 사람들과 다시 어울릴 때 왠지 어색하고 말을 더듬게 된다는 걸 알아차렸다. 내 경우에는 그런 증상이 나타난다. 고립되었을 때 사람들의 정신과 인지능력, 건강에 대한 영향에 대한 연구가 많이 실시되었다. 임상 심리학자인 이언 로빈스는, 과거 핵전쟁을 대비해 만든 벙커 속 방음실에서 48시간 격리된 채 생활한 실험 참가자들이 불안과 편집증에 시달리고 전체적인 정신 기능이 악화한다는 결과를 확인했

다.[2] 사회심리학자 크레이그 헤이니는 경비가 가장 삼엄한 교도소인 펠리컨 베이에서 독방에 갇혀 고립된 채 시간을 보낸 수감자들을 연구했다. 거의 모두가 불안과 긴장감으로 괴로워했고 정신적 트라우마를 겪었다.[3] 또 사회적으로 고립되고 가까운 친구가 없다면, 노년층 건강에 중대한 위험이 될 것이라고 지적하는 연구 결과 또한 많다. 우리 모두 독방에 갇히는 신세가 되는 일이 없기를 바라지만, 우리는 모두 가끔 혼자 고립된 것처럼 느낀다. 또한 얼굴을 맞대고 이야기하는 대신 페이스타임이나 다른 앱으로 화상통화를 하는 사회가 되면서 그런 상황은 더 일반적이 되어가고 있다.

신기술, 특히 소셜미디어는 우리를 더욱 고립시킨다. 피츠버그 대학의 심리학자들이 1787명의 성인을 대상으로 진행한 연구에서는, 하루에 두 시간만 소셜미디어를 사용해도 사회적으로 고립될 위험이 두 배 증가한다는 사실을 알아냈다.[4] 휴스턴대학의 연구자들은 페이스북 사용자들을 대상으로, 자신을 다른 사람과 비교할 가능성이 얼마나 되는지, 다른 사람들이 올린 글을 보고 어떤 감정을 느끼는지, 페이스북을 사용하면서 우울한 증상을 겪는지 조사했다. 그들은 페이스북에서 활동적인 사람이 늘수록 조사 대상자들이 더 우울해졌다는 사실을 알아냈다.[5]

소셜미디어와 우울한 감정 사이에 어떤 연결이 있는지 정확히 아는 사람은 없지만 나는 이러한 가능성도 있다고 생각한다. 우리가 페이스북에 로그인해서 친구들이 새로 올린 글을 볼 때, 겉으로는 친구들이 이룬 업적에 갈채를 보내고 그들이 새로 낳은 아기를 보며 흥분할 수 있지만, 속으로 자신이 무력하다는 감정을 느끼게 된다. 스스로 이룬 것들이 이제 더는 충분하지 않기 때문이다. 우리는 이제 다른 사람들을 이겨야 하고, 소셜미디어 속에서 우리 성공을 돋보이게 해야 할 필요를 느낀다. 그러는 과정에서 남들을 앞서게 되는 것이다. 온라인 세상에서 우리는 스스로 자랑할 수 있는 최고의 상태를 만들어냈지만, 내 생각에 사람들이 아기 사진을 더 많이 나눌수록 그들은 불행해지고 있다. 사람들은 아기를 이용해 그들이 직장에서 또는 결혼생활에서 가진 문제를 덮으려 하고 있다. 여러분에게도 그런 친구가 있을 것이며 어쩌면 본인이 그런 상황일 수도 있다. 최근 한 연구는 젊은이 가운데 겨우 6 퍼센트만이 완전히 사실적인 생활상을 담은 사진을 소셜미디어에 올린다는 사실을 밝혀냈다.[6] 일부 건전한 경쟁도 존재하지만, 소셜네트워킹은 우리 자신의 가치에 관한 아주 깊은 불안감을 증폭시켰다. 우리가 소셜미디어에 올라온 새 글을 좀 더 자주 확인할수록 우리는 자신의 삶을 타인의 삶과 더 자주 비교하게 된다. 우리는 결코 기대에 미치지 못할 것이라고 느끼고, 스스로 일군 나름의 업무 성과를 깨닫는 데 실패하게 된다.

소셜미디어는
행복을 해치고 있다

소셜미디어와 신기술은 다른 부정적 결과와도 관련이 있다. 갤럽은 페이스북에서의 행동과 실제 세상의 사회적 행동 사이에 존재하는 연관성을 조사하기 위해 5000명 이상과 면담했는데, 페이스북 사용은 행복과 부정적으로 관련되어 있다는 결과를 확인했다.[7] 오해하지 않았으면 한다. 비록 페이스북과 다른 여러 소셜미디어를 비난하지만, 나는 소셜미디어를 아주 좋아한다. 내가 지적하려는 것은, 이런 네트워크는 우리를 더욱 가깝게 이어줘야 하는데 오히려 우리를 고립시키고 우울하게 한다는 점이다. 그것도 모자라 우리 행복에 부정적인 영향을 미치고, 의미 있는 직업 생활과 인생에 대한 관점까지 바꿔놓는다는 점이다.

바로 이 대목에서 이 책 전체에 걸쳐 지적하게 될 한 가지 논점을 제시하고자 한다. 신기술이 개인적 삶과 직장 생활에 스며들수록(점점 더 그렇게 될 것이다) 대인관계 기술은 더욱 중요해지리라는 점이다. "사업을 한다는 건 곧 대인관계를 유지하는 것이며, 대인관계 형성 기술은 절대로 자동화되지 않을 것입니다." 닐슨의 재능 마케팅 및 동문 관계 담당 이사인 댄 클램은 말한다. "듣는 기술, 공감, 갈등 해소, 후속 조치와 같은 일들이 그 어느 때보다 더 중요해질 겁니다. 신기술과 소셜네트워킹 플랫폼은 새로운 연결을 유발하고 관계를 유지하는 새로운 방법을 제공하지만, 누군가와 신뢰할 수 있는 연결을 쌓으려면 일대일 소통이 필요합니다."

포시즌즈 호텔 앤드 리조트의 개발 담당 이사인 앤드루 미엘리는, 이런 상황이 특히 젊은 전문가들에게는 어려운 도전일 수도 있다고 믿는다. "사회적 상호작용을 위한 수단으로서 신기술은 멀리 떨어진 사람들을 서로 이어줄 수도 있지만, 장기적으로는 반대 결과를 만들어낼 수도 있습니다. 어릴 때부터 신기술을 몸에 익히고 자란 세대라면 직장에서 관계를 맺고 집중하기가 더 어려울 수도 있고, 의미 있는 업무 관계 형성이 무척 어려울 수도 있습니다. 주의 지속 시간이 더 길고 집중할 수 있는 사람들, 아이디어를 만들어내는 능력을 과시하는 사람들이 미래의 고용주로부터 큰 관심을 받을 가능성이 큽니다."

여러분이 정기적으로 교류하는 사람들은 여러분의 행복과 만족, 성취에 영향을 미친다. 감정적 연결을 디지털 연결로 바꾸면 현실적 존재감과 살아 있다는 느낌을 잃게 된다. 수화기를 들거나 몇 걸음 걸어 옆 사무실을 찾아가지 않고 문자메시지를 보낼 때마다 여러분은 팀 동료와 더 깊은 수준의 관계를 맺을 기회를 잃는다. 신기술을 목발로 사용하는 대신 더 많은 상호작용과 즐거움, 의미로 이어지는 통로가 될 수 있도록 하라.

번아웃이
성취를 막고 있다

직장에서 성취감을 느낄 때 우리는 개인적 삶에 긍정적 에너지와 행복을 불어넣게 된다. 우리는 우리의 가치와 일치하고 주위의 사람들과 공동체를 지원하는 의미 있는 직업을 통해 성취감을 추구한다. 그렇지만 노동자들은 현재 심각한 번아웃 문제로 괴로워하고 있다. 직장인들은 휴가를 줄이고 쉬는 시간을 갖지 못한 채 더 많은 시간을 일하면서도 추가 보수를 받지 못하고 있다. 그 결과 충성을 바칠 이유를 찾지 못하는 사람들은 더 자주 직업을 바꾸고 있다. 크로노스가 수행한 연구에 따르면 퇴직 이유의 거의 3분의 1이 번아웃 때문이라는 사실이 밝혀졌다.[8]

스테이플스에서 진행한 다른 연구에서는 정해진 근무시간이 지난 뒤 집에서 추가 업무를 하는 직장인이 절반이나 된다고 한다.[9] 관리자들은 부하 직원들이 밤이나 주말에도 이메일을 읽고 전화를 받기를 원하며, 가끔은 휴가를 떠난 직원들도 그렇게 행동하기를 바란다. 절반에 가까운 직장인들은 업무에서 벗어나 개인 활동에 충분한 시간을 보내지 못하고 있다고 느낀다. 불행하게도 직장인들의 임금은 업무에 쏟아붓는 시간이 실제로 엄청나게 늘어난 것을 반영하지 못하고 있다. 더 심각한 것은, 임금이 인플레이션이나 기업의 이윤 증가를 따라잡지 못하고 있어서 많은 직장인은 학대받고 있고 인정받지 못한다고 느끼며, 그래서 더욱 번아웃 상태에 빠진다는 점이다.

우리는 또한 생산성과 행복에 영향을 미치고 결국 성취를 방해하는 심각한 건강 문제로 고생하고 있다. 번아웃의 부작용 가운데 하나는 수면 부족이며 우리 가운데 3분의 1 이상이 하루에 일곱 시간도 잠을 자지 못하고 있다. 미국 수면 재단에 따르면 대부분 사람은 최소한 일곱 시간은 자야 한다고 한다.[10] 우리는 또한 제대로 영양을 섭취하지 못하는데, 그 결과 노동자의 3분의 2 이상이 현재 과체중이거나 비만인 상태이다. 일부는 동료와 함께 점심을 먹으러 가는 대신 자리에 앉아 혼자 식사를 하기 때문이고,[11] 일부는 번아웃으로 스트레스가 증가하면서 과식을 하기 때문이다. 사실 수천 명의 직장인을 대상으로 업무 성과에 가장 큰 장애를 물었을 때 절반이 스트레스라고 대답했다.[12] 긴장하고 스트레스를 받고 있으며 끝마쳐야 할 프로젝트에다 밀린 업무가 있는 사람이 업무를 잘해내거나 건강하기는 어렵다.

정신 건강은 우리의 복지와 행복에도 영향을 준다. 약 20퍼센트의 직장인은 정신적 질병에 시달리고 있으며, 항우울제 사용은 지난 10년 동안 400퍼센트 증가했다.[13] 그 이유는 직장인들이 더 많은 돈을 벌지 못하고 저축이 줄면서 점점 더 스트레스를 받고 있기 때문이다. 직장인 가운데 3분의 1은 생활비 문제로 고생하고 있고 신용카드를 사용하는 50퍼센트 가운데 네 명 중 한 명은 매달 최소한의 금액을 막아내는 데도 어려움을 겪고 있다.[14] 마지막으로 직장인들은 팀 동료와 깊은 관계를 형성하지 못해 더 고립되어 있다고 느끼고 있다. 그들이 직장을 옮겨 그런 느슨한 관계마저 끊어지면 결국 조직 문화는 더욱 약해진다. 이 책을 위해 퓨처 워크플레이스는 버진 펄스와 공동으로 10개국 2052명의 직장인과 관리자를 조사해 국제적으로 '직장 내 연결성 연구'를 진행했다.[15] 연구에 협조한 사람들의 39퍼센트는 "가끔", "자주", 또는 "늘" 직장에서 외롭다고 말했다. 젊은 세대가, 즉 동료와 의사소통하는 데 신기술에 의존할 가능성이 더 큰 사람들이 나이 든 세대보다 더 외로워한다는 사실은 놀랍지 않았다(Z세대와 밀레니얼 세대는 45퍼센트, X세대와 베이비부머는 29퍼센트였다).

복지가 좋아야
좋은 직장이다

여러분을 위해 일하는 직원들이 상당히 중대한 도전에 직면해 있음은 명확하다. 리더로서 그들을 지원해 그들이 주의를 집중해 업무를 완수할 수 있도록 하고, 스트레스의 원인이 뭐든 그걸 줄여주기 위해 무엇이든 해내는 것. 바로 여러분이 해야 할 일이다. 그러기 위한 가장 좋은 방법은 직원들의 정신과 육체적인 행복을 가장 우선하는 것이다. 리더로서 그건 여러분의 행복에 집중하는 것만큼이나 중요하다. 만일 당신이 건강하지 않거나 불행하다면, 당신과 일하는 직원들은 당신이 처한 상황에 영향을 받을 것이다. 불행하게도 너무 많은 조직(그리고 그 리더들)은 정신과 육체적인 행복에 초점을 맞추지 않고, 우선시하지 않는다.

그렇게 무시한 결과는 놀랍다. 복지 수준이 낮은 노동자들은 건강 관리 비용이 높을 확률이 두 배로 높고, 직장에서 일을 제대로 해내지 못할 가능성이 4배 높으며, 지나치게 오래 사무실에 머물(이를테면 몸은 직장에 있지만 아프거나 다른 이유로 제대로 일을 하지 못한다) 확률이 47배 높고, 결근 가능성이 7배 높고, 고용주와 남아 계속 일할 의향이 없을 가능성이 두 배 높다.[16]

여러분 회사에서는 복지 증진을 위해 어떤 프로그램을 제공하고 있는가? 우리가 연구한 바에 따르면 36퍼센트는 유연근무제를, 24퍼센트는 건강검진을, 24퍼센트는 건강식품 섭취 기회를 제공하고 있다. 안타깝게도 고용주의 4분의 1 이상은 종업원들의 복지 증진을 위해 아무런 프로그램도 제공하지 않고 있다.

좋은 소식은 전체적으로 직장의 복지 프로그램은 증가하고 있다는 사실이다. 재정적으로 가능하기 때문이기도 하지만, 변화를 요구하며 복지를 최우선시하는 리더와 조직을 직장인들이 원하고 있기 때문이기도 하다. 요새는 서서 또는 걸으면서 일할 수 있는 책상이나 낮잠도 잘 수 있는 휴게실, 직장 내 체육관과 요가 또는 명상 교습을 흔히 찾아볼 수 있다. 기업들은 종업원의 복지가 좋아져야 의료 지원 비용과 잦은 결근을 줄이는 대신 생산성을 올리고 퇴사를 줄일 수 있다는 사실을 깨닫고 있다.

직장인들은 이미 오래전 비슷한 결론에 도달했다. "제가 희생할 수 없는 한 가지가 있다면, 건강입니다." TIBCO 소프트웨어의 선임 마케팅 매니저인 어맨다 힐리는 말한다. "저는 운동과 복지는 사치라고 봅니다. 그리고 그런 사치 없이 살고 싶지는 않아요. 저는 매일 미리 일정을 적극적으로 조정해서 달리기와 근육 운동을 하고, 자전거를 타고, 실내 자전거 운동 모임에 참여합니다. 이렇게 미리 조정한 개인 시간이 없다면 제정신을 유지할 수 없었을 겁니다(주변 사람들에게도 즐겁지 않은 존재가 되었겠죠)."

복지를 삶과 회사에 통합하는 방법에는 끝이 없다. 운동(앱을 켜고 호텔 방에서 7분 동안 하든, 30킬로미터를 훈련으로 달리든, 하이웰의 임원인 키어 얼릭처럼 한 시간짜리 권투 수업을 받든 상관없다)은 사람들이 육체적(그리고 정신적) 건강을 지키는 가장 좋은 방법 가운데 하나이다. 많은 사람이 어떻게든 건강한 식사를 하려고 한다. 어떤 사람은 명상을 하고, MSL그룹에서 사업개발 담당 이사로 일하는 샘 하우를 포함한 사람들은 하루 내내 볼 수 있는 곳에 영적인 주문을 붙여 두기도 한다. 브랜드 마케팅과 커뮤니케이션 담당 이사인 로라 이넉은 매일 아침 남편과 데이트를 겸해 서서 아침을 먹고, Mic의 선임 프로듀서 제시카 골드버그는 감사 일기를 꾸준히 쓴다.

여러분은 종업원들이 좀 더 많은 복지를 누릴 기회에 접근할 수 있도록 무엇을 제공할 수 있는가? 아이디어가 필요하다면 종업원들이 기꺼이 내놓을 것이다.

관계가 좋을수록
더 큰 성취를 이룰 수 있다

지난 몇 년 동안 수많은 조사 연구를 수행하면서, 복지가 중요한 만큼 넉넉한 보수가 모든 노동자에게 가장 중요하다는 사실을 알게 되었다. 오늘날 직장에서 동료와 보수를 서로 비교하며 이야기하는 것이 더는 금기가 아니며, 스스로 공정한 수준의 보수를 받고 있는지 인터넷에서 찾아볼 수도 있다(공정성은 종업원들이 리더에게서 가장 중요하게 여기는 특성이다[17]). 나이와 인종, 성, 교육 수준, 거주 국가와 상관없이 돈이란, 사람들이 어떤 기업에서 일하고 얼마나 오래 일하고 어떻게 실력을 발휘할 것인지에 가장 큰 영향을 미친다. 제대로 된 보수를 받지 못하면 사람들은 불만족스러워하고 항의하며 새롭게 다른 일자리로 옮길 기회를 찾는다. 많은 정규직 노동자들이 생계를 꾸리기 위해(또는 은퇴를 앞두고 충분한 저축을 하지 못해) 부업에 나서는 걸 본 나는, 그들이 보수에 초점을 맞추는 걸 비난하지 않는다. 하지만 물론, 삶에서 돈만이 성취감을 주는 건 아니다.

심리학자이자 노벨경제학상을 수상하기도 한 대니얼 카너먼은 감정적 복지가 수입에 비례한다는 사실을 밝혀냈다. 그렇지만 행복은 오직 7만 5천 달러를 벌 때까지만 늘어난다. 그 뒤로는 돈으로 행복을 살 수 있다는 생각 자체가 대개 환상이다.[18] 돈이 노동자들에게 중요한 것은 분명하고 그래서 여러분은 종업원들의 보수를 인상하고 보너스를 주어야 한다. 그러나 돈만으로는 종업원들의 전체 행복이 커지지는 않는다. 여러분이 다른 사람들과 맺은 관계는 여러분의 장기적 행복에 매우 좋은 지표가 된다. 돈에 너무 초점을 맞추면(그리고 너무 스마트폰만 뚫어지게 보고 있으면) 그런 관계를 건설하는 능력을 제한하게 된다. 사실 우리가 사용하는 기기들은 실제로 팀 내부 관계를 약하게 만든다. 더 강한 관계를 구축하는 일은 돈보다 우리의 행복에 훨씬 더 도움이 된다.

직장에서 동료들과의 관계는 여러분 직원들의(그리고 여러분 자신의) 행복뿐 아니라 여러분이 속한 조직의 장기적 건강에 매우 중요하다. "매우 강한 팀의 진정한 힘은 사람들이 해야만 하는 업무를 자주적으로 이해하고 필요한 수준 이상으로 해내는 것입니다." 캐나다의 몬트리올은행에서 개인뱅킹 디지털 경험 부서장으로 일하는 매슈 메로트라는 말한다. "제 생각에 그 힘의 중심은 리더들과 팀원들 사이에 맺어진 깊은 관계라고 봅니다. 제가 회사에서 성공한 원인은 개인적으로 이곳 리더들에게 헌신했기 때문입니다. 저는 리더들의 비전이 옳다고 생각했고 인간으로서 진짜 존경했습니다. 그리고 저는 같은 기준을 통해 제가 이끄는 팀으로부터 더 많은 것을 얻어냈습니다."

베인 캐피털의 투자자 홍보 담당인 레어 래드빌도 같은 생각이다. "저와 함께 일하는 동료들과 좋은 관계를 갖는 건 정말로 유익합니다." 그는 말한다. "첫째, 매일 일하러 올 때 즐겁습니다. 더 중요한 건 우리가 우정과 가족애를 쌓으면 함께 일하기가 더 쉬워진다는 거죠. 저는 동료에게 도움을 청하는 일이 편안하고 그들도 편안하게 제게 문제를 들고 오거나 조언을 구합니다." 지멘스 헬시니어즈에서 국제 마케팅 매니저로 일하는 펠리페 나바로는 상당히 깔끔하게 정리해 말한다. "좋은 성과를 내는 팀의 근간은 신뢰이며, 신뢰는 오직 좋은 관계에서만 나올 수 있습니다."

만일 여러분이 팀 동료들과 튼튼한 관계를 형성한다면, 그들은 당신을 위해, 당신과 더 오래 머물기 위해 더 열심히 일할 것이다. 그리고 여러분은 훨씬 더 성취감을 느낄 것이다. 그저 상사로서가 아니라 인간으로서도 그렇게 느낀다. 좋은 관계를 통해 프로젝트를 진행할 때 병목현상을 최소화하고 업무를 더 즐겁게 할 수 있다. 어쩔 수 없이 어려운 문제가 생길 때조차도 그렇다. 팀 동료와 더 강한 관계를 발전시키는 데 집중하면, 필요한 걸 성취하고 팀원들이 필요한 걸 성취하는 데 도움이 된다.

성취감을 위해
필요한 것

　　　　　우리 모두에게는 성취감을 느끼기 위해 반드시 충족되어야 하는 인간의 기본적 욕구가 있다. 에이브러햄 매슬로의 욕구 단계설을 보면, 인간은 생리적 욕구와 안전 욕구를 충족하고 나면 소속감과 사랑에 초점을 맞춘다는 걸 알 수 있다. 우리가 동료 직원들, 친구들과 맺는 관계는 자부심이나 자아실현의 욕구보다 더 중요하다. "인간의 기본적 욕구인 소속감은 직장에서 가장 많이 얻을 수 있습니다." 바카르디의 차세대 담당 임원인 님 드 스와트는 말한다. "함께 일하는 사람들의 수준과 자신에게 진짜 의미 있는 직업이야말로 자기 존재의 핵심입니다."

　하지만 어딘가 중간에서 순서가 뒤바뀌고, 우리는 관계를 맺는 단계를 건너뛴 다음 스스로 좋은 기분을 느끼도록 하거나(자부심) 자신의 경력을 향상하는 데(자아실현) 초점을 맞춘다. 예를 들면 업무를 진행하는 다른 직원을 돕는 대신, 자신의 경력에 더 도움이 된다고 믿는 다른 업무에 계속 전념하는 식이다. 사실 여러분이 동료 직원이 진행 중인 업무를 돕는다면 서로의 관계를 강화하는 동시에 소속감에 대한 요구도 만족시킬 수 있다. 그렇게 하면 정신적인 상태에도 도움이 되고, 그 결과 능률이 오르면서 행복해질 수 있다. 거기에다 동료들은 여러분을 위해 더 열심히 일하게 될 가능성이 크다.

　전 구글 인사 담당 임원 라즐로 보크와 인터뷰를 하던 도중 왜 직원들이 회사를 떠나지 않는지 물었다. "가장 큰 이유는 다른 사람들 때문입니다. 그들은 세상에 큰 영향을 주고 싶어 하고 호기심 많은, 흥미로운 사람들에 둘러싸여 있다고 느낍니다." 그는 말했다. 간식이나 당구대, 공짜 맥주와 음식 또는 무인 자동차가 필요한 것이 아니다. 필요한 건 사람들이다. 직장 동료와의 관계는 우리가 회사에 더 오래 남아 성취감을 느낄 수 있도록 해준다. 팀 동료들은 여러분이 문제를 해결할 수 있도록 돕고, 직접 해낼 시간이 없는 일을 대신 해주고, 여러분이 허락만 한다면 친구가 되어준다. 버진 펄스의 사장 겸 의료 부문 담당 임원인 라지브 쿠마르는 직장에서 좋은 친구를 두는 것은 필수적이라고 내게 말했다. "뭔가 하는 일이 당신 방식에 맞지 않고, 지인과 사이가 좋지 않고, 뭔가 하려고 하는 데 실패한다고 해봅시다. 직장에 진짜 친한 친구들이 있어서 당신의 기운을 북돋아줄 수 있다면, 그래서 회사에서 일하는 하루를 좀 더 긍정적으로 만들 수 있다면 그건 엄청난 겁니다."

오늘날 직장에서 성공하는 리더는 동료들이 더 행복할 수 있도록 도와서 자신을 더 행복하게 만든다. 500만 명 이상을 연구한 한 연구에서 갤럽은 직장에 아주 친한 친구를 둔 사람은 하는 일에 집중할 가능성이 7배 높고, 더 생산적이고 더 혁신적이라는 사실을 밝혀냈다. 그렇지만 아주 친한 친구가 직장에 있다는 사람은 3분의 1이 되지 않았다.[19] 전에도 언급했지만 우리는 개인적 삶을 희생하며 끔찍할 정도로 오랜 시간을 직장에서 보내고 있다. 요점은 나이와 성, 민족에 상관없이 우리는 모두 다른 사람과 깊은 관계를 맺고 싶고, 사랑받고 있다는 감정을 느끼고 싶고, 중요한 존재가 되고 싶다는 인간적 욕구를 가졌다는 것이다. 이런 욕구를 충족하면 더 행복해지고 더 성취감을 느껴 결국 생산성이 높아지고, 팀 내에서 성공적으로 일하게 된다. 리더가 된다는 것은 자신과 팀을 위해 성취감을 만들어내는 것이며, 성공하면 직장에서 진정한 마법이 펼쳐지게 된다.

나는 이번 장에서 지금까지 적어도 열 번도 넘게 성취감, 또는 그와 비슷한 단어를 사용했다. 규정짓기 쉬운 것으로 보이는 단어지만 다양한 사람들에게 매우 다양한 의미가 있을 수 있다. 특히 직장에서의 성취감에 관해 이야기할 때는 더욱 그렇다. 성취감은 여러분에게 어떤 의미인가? 다른 사람들은 어떤 예를 들었는지 이야기해보도록 하자.

잡지 〈애틀랜틱〉의 편집장인 데릭 톰슨은 자신의 성취감은 "업적에 있지 않으며, 과정을 사랑하는 걸 배우는 과정에 있다"고 말한다. 농업협동조합 랜드 올레이크의 e커머스, 모바일, 신기술 담당 매니저인 샘 바이올렛은 "회사나 동료에게 긍정적이고 측정 가능하며 실질적인 영향을 미치는 행동에서 얻어낸 만족감을 이길 것은 없어요"라고 말한다. 아디다스의 글로벌 유니버시티에서 선임 프로그램 매니저로 일하는 비키 응은 계속 성장하고 배울 필요를 느낀다는 반면, 버진 펄스의 의료 부문 담당 임원인 라지브 쿠마르는 지적인 도전이 필요하다고 말한다. 캐스퍼의 CEO 필립 크림은 똑똑하고 열심히 일하고 공감하는 사람들과 일하는 것이라고 대답한다. 아메리칸 익스프레스에서 글로벌 고객 서비스를 위한 재정 담당자인 로지 페레즈는 그녀가 속한 조직 사람들이 경력을 쌓으며 성공할 때 가장 큰 성취감을 느낀다. 그녀는 "내 밑에서 일하는 누군가가 큰 프로젝트를 끝마치거나 환상적인 발표를 할 때, 또는 멋지고 새로운 역할을 찾아낼 때가 제게는 최고의 순간입니다"라고 말한다.

⊙ 자신의 성취감에 집중하는 것으로 시작하라

직업에서 성취감을 느낀다면 인생의 목표를 이루는 데 점점 가까워지는 셈이다. 인생은 스스로 발전하면서 변화를 만들어내는 끝없는 여행이다. 다른 사람과 경쟁하려 애쓰거나 스스로 다른 사람과 비교할 때마다 우리는 자기 성취에서 벗어난다. 만일 페이스북에서 친구들이 회사를 설립할 예정이라는 글을 본다면, 그렇다고 해서 직장을 그만두고 그 뒤를 따라야 한다는 뜻은 아니다. 그들은 무엇에서 성취감을 느끼는지에 근거를 두고 의사결정을 한 것이다. 여러분에게 성취감을 주는 일은 아마 다를 것이다.

성취가 멋진 이유는, 지극히 개인적이며 비록 목표를 이루기 위해서는 팀원들의 도움이 필요하겠지만 어쨌든 마지막에 자신의 성취를 책임지는 건 자기 자신이라는 사실 때문이다. 성취감에는 장점도 따른다. 성취감을 느끼면 자연스럽게 긍정적 태도를 보이게 되며, 현재 하는 일에서 명확한 방향을 잡을 수 있게 된다.

자신의 성취감을 규정하라

자신의 성취감을 규정하기 위한 다음 질문에 대답하라

- 가장 즐겁게 하는 활동은 무엇인가?
- 과거 업적으로 볼 때 당신의 강점은 무엇인가?
- 당신의 핵심 가치는 무엇인가? (이를테면 모험, 도전, 기여, 존중)
- 무엇이 당신에게서 가장 긍정적인 느낌과 감정을 끌어내는가?
- 당신이 상상하는 미래의 당신은 어디에 있는가? 그 이유는 무엇인가?

유명인들이 스스로 규정한 성취감의 예는 다음과 같다

- 마야 안젤루

  "성공은 자기 자신과 자신이 하는 일을 좋아하는 것이고, 어떻게 하는

  지 좋아하는 것이다."

- 리처드 브랜슨

  "적극적 실질적으로 참여할수록 당신은 더 성공했다고 느낄 것이다."

- 디팩 초프라

  "행복의 지속적인 확대 그리고 가치 있는 목표의 점진적 자각."

⊙ 이제 다른 팀원의 성취감을 지원하라

비행기에 탔을 때 승무원들이 비행 전 안전 교육을 할 때면 늘 하는 말이 있다. "만일 어린이나 도움이 필요한 사람과 함께 여행 중이라면 우선 자신의 마스크를 확실히 고정한 후 다른 사람을 도와주세요." 같은 방식으로 행복에 관해서라면 일단 스스로 자신의

욕구를 만족하는지 확인한 후에야 여러분은 팀 전체에 본보기가 될 수 있으며 그렇게 해야 한다. 연구 결과를 보면 행복은 전염되는데, 그 의미는 당신이 높은 수준의 행복을 느끼고 있다면 여러분의 긍정적 상황은 동료들에게 옮아간다는 뜻이다.[20]

리더로서 여러분은 직원들이 욕구를 채울 수 있도록 보장하고, 회사가 제공하는 모든 복지 관련 프로그램에 참여하도록 독려해야 하는 독특한 위치에 있다. 그러나 여러분은 그렇게 하기 이전에 그들의 욕구가 실제로 무엇인지 이해해야 할 필요가 있다. 그러려면 한 사람씩 따로 대화해야 한다. "대개 팀원들이 목표를 이룰 수 있

성취감에 관한 대화 예

당신 : 자네 목표에 대해, 그리고 그 목표를 이루는데 내가 어떻게 도움을 줄 수 있는지 잠시 이야기하고 싶네.

팀원 : 저는 이 회사에서 마케팅 임원이 되고 싶고, 부모님이 그랬던 것처럼 60살에 은퇴하고 싶습니다.

당신 : 그거 멋지군! 어떻게 하면 자네가 이 회사에서 발전해 돈을 더 많이 벌고 원할 때 은퇴할 수 있을지 계획을 짜보도록 하지. 매주 월요일에 만나 내가 지도를 해주기로 하세. 그리고 자네가 회사에서 좀 더 주목과 인정을 받을 수 있도록 새로운 프로젝트를 맡겨주겠네.

팀원 : 지원해주셔서 감사합니다. 교습 일정을 확정하기 위해서 제 일정표를 공유하도록 하겠습니다.

도록 돕는 가장 간단한 방법은 목표가 뭔지 물어보는 것입니다." 페이스북의 성과관리 부서장인 비벡 라발은 말한다. "사람들의 목표는 직급 그리고 여러분이 인식하고 있는 그들의 상황에 바탕을 두고 있다고 추정하기가 쉽지만, 그들의 목소리를 직접 들어보면 아주 다양한 대답에 저는 늘 놀랍니다."

개인적 성취감의
다섯 가지 특징

성취감을 느끼는 일은 간단하지도 쉽지도 않다. 여러분이 행복하고 균형이 잡히고 의미 있게 살기 위해서는 집중해야 하는 요소가 몇 가지 있다.

성취감의 다섯 영역을 조금 더 깊게 파고 들어가보자.

연결. 팀 동료와의 강력한 연결은 업무를 더욱 의미 있고 즐겁게 만든다. 연결이 없으면 업무는 잡일처럼 느껴지고 직장에서 독창성과 혁신은 사라진다. 팀원들이 서로 지지하도록 독려함으로써 없던 연결을 만들어낼 수 있다. 그 과정에서 실제 대화를 가질 기회를 늘리게 되며 여럿이 모이는 사회적 활동을 하게 되어 서로 더 잘 알 수 있게 될 수도 있다.

가치. 만일 당신의 가치 가운데 하나가 진정성이라면 팀 내에 투명하고 진실한 문화를 만들어내고 지원하라. 당신이 상사 임원들과 나눈 이야기에 대한 요점이나 개인적인 정보를 공유하고 개방적으로 행동하라. 당신의 진정성을 보여주게 될 것이고 신뢰를 쌓는 데 도움을 줄 것이다. 당신이 추구하는 가치는 행동에 반영되므로, 드러내 보일수록 그 가치들은 내면화하게 된다.

목적. 현재까지의 당신의 개인적 이야기에 관해, 당신이 지금까지 내린 의사결정들을 연결하는 맥락에 대해 깊이 생각하라. 내 인생의 목적은 나와 같은 세대 사람들이 인생 전체의 직업 생활 속에서, 그러니까 학생에서 CEO가 될 때까지 도움을 주는 거였다. 내가 내린 모든 결정은 내가 목적을 이룰 수 있는 방식으로 정렬되어 있어야 한다.

개방성. 많은 사람이 변화를 두려워하는데, 그 이유는 변화가 의미 그대로 예측할 수 없다는 뜻이기 때문이다. 그러나 리더로서 당신은 변화에 마음을 열어야 한다. 새로운 팀원을 구할 때는 유사함보다는 다른 점이 있는지 봐야 한다. 그리고 현재 당신의 팀에 개방적이라는 건 다양한 배경과 세계관을 가진 새로운 사람들을 만나고 합류시킨다는 뜻이다. 회사의 비밀을 지키기보다는 팀 사람들에게 비밀을 털어놓아야 신뢰를 형성할 수 있다. 개방적이라는 것은 또한, 진짜 감정을 억누르지 않고 표현하는 것이다. 만일 뭔가 신경 쓰이는 일이 있다면 팀원들과 그 사실을 공유해야 그들도 좀 더 개방적이 되고 당신을 더 잘 이해할 수 있다.

성과. 성과는 우리가 갖길 원하는 결과뿐만이 아니라 뭔가 끝냈을 때 느끼게 되는 감정도 포함한다. 더 많이 이룬 느낌을 원하면 더 많은 목적을 설정하고 확실히 달성하도록 하라. 작은 목표는 큰 목표로 연결될 수 있고, 그런 식으로 다른 시간에 다른 수준의 성취를 맛볼 수 있게 될 것이다.

이런 다섯 가지 특징은 당신의 업무 경험, 건강, 행복에 직접적 영향을 미친다. 당신이 성취감을 느끼지 못하면 다른 팀원들이 성취감을 느끼도록 도울 수 없다. 이런 특징들에 관해 당신이 얼마나 잘 해내고 있는지 평가하기 위해 다음에 제공하는 성적표의 질문에 대해 "네" 또는 "아니오"로 대답해보자. 그런 다음 "네"가 몇 개인지 더해보자.

만일 "네"라는 대답이 다섯 개가 안 된다면, 상당히 행복하고 성취감을 느끼고 있는 것이다. 당신은 신뢰감을 주는 관계를 맺고 있고 업무를 해낼 수 있으며 정신적으로 건강하다. "네"라고 대답한 질문이 다섯 개 이상이라면 좀 더 신뢰를 쌓아야 하며 팀 내에서 더 깊은 관계를 맺어야 하고, 인생에 의미와 자부심을 주는 뭔가에 대해 좀 더 많은 생각을 해야 한다.

이제 성취감에 대해 이해했으므로 미래를 계획할 준비가 되었으며 성취감의 다섯 가지 특징을 더 향상할 수 있다. 아래의 표를 보자. "현재" 칸에 당신이 무엇을 더 잘하는지 순서대로 적어보자. 그런 다음 "우선순위" 칸에 당신이 어떤 걸 가장 향상해야 하는지 순서를 매겨보자.

성취감 성적표

나는 인생의 진정한 의미가 없다고 느낀다.	
나는 주기적으로 지루하고 직업적 도전이 없다고 느낀다	
나는 명확한 방향성 없이 이런저런 업무로 옮겨 다닌다.	
나는 내 핵심 가치가 업무와 연결되어 있지 않다고 느낀다.	
나는 팀원들로부터 고립되었고 멀리 떨어졌다고 느낀다.	
나는 거부당할까 두려워 회의에서 거의 발언을 하지 않는다.	
나는 재정적으로 고생하고 있고 그런 상황이 업무에 영향을 미치고 있다.	
나는 현재의 업무 환경을 개선할 수 있다는 자신감이 없다.	
계	

개인적 성취감의 특징

	현재	우선순위
연결 : 지지해주는 관계를 갖고 있다		
가치 : 업무가 개인적인 주요 믿음과 방향이 맞는다		
목표 : 인생에 의미를 주는 것		
개방성 : 사람들, 상황, 변화에 적응하는 능력		
성과 : 업무 완수 및 목표 달성		

신기술이 당신의 성취를
방해하지 못하게 하라

신기술 기기들은 다른 사람들과의 연결을 돕는다고 우리를 속이지만, 사실은 우리의 관계를 훼손하고 약하게 만드는 장애물이다. 직장 동료들이 사무실에서, 그것도 겨우 두어 걸음 떨어진 곳에서 문자를 주고받는 모습을 본 적도 있다. 그런 식으로는 보디랭귀지나 감정을 읽지 못하게 되고 바로 옆에서 주고받는 강렬함을 느끼지 못할 수 있다. "길을 잃은 채 문자나 이메일 그리고 온라인 플랫폼 뒤에 숨는 건 쉽습니다." 버진 펄스의 라지브 쿠마르가 말한다. "하지만 진정한 연결은 오직 수화기를 들거나 직접 가서 만날 때에만 생깁니다. 궁극적으로 그렇게 하는 것만이 업무를 성공적으로 완수하고 성취감을 느낄 방법이죠." 그저 스마트폰을 내려놓고 누군가를 향해 힘든 몇 걸음을 걷는 것만으로도 훨씬 더 빨리 문제를 해결할 수 있다.

신기술은 또 우리가 믿는 가치를 표현하는 걸 어렵게 한다. 사람들이 문자나 전화 통화를 얼굴을 보고 이야기하는 것과 다르게 해석하기 때문이다. 만일 당신이 연민을 잘 느끼는 사람이라고 해보자. 팀원 가운데 한 명이 운 나쁜 하루를 보내고 있을 때, 이모티콘을 하나쯤 보내주면 팀원에게 당신이 어떤 감정을 느끼는지 표현할 수 있을 것 같지만, 실은 그렇지 않다. 믿는 가치를 표현하는 일이라면, 다른 사람들에게 감정을 보여주는 일이라면 기본적으로 얼굴을 맞대는 인간적 상호작용을 대체할 수 있는 것은 없다.

신기술은 또 우리의 목적을 방해할 수도 있다. 예를 들어 다른 사람들의 소셜미디어에 올라온 새 글을 보느라 많은 시간을 보내는 우리는 자신을 그들과 비교하는 경향이 있는데, 그런 행동은 우리의 자연적 경쟁 본능을 자극한다. 많은 사람이 소셜미디어에서는 업적을 과장하는데, 그런 글을 읽다 보면 스스로 무능하다고 느낄 수도 있기 때문이다. 그러면 우리는 목표나 목적을 다시 생각해 보게 되거나(다시 고려할 필요가 없는데도) 다른 사람의 목표를 대신 받아들이게 된다. 인스타그램에서 엔지니어로 일하는 대니얼 김은 흥미로운 점을 지적한다. "소셜미디어는 직장 동료들과의 편안한 관계를 훨씬 쉽게 유지할 수 있게 해줍니다." 그는 말했다. "하지만 두 사람이 깊고 의미 있는 관계, 그러니까 평생 가는 우정이라는 걸 만들려면 여전히 의도와 노력이 필요합니다. 종합해 보면 신기술은 직장 동료와 느슨한 관계를 유지하는 걸 가능하게 해주지만, 제가 가진 진짜 의미 있는 직장 동료 관계의 수나 깊이에는 영향을 주지 않는다고 말할 수 있습니다."

신기술은 우리가 환경 변화에 더 잘 적응하고 다양하고 분산된 인력과 연결할 수 있도록 도움을 줄 수 있지만, 동시에 같은 유형의 사람들에게 집중해 편협해지도록 만들 수도 있다. 우리는 모두 친구들 또는 친구의 친구들과 소셜미디어로 연결되어 있다. 우리는 같은 흥미와 목표를 가진 사람들과 온라인 모임을 만든다. 그 결과 우리는 다른 경험, 반대 견해를 가진 사람들에게는 노출되지 않는다.

생각, 신념, 행동을 위한 기초를 제공하는 것은 개인의 세계관이다. 세계관은 우리가 아주 어린아이였을 때부터 어른이 되어 살아오는 동안 노출된 모든 것과, 경험한 모든 것의 산물이다. 우리는 점점 더 많은 시간을 온라인을 통해 뉴스와 정보, 아이디어를 소비하고 있으며, 그런 행동은 인지능력, 도덕성, 행동에 영향을 미친다. 미국인 가운데 온라인으로 뉴스를 접하는(뉴스 사이트, 뉴스 앱, 소셜미디어를 모두 포함) 사람들의 수는 텔레비전을 보는 사람들과 거의 맞먹는다(각각 43퍼센트와 50퍼센트를 차지한다).[21] 소셜미디어에서 우리는 의도적으로 언론매체와 유명인을 선택해 정보를 얻지만, 아무 생각 없이 알고리즘을 통해 우리에게 노출되는 정보를 접하게 된다. 우리는 의도적으로 우리의 믿음을 확인해주는 정보를 탐색하며, 소셜미디어 사이트가 우리에게 알려주고 싶어 하는 내용에 근거한 뉴스거리를 받아본다. 이탈리아의 몇몇 연구소와 보스턴대학교가 2010년에서 2014년까지 페이스북에서 사람들이 논의한 주제에 관한 데이터를 분석한 결과, 우리가 자신의 견해를 강화하는 정보를 찾고, 그걸 진실로 받아들이고, 이후 그걸 공유한다는 사실을 확인했다.[22] 고의가 아닌 이런 속 좁은 습관은 우리를 동굴 속에 처박혀 살게 만들고, 다양한 생각을 받아들이거나 다른 이들과 공감하는 능력을 떨어지게 만든다. 신기술이 우리 의견에 어떻게 영향을 끼치는지 깨닫고 다른 사람들 견해에 마음을 열어야만 하는 이유가 바로 그것이다. 나와 정치적 사회적 견해가 다른 사람이나 언론매체의 소셜미디어에 관심을 두는 것으로 당장 시작할 수 있다. 다른 의견에 마음을 여는 것이 처음에는 불편할 수 있지만, 결국 당신은 더 균형 잡히고, 더 교양을 갖추고, 직장 안팎에서 다른 사람들에게 개방적인 사람이 될 것이다.

무엇이 성취감을
느끼게 하는지 찾는 법

자신만의 성취 대상을 찾는 일은 고귀하고 대단한 목표이다. 하지만 절대로 항상 성취감을 느낄 수는 없으며 아마도 살면서 한꺼번에 모든 영역에서 성취감을 느끼는 일도 없으리라는 점을 이해하는 것은 중요하다. 성취를 향한 당신의 여행은 당신이 정확히 어디로 가고 있는지에 대한 확인에서부터 시작한다. 그렇게 할 수 있는 유일한 길은 실험하고 반영하고, 그러는 동안 피드백을 받는 것이다. 나 역시 내가 어떤 일에서 성취감을 느끼는지, 무슨 일에 소질이 있는지, 어떤 사람들을 주위에 두어야 그들의 강점이 내 약점을 없애 균형을 잡을 수 있는지 알아내는 데 오랜 세월이 걸렸다.

방황하며 나아갈 방향을 알고 싶어 하는 사람들과 이야기할 때, 나는 늘 여럿 가운데 선택하려 애쓰라고 추천한다. 다양한 시도를 해볼수록 당신이 뭘 즐기는지는 물론 뭘 원하지 않는지 깨달을 수 있다. 즐거워하는 일을 찾았을 때는 그런 일에 좀 더 많은 시간을 투자할 수 있다. 새로운 활동이나 프로젝트, 업무를 시작하려고 할 때면 안팎으로 어떤 감정을 느끼는지 생각하기 바란다. 뭔가를 할

1. 동료들과 개인적으로 알고 지내야 한다

그들이 처한 독특한 상황, 인생 목표, 열정, 두려움, 장애물을 이해하면 할수록 더 잘 도울 수 있다. "진짜" 그들을 알아야 인정할 수 있으며, 오랫동안 유지할 관계를 더 쉽게 만들어낼 수 있다. 참고로 버진 펄스의 직원들을 대상으로 한 연구를 보면 겨우 20퍼센트만 현재 하는 일에서 성취감을 느끼고 있었다.[23] 그들이 성취감을 더 느끼려면 어떻게 해야 할까? 31퍼센트는 유연성이 더 필요하다고 했고, 29퍼센트는 의미 있는 업무, 26퍼센트는 그들을 지지해주는 팀이 있어야 한다고 대답했다.

2. 직원들이 하는 말을 가로막지 말고 들어라

그러면 존중하고 있다는 걸 보여줄 수 있고 문제를 더 잘 해결할 수 있도록 도움도 줄 수 있다. 그런 행동은 또한 당신이 그들의 아이디어와 생각, 감정에 주의를 기울이려고 한다는 사실을 드러내줄 것이다. 그들이 말을 마치면 그들이 한 말을 요약해서, 당신이 들었다고 생각하는 것이 그들이 실제로 한 말이라는 사실을 확인하라.

3. 신기술 사용에 대해 팀 동료들과 범위를 설정하라

동료들은 당신이 개인적 관계를 만들기 전에 그들의 소셜미디어에 친구로 추가되는 걸 원하지 않는다.

4. 직원들이 성취감을 얻지 못하게 하는 방해물을 제거하라

팀 성공의 방해물 가운데 자주 간과하는 것은, 능력이 떨어지거나 태도가 나쁜 팀원의 존재이다. 팀 사기에 부정적 영향을 주는 직원은 해고해 그들이 다른 사람들 주위에 머물면서 목표를 이루지 못하고 나머지 팀을 물들이는 걸 방지하는 편이 더 낫다.

5. 직원들과 연락해 어떻게 지내는지, 제대로 된 방향으로 가고 있다고 느끼는지 물어라

이는 계속 진행하는 개발 모임에서 당신이 직원들에게 인생과 직업에서 성공하는데 필요한 조언을 하고 훈련 기회를 주고 격려해주어야 한다는 의미가 있다.

6. 팀원들에게 더 많은 책임을 부여하라

그들은 도전의식이 생길 것이고, 스스로 무엇을 하고 있는지 또는 하고 있지 않은지, 무엇을 좋아하며 잘하는지 파악하는 데 도움을 줄 것이다.

7. 팀 동료들을 인정하고 장점을 파악하라

사람들은 자신의 긍정적인 면을 보고 싶어 한다. 여러분의 피드백은 그들이 더 성취감 높은 경력을 쌓을 수 있도록 안내할 수 있다.

때 기분이 좋아진다면 뇌와 몸은 그런 일을 좀 더 자주 해야 한다는 힌트를 주는 것이고, 그렇게 하면 더욱 성취감 있는 경력을 만들 수도 있다. 같은 팀 동료에게 도움을 주면서 성취감을 얻는 경우도 많다. 어떻게 해야 스스로 삶을 풍요롭게 하면서 그들의 요구도 충족시킬 것인지 생각해보라. 다른 사람을 돕는 행동은 자신의 목적, 나아가야 할 길, 목표를 더 잘 인식하도록 해준다.

팀원들을 더 행복하게 만들기 위해
대화를 사용하라

연결되어 있고 존중받고 안전하다고 느끼면 팀원들은 회사에 남아 긍정적 에너지를 만들어내고 새로운 팀원을 불러들일 가능성이 더 크다. 당신은 안전한 환경 속에서 팀원들이 편안하게 느끼면서 서로가 누군지 필요한 것이 무엇인지, 그들의 미래 목표가 뭔지 공유하기를 원한다. 한 걸음 더 나아가, 팀원들이 당신의 목표 달성을 돕기 원한다면 당신 역시 목표를 이룰 수 있도록 그들을 돕는 것이 중요하다. 서로 돕는 과정에서 신기술이 어떤 역할을 하는지, 신기술이 그동안 특히 멀리 떨어져 일하는 팀원과 어떻게 거리감을 만들어 왔는지 고려하라. "저도 신기술 업계에서 일하지만, 직장에서 도저히 신기술을 견딜 수 없을 때가 있습니다." 허니웰의 임원인 키어 얼릭은 말한다. "이메일, 메신저, 휴대전화, 원격 회의. 이런 모든 것은 주기적으로 얼굴을 맞대고 만나지 않으면 오히려 일을 망칩니다." 대면 회의, 또는 적어도 화상 회의는 필수적이다. 그렇게 하지 않으면 직원들은 자신의 기여에 불안해하거나 거부당한다고 느끼거나 오해를 하거나, 무례한 대접을 받는 기분이 들 것이다.

사내 복지에 대한 중요한 대화를 어떻게 다룰지 더 잘 이해할 수 있도록 구성한 대화 예제를 살펴보도록 하자.

성취감에 관한 대화 예

💬 **대화 A**

당신 : 지금 팀에서 지난 한 해 일한 경험에 관해 말해주세요.

팀원 : 적절한 보수를 받고 있다고 느끼고 정말 제 업무를 사랑합니다만, 팀 동료들과의 관계가 단단하지 않습니다. 그들에게서 떨어져 있다는 느낌인데, 제가 따로 떨어져 일해서 그럴 수도 있습니다. 동료들을 개인적으로 만나본 적이 없는데, 아무래도 좀 그렇죠.

당신 : 일주일에 한 번은 본사로 들어오세요. 우리가 모임 계획을 세워서 당신이 나머지 팀원들과 상호작용을 할 수 있도록 조치를 하죠. 또 매월 팀에서 사교 행사를 해서 나머지 동료와 사적으로도 교류할 기회를 만들겠습니다.

💬 **대화 B**

당신 : 우리 팀은 개편 예정이고 모두에게 새로운 역할을 부여할 겁니다. 새로운 업무에는 이메일 마케팅, 소셜미디어, 모바일 개발이 있습니다. 내가 보기에 당신은 소셜미디어 전문가라고 생각합니다.

팀원 : 제 생각에는 이메일 마케팅 업무가 더 좋을 것 같습니다. 전 페이스북도 사용하지 않거든요.

당신 : 이번 개편의 변화로 어려울 건 압니다. 우리 모두 그러니까요. 지금까지 썼던 이메일이나 수행했던 마케팅 활동의 예를 보여주세요.

> 💬 **대화 C**
>
> 팀원 : 이번 프로젝트를 맡겨주셔서 감사하지만, 어떤 의도이신지 궁금합니다.
>
> 당신 : 아주 대단한 프로젝트는 아니지만 다른 많은 사람에게 영향을 주고 나로서는 실제 업무를 어떻게 해내는지 당신을 평가할 기회가 될 겁니다. 당신이 어떻게 일하는지 더 잘 알 수 있고, 앞으로 어떤 일을 맡길지도 알게 되겠죠.

이런 대화의 목표는 직원들이 더 성취감을 느끼고 더 행복할 수 있도록 돕는 것이다. 대화 A에서 당신은 팀원에게 걱정하는 걸 이해하고 있으며 발전하도록 돕겠다는 걸 보여주었다. 팀원의 기분을 묻고 안고 있는 문제를 해결하고 존중과 배려를 보여주었다. 대화 B에서 당신은 변화에 적응하는 기술이 중요하다는 점과 어떻게 해야 개인적 성취감을 얻을 수 있는지에 초점을 맞추고 있다. 조직 개편과 업무 변경이 얼마나 자주 있는지 알면 놀랄 것이다. 세 개의 새로운 업무를 두고 당신은 가장 적절한 사람을 배치할 수 있기를 바라고 있다. 대화 상대인 팀원이 소셜미디어 업무에 완벽히 적합하다고 생각했지만 다른 사람들은 분명히 다르게 생각할 것이다. 그들이 적절한 기능을 갖추고 있는지 증거를 요청하는 것으로 당신은 팀원에게 업무를 성공적으로 해낼 수 있는지 증명할 기회를 제공했다. 대화 C에서는 왜 프로젝트가 중요한지 설명한다면 팀원은 프로젝트의 중요성과 프로젝트를 성공으로 이끌기 위한 자신의 역할을 더 잘 이해하는 데 도움이 될 것이다. 세 대화에서 당신은 팀원들이 뭘 원하는지 귀 기울여야 하고, 그 뒤에 가능하다면 그들을 어떻게 만족시킬지 알아내야 한다. 그리고 가끔 직접 묻지 않으면 그들이 원하는 걸 알 수 없을 것이다.

업무와 생활의
통합을 받아들여라

성취감을 더 느끼고 자신과 팀의 행복한 기분을 더 깊게 발전시키기 원한다면 사고방식을 전환할 필요가 있다. 내가 〈포춘〉 선정 200대 기업 가운데 한 곳에서 풀타임으로 일할 때, 직원 대부분은 일주일에 40시간 넘게 일했다. 전 인사 담당자와 인터뷰를 했을 때 그가 한 말을 나는 늘 잊지 못할 것이다. "업무와 생활 사이 경계선은 깔끔하지 않습니다. 그러니 우리는 직원들이 업무를 하면서도 개인 용무를 볼 수 있도록 해주어야 합니다. 직원들이 근무시간이 아닐 때도 일하고 있는 걸 알기 때문이죠." 그 말을 들은 뒤로 내가 생각하는 일과 생활의 균형은 전부 바뀌었다. 10년 뒤 나는 리처드 브랜슨과 마주 앉았다. 그는 그 새로운 진실을 재확인해주었다. "집과 직장에서의 생활이 달라야 할 이유는 없습니다. 집에 있을 때 주변 분위기가 중요하다고 느낀다면 직장에서도 중요한 거죠. 집에 있을 때 친구가 있다면 직장에서도 그렇게 친구가 많아야 합니다."[24]

사실 일과 생활의 균형이라는 건 말이 되지 않는다. 그 말 자체가 우리 인생이 일과 생활 두 가지로만 이루어져 있고, 그들은 서로 분리되어 있으며 우리는 양쪽에 똑같은 시간을 배분할 것이란 뜻을 담고 있기 때문이다. "동등한 균형은 불완전합니다. 우리가 균형을 잡으려고 노력할수록 스스로 더 스트레스만 받을 겁니다. 결국, 시간이 흐르면서 또 다른 불균형 상태를 만들어낼 수도 있죠." 버라이즌의 산하 회사인 유나이티드 앳 오스에서 서부지역 광고주 요구 플랫폼 부서장으로 일하는 저스틴 오르킨은 말한다. 퇴근해 집에 오면 업무에서 해방되던 시절은 지났다. 우리는 이제 일주일 내내 종일 사무환경에 연결된 채 살고 있다. 우리가 일하는 회사는 우리가 사무실에서 벗어나거나 휴가를 떠난다고 해서 운영이 멈추지 않는다.

그래서 나는 업무와 개인 생활 사이의 균형을 찾기보다 양쪽의 통합을 고민하는 걸 선호하는 편이다. 그렇게 하면 삶의 모든 분야에서 더 시너지를 만들어낼 수 있고, 시간을 어떻게 할당할지 스스로 통제할 수 있다. 다른 말로 하면, 직장과 가정에서 성공하려면 직업적으로 또 개인적으로 필요한 것들을 잘 혼합하는 능력을 갖추어야 한다는 것이다. 임상 심리학자 마리아 시로이스는 업무와 개인 생활의 통합이 스트레스를 줄여주고 성취감을 더 느낄 수 있도록 해준다고 말한다.[25] 내가 캠벨 수프 컴퍼니의 CEO인 데니즈 모리슨과 이야기를 나누었을 때, 그녀는 완벽한 균형을 이루는 것이 늘 가능하지는 않다고 인정했다. "저는 늘 업무와 개인 생활의 통합을 추구했습니다. 전부 해낼 수 있어요. 단번에 해내지 못할 뿐이죠. 가정생활의 우선순위와 직장 생활에서의 우선순위를 통합하는 것은 가능합니다."

리더로서 직장에서 개인적 시간이 필요한 직원들을 지지해줄 필요가 있다. 그들은 연로하신 부모님께 전화를 드리거나 아이들 때문에 오전 시간에 회사에 나오지 못할 수도 있다. 다른 한편 늦은 밤이나 이른 아침 또는 주말에 일하더라도 맡은 일을 끝내야만 하는 때도 있다. 업무와 개인 생활을 통합하려면 균형을 잡아야 한다. "스스로 발전하고 성장해 책임이 무거운 높은 자리에 올라가고 싶다면 진정으로 업무와 개인 생활을 구분할 방법은 절대 없다고 굳게 믿습니다." 톰슨 로이터에서 초기 경력자 재능계발 담당 임원인 일로나 유르키에비치는 말한다. "대신 저는 양쪽을 공생 관계로 봅니다. 업무를 하던 중에 뭔가 개인적인 일을 챙길 필요가 있다면 그렇게 합니다. 며칠 동안 늦게까지 일할 필요가 있다면, 개인 사정을 조금 미루고 일을 합니다."

업무와 개인 생활을 더 잘 통합하는 세 가지 비밀

1. 자신의 한계를 존중하라

자신의 한계를 알고 그에 관해 팀 동료와 소통하고 상대방의 한계도 파악하고 받아들여라. 점심시간에 개인 생활과 관련된 시간을 확보하고 싶거나 매일 아침 아이를 학교에 데려다주어야 한다면 팀원 모두와 공개적으로 논의하라. 동시에 팀 동료들에게 한계가 있는지 어떤지 물어라. 어떤 주제에 관해 말해서는 안 되는지, 그들의 개인적 필요가 무엇인지, 그들은 근무일에 어떤 개인적인 일을 해야 하는지 알 수 있어야 한다. "한계는 명확하지 않아요. 저는 어딜 가든 전화기를 들고 다니니까 늘 연락이 되는 상태입니다." 렌트 더 런웨이의 공동창업자이자 사업개발 부서장인 제니퍼 플레이스는 말한다. "늘 연락이 된다면 한편으로는 효율성이 증가하고 집에서 또는 사무실을 벗어난 뒤에도 업무를 마무리하는 능력이 향상됩니다. 다른 한편으로 저는 늘 업무에만 정신이 팔리지 않도록 조심하고 아이들에게 집중하기 위해 의식적으로 노력해야 할 겁니다!" 스콜라스틱의 기술 임원인 스테파니 빅슬러에게 있어 한계는 매우 명확하다. "제 목표는 매일 적어도 두 시간은 딸아이와 보내는 거였어요. 일하러 나오기 전 30분, 집에 돌아가 잠자리에 들기 전까지 한 시간 반이죠." 그녀는 내게 말했다. "딸아이와 시간을 보내길 원했지만 그건 '원할' 일이 아니라 '필요한' 일이었죠. 아이들을 맡기면 근무시간 동안에만 봐주니까요."

2. 기기들을 제어하라

하루를 보내면서 업무에서 휴식이 필요한 특정 시간에는 전화기를 꺼서 신기술을 제어하라. 우리 사회에서 전화기를 끄는 일은 업무에서 벗어나 있다는 확실한 신호이다. 전화기를 켜두었다면 당신은 근무 중이다. 쉽지 않겠지만 동료와 점심을 먹을 때 또는 퇴근해 집으로 왔을 때 통신기기들을 꺼두는 걸 시도해보라. 어느 시점이 되면 당신은 업무와 개인 생활 사이를 깔끔하게 끊고 싶은 마음이 생길 수도 있다. 아디다스의 비키 응은 휴가 중일 때는 실제로 휴대전화에서 이메일 앱을 지우고 사람들에게는 급한 일이 생기면 문자를 보내라고 요청한다. 개인적으로 나는 그럴 수 있을 정도로 내가 용감한지 자신할 수가 없다!

3. 자신만의 일정표를 짜라

자신에게 맞는 계획표를 찾아 성취감을 얻을 수 있도록 하라. 만일 아침에 가장 업무를 잘 할 수 있다면 사무실에 일찍 나가고 일찍 퇴근하라. 동료 가운데 한 명이 같은 식으로 느낀다면 그들도 똑같이 유연근무제를 선택할 수 있도록 하라. 팀에 소속된 사람들은 회사를 위해 결과를 낼 책임을 지고 있으며, 당신은 그들이 목표를 이룰 수 있도록 그 어떤 도움이라도 지원해야만 한다.

성취감에 집중하기 요점 정리

1. 성과보다는 관계에 초점을 두자

당신과 팀 사이 관계가 강인할수록 더 많은 걸 이룰 수 있다. 우리 삶에 무엇이 필요한지 생각해보면, 일주일에 적어도 40시간을 함께 보내는 직장 동료와 강하고 깊은 관계는 우리의 성과보다 훨씬 더 중요하다. 만일 우리 관계가 약하다면, 뭔가를 이뤄내거나 우리의, 그리고 직원들의 목표를 달성하기는 더욱 어려울 것이다.

2. 직장에서 무엇이 성취감을 주는지 확인하고 팀원들과 한 사람씩 대화를 나누어 그들은 무엇에서 성취감을 느끼는지 알아보자

팀원들과 뜻을 모아야 당신의 목표뿐 아니라 그들이 목표를 이룰 수 있도록 도울 수 있다. 이런 식의 성취감에 대한 논의는 사람들이 당신을 위해 더 오래 일하도록 만든다. 당신이 그들의 성공에 헌신한다는 사실을 증명할 것이기 때문이다.

3. 균형 대신 업무와 일상생활의 통합을 위해 노력하라

업무와 개인 생활에서 가장 이루고 싶은 중요 활동에 관해 생각하고, 그것들을 중심으로 하루를 조직하라.

02

생산성을 최적화하라

．

일반적인 노력을 한다면 일반적인 결과를 얻게 될 것이다.
비범한 노력을 기울인다면 비범한 결과를 얻을 것이다.
―스티브 하비[1]

우리는 겉으로 볼 때 더 생산적이고 전문적인 멀티태스킹 전문
가처럼 느끼도록 해주는 다양한 기기와 앱들로 무장하고 있다. 하
지만 속을 들여다보면, 약속한 모든 긍정적 성과에도 불구하고 이
런 기기들은 우리가 한눈팔도록 만들고, 생산성을 떨어뜨리고, 머
릿속에 남은 한 방울의 창의력까지 소비하게 한다. 지난 10년 동
안 회사들이 고용을 줄이고 팀을 통합했는데도 혁신과 경쟁에 대
한 압박은 점차 커졌다. "더 적은 비용으로 더 많은 성과"라는 표
어는 전 세계 많은 회사의 운영 철학이 되었다. 직원들이 생산적이
면서 동시에 효율적이어야 한다는 압박이 이제는 비생산적 요소
가 되고 있다. 추가 임금도 없이 개인 생활을 포기하며 더 오래 일
해야 하는 노동자들은, 지치고 불행하며 피곤하다. 그 결과 그들은

더 자주 회사를 그만두고 있다. 한 연구에 따르면 회사를 그만두는 이유의 거의 절반이 극도의 피로감 즉 번아웃때문이며, 직원이 그렇게 그만둘 때마다 고용주는 건강보험 관련 비용이나 생산성 감축, 빈자리를 채우는 신규 고용과 훈련에 따른 비용 등으로 수천 달러를 부담한다.[2] 서로를 연결하는 기기를 사용해 가용 자원을 극대화하는 게 좋은 생각인 것 같지만 결과는 좋지 않았다.

오늘날 문자와 이메일은 사람들 사이의 연결에 사용하는 시간을 두고 경쟁을 벌이는 중이고 신기술은 매우 큰 성공을 거두고 있다. 몇몇 연구를 보면 평균적인 사무 노동자는 하루에 100개 넘는 이메일을 받는다. 과거에도 걸려오는 전화나 무턱대고 사무실을 찾아오는 사람들로 정신이 없다고 불평했지만, 그런 불편은 여러 기기를 통해 받는 어마어마한 수의 메시지와 비교하면 아무것도 아니다. 많은 메시지를 받을수록 검토하고 답신하는 시간은 더 길어진다. 안타깝게도 하루는 여전히 24시간에 불과하다. 우리가 조절할 수 있는 것은 어떻게 시간을 보낼 것인가 하는 것뿐이다.

이런 도구들을 사용하면서 받는 과잉자극은 보유한 인지능력을 제대로 활용하지 못하게 만든다. 인지능력 활용은 생산성을 최적화하는 데 매우 중요하다. 휴대전화에서 계속 울리는 경고음을 들을 때(또는 느낄 때) 사람들은 들뜨고 흥분해 맡은 업무에 집중하지 못하고 뭔가 덜 중요할 수도 있는 다른 일에 신경 쓰게 된다. 캘리포니아 어바인 대학교의 글로리아 마크 교수는 휴대전화 알림이 개별 업무에 집중하는 능력을 해친다고 말한다. 마크 교수는 2004

년부터 초시계를 들고 노동자들을 따라다니며 어떤 행동을 하는지 점검했다. 연구 초기에는 노동자들이 3분 간격으로 주의를 다른 곳에 돌린다는 사실을 발견했다. 2012년에는 그 간격이 1분을 조금 넘는 수준으로 줄었고, 2014년에는 채 1분이 되지 않았다.[3] 우리는 우리에게 순종하도록 창조한 기계들의 노예가 되었고, 그런 기기들은 직장 안팎에서 우리가 중요한 일에 집중하지 못하게 만들었다.

이런 도구들은 일정표를 관리하고, 업무 진행을 점검하고 동료에게 빠르게 메시지를 보내는 일을 쉽게 만들었지만, 우리는 시간의 흐름을 따라갈 수 없을 정도로 많은 알림에 혼란스러워지고 말았으며, 미처 우리가 알아차리기도 전에 근무시간은 끝나버리고 만다. 거의 100퍼센트에 가까운 노동자들은 일하는 중에 다른 데 정신이 팔렸다고 인정하고 있으며[4] 거의 60퍼센트에 이르는 사람들은 이런 방해가 뭔가 메시지를 전달하는 기기에서 비롯되었다고 말한다.[5] 이런 상황은 분명히 당신에게 개인적으로, 또 리더로서 문제가 될 것이다. 모두 합산해보면 그런 업무 방해는 회사에 평균 연간 천만 달러의 비용을 안겨주거나, 노동자별로 계산해도 만 달러가 넘는 수준이기 때문이다. 방해물을 없애고 동시에 한 가지 업무에만 집중하면 우리는 스트레스를 덜 받으면서도 직장에서 더 생산적으로 행복한 시간을 보낼 수 있다.

리더로서 당신은 직원들이 서로 직접 관계를 맺으며 더 많은 시간을 보내고 신기술을 이용해 소통하는 시간은 줄이도록 독려해야 한다. 마흐디 로가니자드와 바네사 본스는 각각 45명의 참가자를 대상으로 실험했는데, 10명의 모르는 사람에게 설문 조사를 해오도록 했다.[6] 모든 참가자가 같은 대본을 사용해 같은 요청을 하도록 했지만, 절반은 이메일을 나머지 절반은 대면해 설문 조사를 하도록 했다. 설문 참여 요청을 하기 전에 얼마나 많은 모르는 사람이 그들의 요청을 받아들여 설문 조사에 끝까지 응해줄 것인지 실험 참가자들에게 예상하도록 했다. 두 그룹 모두, 열 명에게 부탁하면 절반은 설문 조사에 동의해주리라 생각했다. 그들의 예측은 모두 빗나갔다. 결과는 어떻게 되었을까? 얼굴을 맞대고 부탁한 쪽이 이메일로 요청한 것보다 설문 조사에 성공하는 비율이 34배 더 높았다.

미국국제개발처에서 수석 연설문 작성자로 일했던 대니 게이너는 대면 소통이 이메일과 비교해 얼마나 더 강력한 수단인지 훌륭한 예를 들어 설명했다. 대단한 발표를(5세 미만 아동의 조기 사망 종식을 위해 노력하게 될 역사상 세계 최대의 국가 간 국제연맹의 발족) 앞두고 대니와 그의 상사는, 상사가 하게 될 발표 자료를 작성하느라 원고를 쓰고, 서로 이메일을 보내고, 파워포인트 자료를 교환하며 어마어마하게 긴 시간을 보냈다. 케냐에서 인도에 이르는 수십 명의 국가 지도자가 이 중대한 계획을 밝히는 자리에 참석하기 위해 날아왔다. 대니는 세계적으로 수백만 명이나 되는 어린이의 생명을 살리기 위한 미국의 계획을 펼쳐 보이는 발표문을 만들면서 고립감과 스트레스를 느꼈다. (그를 비난할 수 있겠는가?)

"무대 뒤 세계 각국 정상들과 각료들로부터 몇 걸음 떨어진 곳에 상사와 함께 서 있던 순간을 절대로 잊지 못할 겁니다. 우리는 한 번도 같은 공간에 있어본 적이 없었기 때문입니다. 우리는 신기술을 이용해 함께 일했거든요. 우리는 무대 위에 오르기 직전까지 실제로는 발표 자료를 함께 검토해본 적이 없었던 겁니다. 나는 미친 사람처럼 사진을 지우고 그래프 위치를 바꾸고 아프가니스탄과 네팔, 콜롬비아와 관련해 민감한 단어들을 고쳤습니다. 상사는 물 한 컵을 벌컥벌컥 마시더니 날 보고 깊게 숨을 쉬고는 말했습니다. '발표문 아주 잘 썼네.' 그러고는 세계에서 가장 중요한 사람들의 시선을 받으며 무대로 올라갔습니다."

이런 경험을 통해 대니는, 중대한 문제에 접근할 때 대면 소통의 중요성을 배웠다. 그걸 바탕으로 그는 현재 나이키의 내러티브 및 혁신과 경영 팀에서 맡은 일을 훨씬 더 효과적으로 해내고 있다. "제가 받은 피드백은 느리고 혼란스럽고 균일하지 않았습니다." 대니는 내게 말했다. "만일 같은 방에 상사와 함께 있었다면(10분만이라도 얼굴을 마주 보면서) 신기술 플랫폼을 통해 여러 시간이 걸렸던 일을 짧은 시간에 해낼 수 있었을 겁니다." 신기술이 도움이 될 수는 있다. 하지만 가끔 매우 중대한 업무를 할 때는 노트북 주위를 몇 명이 서성거리면서 바로 그 자리에서 중요한 걸 설명하는 방식보다 더 강력한 것은 없다.

아이러니한 것은 직장에서는 이메일이 가장 일반적인 의사소통 방법이지만, 많은 상황에서 가장 비생산적으로 작용하며 큰 생산성 향상을 가져올 수 있는 대면 상호작용을 일상적으로 방해한다는 사실이다. "이메일은 생산성을 해치는 최악의 적입니다." 스콜라스틱의 기술 담당 이사인 스테파니 빅슬러는 말한다. "사람들은 지나치게 이메일에 의존하고 문제의 해결책을 찾아내기보다는 확대하는데, 결국 책임 소재는 불분명해지고 맙니다."

내가 일하는 회사에서 조사해보니 직원의 절반 이상이 좀 더 많은 대화를 하면 받는 이메일의 수를 줄일 수 있을 거라고 말한다.[7] 그리고 버진 펄스의 연구에 따르면 거의 3분의 1은 직장 동료와 대화 시간을 늘리면 생산성이 높아지리라 생각했다.[8] "이메일로 전달하다 보면 맥락의 상당 부분이 사라질 수 있습니다." 알리안츠의 AGCS 캐나다의 수석 에이전트이자 CEO인 울리히 캐도우는 말한다. "전화 통화를 하거나 동료와 개인적으로 만나는 게 대개 분쟁을 해결하는 가장 좋고 빠른 방법입니다." 퓨마의 여성 의류 상품 매니저인 케이티 베숑도 동의한다. "우리는 같은 사무실에 앉아 있으면서도 각자 책상에서 일어나 걸어가 사람들과 이야기를 하는 대신 이메일을 보내기도 합니다." 그녀는 말한다. "이렇게 되면 훨씬 더 많은 이메일이 오가게 되고 결국 혼란으로 이어집니다." 그러니 이메일을 계속 주고받으면서 실제로 전달하려는 생각을 상대가 받아들여 원하는 효과가 나기를 기도하는 대신, 직접 상대와 만나 몇 분 동안 당신이 원하는 것이 왜 중요한지 설명하도록 하라.

관리자들은 더 적은 자원으로 더 큰 목표를 달성하기 위해 가해지는 점점 더 많은 압박에 대처해야만 한다. 베인 앤드 컴퍼니의 한 연구는 일반적인 관리자는 일주일에 47간 일하는 중에 아무런 방해 없이 업무에 몰두했던 시간은 7시간도 되지 않으리라 추정했다.[9] 업무 시간 중 21시간은 전부 회의에 바쳤고 다른 11시간은 이메일을 관리하는 데 들어갔다. 관리자들은 창의적인 생각을 하기는커녕 자기가 맡은 일을 해낼 시간조차 없었다. 약 30년 전 평균적인 관리자는 전화가 왔었다는 메모를 1년에 천 개 정도 받았다. 음성사서함이 생긴 뒤 관리자들은 어쩌면 1년에 4천 개의 메시지를 들어야 할 수도 있다. 그러나 오늘날 우리는 일 년에 3만 건의 의사소통을 하고 있으며, 감사하게도 우리는 다양하고도 많은 기기에 의존할 수 있다(인스턴트 메신저, 스카이프, 페이스타임, 이메일, 문자, 음성사서함 등).

"신기술은 부하 직원들에게 쏟을 관리자의 에너지를 빼앗고 대신 스크린만 들여다보게 만들 수 있습니다." 옐프의 지역 판매 담당 임원인 폴 라이시는 말한다. "특히 일선 관리자들은 진정한 업무가 실제 현장의 사람들 사이에서 진행되는 동안 몇 시간이고 스크린 속으로만 빨려 들어가기 쉽습니다. 우리는 관리자들에게 그들의 머리보다 더 뛰어난 컴퓨터나 그들의 귀보다 더 잘 듣는 기계, 입보다 더 잘 말하는 스피커는 존재하지 않으니 제발 노트북을 닫고 진짜 세상에서 관찰하고 지시하라고 가르치려 부단히 애쓰고 있습니다."

생산성 증대를 위해 신기술을 사용하라

신기술에 지나치게 의존하면 사람 사이의 연결과 업무를 완수하는 능력에 방해가 된다. 제대로 사용한다면 가장 큰 동맹군이 될 수도 있다는 말이다. 나는 우리를 묶어줄 수 있고 가장 빨리, 가능한 가장 효율적인 방식으로 업무를 완수할 수 있도록 신기술을 사용하는 중요한 몇 가지 방법을 찾았다. 많은 경우 신기술은 팀원들 사이에서 직접 얼굴을 맞대는 시간을 더 늘리는 데 사용될 수도 있다.

1. 회의실 예약 시스템을 사용해 중요한 프로젝트에 관한 이야기를 전체 팀이 나누거나 한 사람씩 따로 만나 이야기를 나누기 위해 시간과 장소를 고정시켜라.

2. 달력 앱을 사용해 약속을 정하고 모두가 합의한 시간에 한 곳에서서 만날 수 있는 분위기를 조성하라.

3. 기본적인 질문에 빠르게 답변하기 위해서 검색엔진을 사용하라. 그렇게 하면 모두가 길고 불필요한 토의를 하지 않아도 된다.

4. 휴가나 출장일 때 부재중 이메일 자동응답 기능을 사용해 사무실을 비웠을 때 오는 이메일에 대답하기 위해 전화를 붙잡고 있지 않도록 하라.

5. 운동이나 식사, 휴식, 일대일 면담, 현재 진행 중인 프로젝트 등을 위한 시간은 달력 앱에서 표시해 막아둘 것.

6. 가상 "워터쿨러" 같은 협업 앱을 사용해 현재 진행 중인 프로젝트를 위한 빠르고 효과적으로 아이디어를 뽑아내거나 개선할 점을 찾아낼 수 있는 피드백을 받을 것.

7. 직원들이 사무실에 있는지 휴가 중인지 또는 바쁜지 알아볼 수 있도록 공유 달력을 사용해 소통하는 최적의 방법을 찾고 회의를 계획할 것.

8. 프로젝트를 진행하는 팀이 제대로 일을 해내고 있고 목표를 달성하고 있는지 파악할 수 있는 프로젝트 관리 도구를 사용해서 지속적인 점검을 할 것. 어떤 것들은 신기술 없이는 관리를 못할 수도 있다.

9. 멀리 떨어져 있는 직원들과의 연결을 위해 화상회의를 사용하고, 그들이 물리적으로 다른 팀원들과 떨어져 있더라도 서로 볼 수 있도록 할 것.

10. 해야 할 일 목록이나 간단한 목표 계획서를 사용해 어떤 일을 언제까지 해야 하는지 놓치지 않도록 할 것.

우리 가운데 많은 사람이 가진 문제는 생산성을 높이는 데 도움이 된다고 믿고 있는 신기술을 남용하거나 오용한다는 것이다. 예를 들면 회의를 개최하기 위해 팀원들에게 문자를 보내는 것은 완벽히 말이 되지만, 회의 중에도 바로 앞에 앉아 있는 사람들에게 문자를 보내는 행동은 정말이지 그만두어야 한다.

많은 사람이 새로운 기술을 성급하게 받아들인 우리 세대를 비난하지만, 그런 신기술을 남용하는 죄를 짓는 건 우리 모두이다. 우리는 나이 든 노동자들에게 신기술 도구들을 사용하도록 설득하고 있는데, 그렇게 해야 그들과 소통하기가 더 쉽기 때문이다. 신기술을 사용하면 프로젝트나 파일을 관리나 의사소통이 더 쉬울 것처럼 보일 수도 있지만, 우리의 관심 범위는 오히려 축소되었고, 끊임없는 디지털 방해 요소 세례는 생산성을 떨어뜨렸다.

자체평가 : 나는 디지털 기기에 얼마나 집중력을 뺏길까?

이렇게 말하기는 정말 싫지만, 여러분은 디지털 기기에 중독되었을 가능성이 매우 크다. 그리고 대부분 중독이 그렇듯 여러분은 그런 사실을 알아차리지도 못하고 있을 수도 있다. 우리 가운데 다수는 신기술이 생산성을 증가시킨다고 생각하지만, 우리는 마구잡이로 날아드는 뉴스를 읽거나 친구나 소셜미디어가 전달하는 메시지를 읽으며 얼마나 많은 시간을 낭비하는지 전혀 알지 못하고 있다. 여기 준비한 간단한 문제들은 여러분이 디지털 기기에 얼마나 정신을 팔고 있는지 알려줄 것이다. 자기 상황에 해당하는 문장 옆에 표시하면 된다.

1. 나는 팀원과 새로운 프로젝트를 점검할 때 우선 디지털 기기를 켠다.	
2. 나는 모든 프로젝트를 디지털 기기를 사용해 관리한다.	
3. 나는 직접 사람과 만나는 것을 완전히 시간 낭비라고 생각한다.	
4. 나는 전화를 거는 대신 문자 보내는 걸 선호한다.	
5. 나는 회의 중에 토론에 참여하기보다는 휴대전화를 들여다보며 시간을 더 보낸다.	
6. 나는 다음 휴대전화 알림음을 기다리는 자신을 발견하곤 한다.	
7. 나는 업무를 수행하기 위해 여러 개의 디지털 기기를 동시에 사용하며 멀티태스킹을 하는 전문가이다.	
8. 나는 진짜로 사람들을 만나는 것보다 온라인 회의나 보고회를 하는 편이 낫다고 생각한다.	
9. 나는 일할 때 여러 개의 앱이나 컴퓨터 작업창을 열어두고 있다.	
10. 나는 가끔 동료들이 자원이 아니라 주위를 산만하게 하는 존재처럼 보인다.	
점수 합계	

평가를 마친 뒤 그렇다고 대답한 질문의 개수를 합해보라. 일곱 개 이상이라면 당신은 아마도 업무를 제대로 해내지 못하고 있을 것이다. 다섯 개 이하라면 현재 사용하고 있는 신기술을 매우 잘 다루고 있으며, 신기술은 당신의 생산성에 부정적인 영향을 끼치지 않고 있다. 사실 어쩌면 생산성에 도움이 될 수도 있다!

생산성 최적화를 위한
세 가지 조치

신기술은 서서히 심각하게 생산성을 해치고 있다. 다음은 그 문제를 억제하기 위한 세 가지 아이디어이다.

⊕ 첫 번째 조치 : 미루는 것을 줄여라

불쾌한 업무를 피하고 싶거나 어쩔 수 없이 늦추고 싶을 때, 우리는 눈을 휴대전화로 돌려 게임을 한 판 하거나 뉴스 기사를 하나 읽는다. 체계가 부족하고 긴장하고 스스로 확신이 없을 때 우리는 대개 스트레스를 주는 일보다는 훨씬 재미있는 것으로 하던 행동을 바꾼다. 뒤로 미루는 함정에 빠지는 일은 쉽다. 일을 중단하고 전혀 다른 현실로 도피하고 싶을 때면 언제나 고개를 돌릴 수 있는 놀라울 정도로 많은 앱과 웹사이트 덕분에, 함정에 빠지는 일은 점점 더 쉬워지고 있다. 일을 뒤로 미루면 그저 생산적인 시간을 잃는 것으로 끝나지 않는다. 우리는 개인적인 시간도 잃게 되는데, 근무시간에 했어야만 하는 일을 개인 시간에 마쳐야 하기 때문이다. 개인 시간이 사라지면 금세 불행해지고 번아웃에 빠지고 만다.

⊕ 두 번째 조치 : 완벽주의에 빠지지 마라

신기술은 우리에게 편집하고 조정하고 불완전한 부분을 제거하는 거의 무한에 가까운 능력을 주었다. 그리고 대개 모든 것을 완벽하게 만든다. 문제는 우리가 사진을 편집하고 자료를 최신 상태 프로젝트를 맡아 일할 때 업무를 더 작게 나누는 것은 늘 도움이 된다. 그렇게 하면 전체 프로젝트는 어려움이 줄고 관리가 가능해지며, 그 결과 뒤로 미루기가 어려워진다. 예를 들어 여러분의 회사가 제안하게 될 수도 있는 새로운 서비스에 관한 타당성 조사를 한다고 생각하자. 업무를 쪼개는 과정은 이렇게 진행할 수도 있다.

1. 서비스 범위나 조사에 도움이 될 다른 적절한 정보가 있는지 관리자에게 문의하라. 이렇게 하면 당신과 관리자는 같은 내용을 확실히 공유하게 될 것이고, 결국 당신은 기대하고 있는 바를 수행해내거나 (바라건대) 그 이상을 달성하는 데 도움을 얻게 될 것이다.

2. 언제 프로젝트를 끝낼 필요가 있는지 보여주는 일정표를 만들고, 끝낼 때까지 달성할 수 있는 중간 목표들을 설정하라. 각 중간 목표들과 최종 목표를 달성할 날짜를 달력에 표시하고 알림을 설정하라.

3. 경쟁자들의 상황을 파악하라. 경쟁자들이 어떤 상품을 내놓고 있는지 파악하는 것은 시장 규모를 아는 데 도움을 주며, 서비스를 어떻게 차별화할 것인지 알 수 있도록 해주고, 이미 시장에 나와 있는 것들에 대해 당신이 항상 최신 정보를 파악하고 있음을 경영진에게 보여줄 수 있다.

4. 업계와 다른 원천으로부터 다양하게 자료를 수집하고 기본 자료집에 넣어 발표 자료에 포함될 수 있도록 한다.

5. 조사 자료와 아이디어, 추천, 도표, 그림을 발표용 자료집에 넣는다.

6. 팀 회의를 소집해 발표한다. 피드백을 요청한다.

생산성을 최적화하라

로 고쳐 스스로 성공적이고 행복해 보이도록 하는 데 시간을 사용할수록, 시간은 더 낭비하지만 우리가 해내는 일은 없다. 사진 필터를 바꾸거나 한 문장의 최신 정보를 팀원들에게 바꾸도록 지시하느라 사용한 시간을 더 중요한 업무로 잘 보낼 수 있었을 것이라는 점은 누구나 분명히 인정하리라 생각한다. 완벽하게 해내려 발버둥치는 사람들이 간과하는 것은, 결함이 창의력을 자극하고 우리를 독특한 존재로 만들고 우리 사이에 더 강력한 유대감을 만들어낸다는 사실이다.

사실 완벽한 것은 존재하지 않는다. 그러니 스스로 또는 다른 이에게 완벽하기를 요구하는 건 시간과 에너지의 낭비에 불과하다. 나는 완벽주의는 강점으로 위장하고 있는 약점이라고 믿는다. 완벽하게 일하면 더 생산성이 높고 성공적이리라 생각하지만, 완벽해지려 애써도 시간만 소모할 뿐이며 그 결과 우리는 불안해지고 불행해진다. 완벽주의는 빠르게 흘러가면서 늘 깨어 있어야 하는 지금 세상에서는 먹히지 않는다. 만일 직장에서 느리게 움직인다면 더 똑똑하고 빠르게 일할 의지가 있는 다른 사람들이 당신의 자리를 대신 차지할 것이다. 완벽주의자는 이메일 하나를 보내면서도 여러 시간이 걸릴 수 있고, 결국 완벽주의자가 아닌 사람들과 똑같은 업무를 완성하는데도 더 오랜 시간을 들여야 할 것이다. 그런 상황이 완벽주의자가 없는 다른 조직과 경쟁해야 하는 당신 회사의 경쟁력에 어떤 영향을 미치겠는가?

완벽을 추구하는 우리는 모든 질문에 완벽한 대답을 찾으려고 한다. 신기술이 이런 상황에서 우릴 도울 수 있지만 늘 그렇듯 단점이 존재한다. "인터넷은 기계입니다. 질문을 집어넣으면 인터넷은 대답을 뱉어내죠. 하지만 만일 찾는 답이 인터넷에 없다면 어쩌죠?" 허니웰의 임원인 키어 얼릭이 묻는다. "'해답 없음 딜레마'는 다음과 같은 단계를 거치게 됩니다. 1)혼란 : 분명히 내가 엉뚱한 단어로 검색했을 거야. 2)절망 : 왜 내가 원하는 것을 얻어낼 수 없는 거지? 3)공포 : 안돼! 해답을 찾을 수가 없어! 4) 인식 : 컴퓨터가 검색엔진을 갖기 전에 인간은 두뇌를 갖고 있었어. 이런 식의 신기술에 대한 과도한 의존과 다른 누군가가 이미 우리 문제를 해결했으리라는 기대는 사회로부터 창의성과 비판적 문제 해결 능력을 빼앗아갈 뿐 아니라, 성공하는 리더가 되는 데 필요한 가장 중요한 기술을 빼앗아갔습니다. 그건 바로 사회적 상호작용입니다."

완벽주의자가 되면 그냥 두어도 되는 뭔가를 계속 편집하려고 무한 반복하는 상황에 빠지게 된다. 업무를 마치지 못하면 당신은 물론 팀과 회사 그리고 고객들까지 손해를 입는다. 이런 상황을 막기 위해 당신은 물론 누구든 지속적 수정으로 프로젝트의 완결을 무심코 지연시킬 수 있는 사람들에 대한 규칙을 정해두어야 한다. 예를 들어 리더라고 해도 재택근무는 한 달 이상 불가능하게 하고, 앞으로 프로젝트 완결이 늦추는 직원은 보너스에 영향이 있다고 모두에게 경고하는 식이다.

⊙ 세 번째 조치 : 멀티태스킹을 멈춰라

컴퓨터로 이메일을 확인하면서 휴대전화에 알림이 있는지 보고
동시에 화상회의에 참여하고 있을 때 멀티태스킹을 한다고 스스로
생각하려고 애쓸 수도 있지만, 사실은 그렇지 않다. 두뇌가 뭔가
다른 일에 집중하고 있을 때는 다른 사람이 하는 말에 주의를 제대

로 기울일 수가 없다. 더구나 신기술이 개입하는 상황이라면 더욱 그렇다. 회의 중에 친구에게 문자를 보내고 있다면 진짜 회의에 참석했다고 말할 수 있을까? 다양한 일을 동시에 해내는 슈퍼히어로 같은 능력은 그저 상상력이 꾸며낸 허구일 뿐이다. 수십 개의 신경과학 연구 결과에 따르면 우리 뇌는 동시에 여러 작업을 수행하지 않는다는 게 밝혀졌다. 대신 빠르게 여러 작업 사이를 오가는 것이다. 회의에 참석하고 있다가 이메일이 왔는지 확인하려고 할 때 머릿속에서는 하던 작업을 멈추고 다른 작업을 시작하는 과정을 겪게 되는데, 그 찰나에 아무 일도 벌어지지 않는, 순간 지연 현상이 나타나게 된다. 실제로 당신은 하던 말을 멈추고(또는 아주 느리게 말하게 될 것이다) 문자를 보내게 된다. 스스로 지연 현상을 알아차리지 못한다고 해서 지연이 없는 것은 아니다. 요점은, 최대한 능력을 발휘하기 위해 동시에 세 가지 작업을 하려고 하지만 실제로는 세 가지 작업 모두를 제대로 해내지 못하게 된다는 것이다.

무엇이 진정으로
생산성에 영향을 미치는가?

일부 사람들은 여전히 신기술이 생산성을 끌어올린다거나 멀티태스킹이 실제로 가능하다고 믿고 있지만, 사실은 함께 일하는 동료들이야말로 중요한 요소이다. 자기 분야에서 전문가이며 지적이고 친절하고 양심적이면서 업무 윤리가 강한 동료들은 여러분이 더 똑똑해지고 높은 생산성을 발휘할 수 있도

멀티태스킹을 하는 대신 우선순위를 정하는 법

멀티태스킹을 하려 애쓰면서 많은 시간을 낭비하지 않는 가장 좋은 방법은 맡은 업무의 우선순위를 정하는 전문가가 되는 것이다. 그러면 늘 한꺼번에 여러 일에 매달리지 않고 적절한 시기에 적절한 업무에 집중하게 될 것이다. 우선 사람들이 당신에게 원하는 모든 일에 "네"라고 대답하지 않는 것으로 시작하자. 동시에 여러 일을 할 방법은 결코 존재하지 않기 때문이다. 대신 가장 중요한 일에 집중하고 나머지 일은 팀 동료들에게 맡기자. 인튜이트의 인재 채용 담당 이사인 데릭 발토스코니는 그의 상사인 관리자의 도움으로 우선순위 선정의 예술을 배웠다. "상사는 어떻게 하면 일을 더 똑똑하고 효과적으로 하는 것인지 이해할 수 있도록, 진정으로 도움을 주었습니다. 맡은 모든 업무를 파악하고 순서를 정하고 어떤 일이 가장 중요한지 우선순위를 정한 다음 그것부터 잘해내는 거죠." 그는 말했다. "뭐든 새로운 업무가 생기면 그저 업무의 중요성으로만 생각하지 않으려 애씁니다. 대신 어디까지 해낼 수 있는지, 얼마나 중요한지 견주어봅니다." 물론 우선순위를 정하는 건 당연하지만 실제로는 서로 경쟁하는 요구 때문에 상황이 복잡해질 수 있다. 데릭은 이런 상황이 되면 프로젝트를 80퍼센트 완료한 다음 더 진행하기 전에 피드백을 받는다. 100퍼센트 완벽함을 추구한다면 업무 속도가 늦어지기 때문이다.

록 도울 것이다. 우리가 직장인들에게 임금 외에 무엇이 직장에서 동기를 제공하느냐고 물으면 절반 이상이 "함께 일하는 동료"라고 대답했다. 그리고 그들에게 직장에서 창의성을 고취하는 것이 뭐냐고 물으면 40퍼센트 이상이 "나를 둘러싸고 있는 사람들"이라고 대답했다.[10] 머리에 새겨둘 것은 이런 상황이 반대로도 작용한다는 점이다. 만일 당신의 동료들이 게으르고 멍청하고 짜증스럽다면 당신은 생산성과 효율성이 떨어질 것이고, 흥미로운 프로젝트를 맡거나 책임이 늘거나 승진을 할 가능성이 줄어들 것이다.

그렇다면 제대로 된 직원을 고용하는 것이 팀 전체의 성과와 창의력, 생산성을 높이는 데 도움이 된다는 것은 명확하다. 팀 동료와 잘 지낼 수 있으며 이전 직장에서 지속적 진전을 보여준(이런 모습은 단단한 직업윤리와 집중 능력을 보여준다) 채용 대상자를 주목하라. 어떤 기술을 보유하고 있는지 외에 어떤 작업 환경을 선호하는지, 어떤 유형의 팀 동료와 일할 때 가장 좋은 성과를 내는지 물어라. 그런 다음 팀원 모두와 일대일 면담을 통해 서로의 관계가 어떤지 파악하라.

대개 생산성이 가장 높은 사람들은 의식적이고 신중하게 시간을 사용하고 매일의 생활을 구조화한다. 《1등의 습관》 저자인 찰스 두히그는 "생산성이 가장 높은 사람들은 뭘 하는지 그리고 왜 하는지를 다른 사람들보다 더 깊게 생각합니다"라고 말했다.[11]

재택근무

생산성 높이기

재택근무자에 대해 많은 사람이 가진 인상은 호머 심슨처럼 근무시간에 소파에 누워 맥주를 마시면서 TV를 보는 동시에 개를 데리고 노는 사람이다. 하지만 사실은 전혀 다르다. 니콜라스 블룸은 대규모 여행 웹사이트에서 근무하는 콜센터 상담사들을 대상으로 해 연구했다. 상담사들은 회사의 허락을 받아 9개월 동안 재택근무와 사무실 근무를 선택할 수 있었다. 회사는 생산성이 하락하리라 예상했지만, 완전히 반대 상황이 벌어졌다. 집에서 일하는 상담사들은 사무실에서 일한 사람들보다 13.5퍼센트 더 많은 상담을 수행했다. 놀라운 결과처럼 들리지만 직원들은 놀라지 않았다. 우리가 폴리콤의 2만 5천 명 넘는 직원을 대상으로 벌인 연구에서는 재택근무자의 60퍼센트 이상이 그런 근무 형태가 생산성을 높인다고 대답했다. 어떻게 해서 생산성이 향상된 것일까? 블룸은 몇 가지 이유로 설명할 수 있다고 말한다. 그는 생산성 향상의 3분의 1은 노동자들이 더 조용한 환경에서 일할 수 있었기 때문이라고 말한다. 나머지 3분의 2는 노동자들이 더 오랜 시간 일했기 때문이다. "사람들은 더 빨리 일하기 시작하고 더 짧게 쉬고 밤늦게까지 일한다." 그는 〈하버드 비즈니스 리뷰〉에 썼다.[12] 그밖에도 노동자들은 사무실에서 일할 때보다 병가도 훨씬 적게 사용했고 퇴직률도 절반으로 줄었다.

그러나 재택근무자가 분명히 더 만족스럽지만(대부분의 생각과 반대로), 그들은 또한 더 고립되어 있기도 하다. 그 결과 그들은 동료 인간들과 연결을 유지하기 위한 다른 방법을 찾는다. 재택근무자의 35퍼센트는 동료와 더 자주 연락한다고 말했고, 46퍼센트는 더 자주 전화 통화를 한다고 말했다(이메일을 덜 사용하고 전화를 더 걸게 되었다고 답한 38퍼센트를 포함한 수치이다[13]).

재택근무자인 경우	재택근무자를 관리하는 경우
1. 일할 때 사용하는 공간에서 산만한 분위기를 만들 수 있는 걸 모두 치우고, 실내에 TV나 불필요한 신기술 기기가 없도록 할 것.	1. 재택근무자들이 맡은 책무와 프로젝트 마감일, 업무 진척에 따른 소통 등에 대한 기대치를 적절히 설정할 것.
2. 사무실에 있을 때처럼 옷을 갖춰 입을 것. 바보처럼 들리지만, 그렇게 하면 좀 더 전문적인 느낌을 낼 수 있고 마음가짐도 제대로 가질 수 있다.	2. 매주 적어도 한 번 팀 회의를 해 모두가 상황을 올바르게 이해하고 있으며 일정에 맞게 업무를 진행하고 있는지 확인할 것.
3. 정해둔 일과를 따라 제시간에 일어나고 일하고 적절하게 휴식을 취할 것.	3. 화상회의를 통해 좀 더 의미 있는 상호작용을 할 수 있게 하고, 재택근무자들이 제대로 차려입고 전문가답게 행동하도록 독려할 것.
4. 목표를 달성할 때마다 점검할 수 있도록 매일 해야 할 일 목록을 만들 것.	4. 한 달에 적어도 한 번은 실제로 만나 면담을 해서 관리자와 재택근무자들, 그리고 나머지 팀원들이 서로 좀 더 단단한 관계를 형성할 수 있도록 할 것.
5. 흐트러진 물건들을 치워 산만해지지 않고 업무에 집중할 수 있도록 할 것.	
6. 경계를 정할 것. 재택근무자들의 생산성이 높은 이유 가운데 하나는 그들이 절대로 집에 돌아가지 않기 때문이다. (대부분 이미 집에 있기 때문이지만) 그 결과 더 오래 일하는 경향이 있고 새벽 2시 화장실에 가는 길에도 업무 이메일을 확인한다.	

재택근무는 얼마나 일반적일까? 자료는 누구나 직장을 다니던 중에 적어도 한 번은 재택근무를 경험할 가능성이 매우 크다는 사실을 보여주고 있다. 노동자들 가운데 75퍼센트에 가까운 사람들은 회사에서 재택근무를 제의한 적이 있다고 말하고 있고, 3분의 1은 주기적으로 사무실이 아닌 곳에서 일한다고 대답했다.

생산성 최적화의
예술

생각과 몸, 습관은 사람마다 다르다. 생산성을 높여주는 동기도 마찬가지로 서로 다르다. 예를 들면 나는 세상에 영향을 주고 내 브랜드를 만들어내고 돈을 벌고 은퇴 후 재정계획을 세우는 것보다, 다른 사람을 돕는 일에 더(물론 두 가지를 모두 해내려고 애쓰지만) 끌린다. 젊은 직장인들은 유연성과 의미 있는 업무에 가치를 두는 경향이 있지만, 나이가 든 직장인들은 은퇴 후와 의료보험 관련 비용을 위해 저축하는 데 더 치중한다. 여자들이 남자들보다 출산휴가에 신경을 더 쓰지만(이유야 당연하다), 아버지들의 출산휴가도 많은 복리후생 프로그램에서 더 빠르게 중요한 부분이 되어가고 있다.

우리의 두뇌는 독특해서, 가장 창의적인 최고 결과를 낼 수 있는 상황 역시 독특할 수 있다. 어떤 사람은 회사 사무실에서 최고 실력을 발휘할 수 있지만, 나는 재택근무를 할 때 제한을 받지 않기 때문에 최고의 아이디어를 낼 수 있다.

생산성 성과는 업무 성격에 따라서도 달라진다. 아시아에 있는 만 명이 근무하는 회사에서 마케팅 조직 리더로 일하는 것과, 미국에 있는 작은 회사에서 같은 직책을 맡아 잘 해낼 수 있다는 것은 서로 매우 다른 문제다. 그리고 어떤 사람은 오전에 더 생산성이 높지만 어떤 사람은 늦은 오후가 되어서야 제대로 일하기 시작하기도 한다.

이런 차이가 있는데도 어떻게 하면 당신과 팀원들의 생산성을 극대화할 수 있는지 우리 회사에서 진행한 연구 내용을 요약해 표에 담았다.

매일 생산성이 가장 높은 시간	오전 10시에서 정오까지[14]	대부분 점심 전 오전에 생산성이 높다.
생산성이 가장 높은 요일	화요일[15]	월요일은 받은 이메일을 확인하고 지난주에 밀렸던 업무를 점검하지만, 화요일에는 이번 주 업무에 집중하기 시작할 수 있다.
최대 생산성을 위한 적절한 수면 시간	7시간에서 9시간[16]	수면은 기분을 좋게 만들고, 더 세심해질 수 있게 해주고, 에너지를 준다.
최적의 업무 중 휴식 횟수	매 52분 업무 후[17]	인간의 집중력은 길게 가지 않으며, 한 번에 한 시간 이내에서 집중할 수 있고 가장 좋은 성과를 낼 수 있다.
최적의 휴식 시간	17분	원기를 회복할 때까지 오랜 시간이 걸리지 않으며, 휴식은 두뇌를 쉬게 하는 데 가장 중요하다.
최적의 운동량	적어도 일주일에 150분[18]	운동을 통해 우리는 스트레스를 줄이고 몸매를 관리할 수 있으며 번아웃이나 건강 문제를 줄일 수 있다.
최적의 열량 섭취	남자는 하루 2700, 여자는 2200kcal[19]	현재 체중을 유지하거나 조금 줄이기 위해서 가공식품과 설탕, 곡류를 식단에서 없애고 더 건강한 음식을 섭취해야 한다.

생산성을 높이거나 낮추는 요인들이 있다. 예를 들어 육체적으로 또는 정신적으로 건강하지 못할 때는 업무에 집중하기 어렵다. 이유는 스스로 건강 걱정에 사로잡히기 때문이다. 하지만 만일 제대로 된 팀과 제대로 된 환경에서 일하고 있다면 모든 상황은 더 잘 해결될 수도 있다. 나는 스테이플스 비즈니스 어드밴티지와 함께 생산성에 가장 큰 영향을 미치는 요소들에 관해 연구했다. 연구 결과는 다음과 같다.

생산성 향상 요소	협업 환경, 직원들이 재충전할 수 있는 휴식 시간, 더 유연한 작업 일정
생산성 저하 요소	육체적 또는 정신적 질병, 번아웃, 신기술 미비, 직장 내 정치, 제한적인 IT 지원, 너무 잦은 회의

새로운 생산성 습관
만들기

많은 사람이 생산성을 향상에 대해 놀라운 결과를 약속하는 앱 하나쯤에는(물론 두 개 또는 열두 개 이상일 수도 있겠지만) 관심을 두게 된다. 신기술이 생산성을 높이는 능력이 있다는 사실은 의심할 바가 없지만, 인생을 더 편하게 만들어줄 것 같은 기술적 도구들이 오히려 시간만 더 잡아먹게 되는 경우도 허다하다. 내 목표는 인생을 단순하게 만드는 것으로, 최고의 결과물을 내면서도 가장 적은 도구를 사용하는 과업에 초점을 맞추곤 한다. 많은 도구를 사용할수록 하루하루 생활은 더 복잡해질 것이고, 그렇게 복잡해진 생활 속에서 목표를 달성하기는 어려울 것이다.

그러니 최첨단 기기들에 의존해 생산성을 올리려 애쓰는 대신 가장 좋은 접근법은, 뭔가 새로운 생산성 최적화 습관을 만들어내는 것이다. 듀크대학 교수들에 따르면 매일 우리가 하는 행동 가운데 약 40퍼센트는 습관이며, 그래서 자신과 자신이 속한 팀을 위해 가장 생산성이 높은 쪽으로 이어지는 습관을 형성하는 것이 중요하다고 한다.[20] 나는 오랫동안 다양한 전략과 습관을 시험하면서 내게 가장 잘 맞는 것은 무엇일지, 또 다른 고성과자들에게 잘 맞는 것은 무엇일지 알아내려 애썼다.

내 경우에는 오전 일과에 모든 것이 달렸다는 사실을 발견했다. 나는 아침 7시 30분에 일어나 아침을 준비하고 그날의 목표를 점검하고(매일 달성할 목표는 주초나 전날 저녁에 정해둔다) 5킬로미터 정도 달리기를 하고 샤워를 마친 후 가장 지적 능력이 필요한 업무를 수행하기 시작한다. 달걀흰자 오믈렛과 과일로 구성한 푸짐한 아침상이 내 정신을 빠르게 깨울 것임을 알기 때문이다. 목표를 설정하면 계속 집중할 수 있게 되며, 달리기는 몸에 에너지가 흐르도록 해준다. 물론 아침 일과는 내가 시간을 조정할 수 없는 회의나 업무 전화 때문에 바뀔 수도 있고 실제 그런 일이 자주 벌어진다. 하지만 거의 매일 같은 방식으로 시간을 보내고 있고, 해야 할 일 대부분을 내가 최고 상태일 때 처리하면서 시간을 최대로 사용하고 있다.

⊕ 습관을 목표와 일치시키기

이상적으로 습관과 목표는 방향이 같아야 한다. 만일 몸무게를 줄이고 싶다면 식단을 건강식으로 바꾸고 주기적으로 운동하는 습관을 지녀야 한다는 뜻이다. 목표 없는 습관은 전혀 쓸모가 없기 때문이다. 그러니 잠깐 목표에 관해 이야기해보기로 하자.

지난 5년 동안 나는 나만의 목표 설정 체계를 만들었다. 이 체계를 만들기 전까지는 짜임새 없이 이리저리 궁리했고 그때마다 가장 그럴듯해 보이는 프로젝트를 먼저 진행했다. 오늘날 나는 설정한 모든 목표를 관리하기 위해 마이크로소프트 워드 문서를 사용한다. 멋져 보이지 않을 수 있지만 내가 필요로 하는 상황에는 잘 맞는다. 나는 문서를 세 가지 영역으로 나눈다. 오늘의 목표, 연간 목표, 미래의 목표.

중간에 있지만 나는 연간 목표를 적는 것으로 시작한다. 그해 마음먹은 직업 목표 5개와 개인 목표 5개를 적는다. 그보다 많지도 적지도 않다. 각 목표 옆에 그림으로 완수 여부를 표시할 수 있는 칸을 그려두면 목표를 완수하고 싶어질 가능성이 커진다. 이때 정하는 목표들은 과거에 스스로 이룩한 성과를 바탕으로 달성할 수 있어야 하지만, 자신과 자신이 가진 관계 그리고 경력이 발전할 수 있을 정도로 도전적이어야 한다. 각 목표는 반드시 그 성과를 측정할 수 있는 것으로 할 것. 예를 들어 "글을 쓰겠다"라고 하는 대신 숫자를 부여해 "글 20개를 쓰겠다"라고 적는 식이다. 그런 식으로 해야 글을 쓸 때마다 세면서 20개까지 도달할 수 있다. 연간 목표

목표 기록장 예제

일일 목표	연간 목표	미래 목표
• 1장 원고 자료 조사 • 새 연구를 위한 설문지 질문표 만들기 • 그리스행 항공기 예약	● **직업적 목표** • 책 원고 완성하기 • 6건의 연구 수행 • 10군데 학회에서 발표 • 내 이름으로 기사 20개 작성 • 4건의 경영 관련 행사 기획 ● **개인적 목표** • 안 가본 나라 한 곳 방문 • 비영리 단체 봉사 1회 • 브로드웨이 공연 관람 1회 • 요리강좌 2개 참석 • 새 친구 5명 만들기	• 비영리 단체 만들기 • 다른 책 집필 • 팟캐스트 시작하기 • 다큐멘터리 영화 제작

를 다 쓰고 나서는 그 목표를 완수하기 위해 오늘 해야 할 일을 생각한다. 내 경우 원고를 완성하겠다는 목표를 이루기 위해 각 장의 원고를 써야 했다. 그래서 내 일일 목표는 대개 "3장 원고 5페이지를 쓴다"는 식이었다. 만일 가보지 못한 나라를 방문하겠다는 올해 목표에 다가서기 위한 또 다른 일일 목표는 "여행 목적지 찾아보기"가 되어야 했다. 일일 그리고 연간 목표를 시작으로 더 장기적 인생 목표를 정할 수도 있다. 그것들을 미래 목표를 적는 칸에 쓴다. 언제든 아주 큰 목표가 생각났지만 당장은 시간이 없다는 생각

이 든다면 미래 목표에 적어둔다. 그렇게 적은 미래의 목표 목록을 가지고 있으면 직업과 인생에서 더 많은 걸 달성할 수 있도록 영감을 줄 것이다.

내가 만든 목표 기록장이 내게 잘 맞는다고 해서 다른 사람에게도 잘 맞는다는 법은 없다. 라이브 네이션의 전략 및 통찰력 담당 이사인 어맨다 프라가는 더 간단한 방식으로 활동적인 삶을 유지하고 주어진 한 달 동안 가장 중요한 일에 자신의 시간을 투자한다. 여기 그녀의 목표 중 몇 가지 예가 있다.

- 일주일에 책 한 권 읽기(출근할 때 늘 오디오북 듣기)
- 일주일에 최소 한 번 요가 교실 가기(목표는 토요일 아침이지만 불가능하다면 주중 다른 날이라도)
- 일주일에 최소 세 번 저녁 차려 먹기
- 일주일에 최소 한 번은 남자친구와 데이트하기
- 매주 적극적으로 배움의 기회 찾기(업계 만찬 참가, 박물관 탐방 등)
- 친구들과 월례 저녁 모임 갖기

자기 상황에 가장 어울리는 목표 목록을 만들자. 일단 목표들을 설정하면 각 목표를 달성하기 위해 만들어내거나 연마해야 할 필요 있는 습관들에 관해 시간을 두고 생각해보자. 하지만 이것에만 몰두해 매달리지는 않아야 한다. 한 번에 한 개 이상의 습관을 만

드는 건 무척 힘들다. 새로운 습관을 만들 때마다 아래 정리한 과
정을 밟을 것. 일단 완벽하게 습득하고 나서 다음 습관을 만들자.

⊕ 새로운 습관 만들기

새로운 습관을 만들 때는 아래 세 단계 과정을 거친다.

1. **작은 것부터 시작하라.** 아침에 달리기를 한 시간 하는 대신
   20분에서 30분 정도 달리기를 한다. 또는 가장 규모가 큰 업
   무에 두 시간 집중하는 대신 15분으로 시작한다. 작은 목표
   로 시작하면 목표를 달성하는 일이 관리가 쉽고 겁이 덜 난다.
   그러면 목표 달성에 헌신하게 될 가능성이 커진다. 한 번에
   한 가지 습관을 정해 너무 무리하지 않도록 하며, 반드시 스
   스로 해낼 수 있는 것으로 동기를 부여할 것.
2. **습관을 확장하라.** 이제 30분 달리기를 두 배로 늘리거나 업
   무에 집중하던 15분을 두 배로 늘린다. 일주일에서 이 주일이
   지나면 좀 더 도전적으로 습관을 확장할 수 있게 된다.
3. **관련 있는 습관들을 묶어라.** 이미 동네 가게에서 매일 아침
   커피를 사고 있다면 가게까지 운동 삼아 뛰어갔다가 돌아오
   는 것으로 바꿔볼 것. 만일 매일 시간을 내서 부하 직원을 만
   나고 있다면, 조찬을 하거나 함께 걸으면서 이야기를 하는 것
   으로 바꿔볼 것. 그러면 건강에도 도움이 되고 팀원들과 연결
   강화에도 도움이 된다.

생산성을 높이면서
창의성을 유지하는 법

　　　　　평범한 하루 동안 우리는 여러 기기로부터 수없이 많은 알림을 받는다. 알림은 도움이 필요한 팀원에게서 온 문자든 당신을 사랑한다는 어머니의 문자든 상관없이, 올 때마다 신경을 거스르는 소리나 진동음을 낸다. 우리는 이런 알림음에 뒤덮이고 있으며(그리고 알림을 받는 일에 중독되기도 한다) 만일 알림음이 끊기면 기계적 문제가 발생했거나 아무도 날 사랑하지 않는 상황이 되었다고 생각한다. 이런 알림음 가운데 일부는 유용할 수도 있지만(예를 들어 가족에게 급한 일이 벌어졌을 때) 대단히 좌절감을 줄 때도 있다. 이를테면 당신이 소셜미디어에 올린 사진에 싫어하는 사람이 "좋아요"를 눌렀다는 알림음처럼. 당신이 알림음의 내용을 확인하고 알림음 설정을 손볼 때까지 몇 분 심지어는 몇 시간을 낭비하기도 한다. 딜로이트의 연구에 따르면 사람들은 평균 하루에 47번 휴대전화를 들여다본다고 한다. 젊은이들의 경우 82회로 더 자주 본다.[21]

　직장에서 필요 이상으로 기기들을 확인하면서 시간을 잔뜩 소비하다 보면 창의적으로 생각하는 능력을 자유롭게 사용하지 못하게 된다. 우리 뇌는 끊임없이 정보를 처리하는데, 상상력을 사용하고 창의력을 발휘할 때 시간이 조금 더 필요하다. 그러나 우리가 새로운 알림을 확인하고 메시지에 대답하느라 너무 바쁠 때는 두뇌 작동을 스스로 멈추게 하는 것이다.

더 창의적으로 되는 법

1. 기기들의 알림음을 끌 것. 만일 비상사태가 벌어지거나 친구 또는 가족이 당신에게 연락해야 할 상황이 된다면 전화를 하거나 사무실로 찾아올 것이다. 알림음을 끄는 것만으로 우리는 창의적으로 생각할 수 있도록 마음을 열 수 있고, 현재 가장 중요한 업무에 집중할 수 있게 된다.

2. 다양한 아이디어를 받아들여라. 4장에서 더 깊게 논의하겠지만, 여러분을 둘러싸고 있는 다른 관점과 세계관을 가진 사람들은 새로운 방식으로 당신의 마음을 열기 위해 도전할 것이라는 점을 지적하고 싶다. 당신이 속한 업계가 아닌 산업의 행사에 참여하고, 박물관이나 극장 또는 늘 꼭 배우고 싶었던 주제를 다루는 강좌 등 당신에게 익숙하지 않은 곳을 방문하라.

3. 고독한 순간을 만들어라. 다른 사람에게 다가가 관계를 맺어야 한다고 늘 권고하지만, 가끔은 혼자 있어야 할 필요도 있다. 그럴 때면 스스로 창의적으로 생각할 수 있는 공간을 찾아라. 그러면 나중에 팀원들과 토론할 아이디어를 떠올리게 될 것이다. 연구에 따르면 창의적인 사람들에게는 나중에 다른 이들과 함께 협업하게 될 새로운 생각을 떠올릴 혼자만의 시간이 필요하다고 한다.[22]

4. 걸으면서 회의하라. 겨울을 제외한 나머지 계절에 나는 회의를 할 때 대부분 회의실에서 하지 않고 걸으면서 한다. 걷고 말하는 동안 주위 환경이 바뀌고, 그러면 가장 좋은 생각이 떠오른다. 스탠퍼드 대학의 연구자들은 걸으면서 회의를 하면 창의력이 60퍼센트 향상된다는 사실을 밝혀냈다.[23] 실내에서 걷든 실외에서 걷든 아니면 트레드밀 위에서 걷든, 일상적 환경에서 벗어날 수만 있다면 새로운 가능성에 마음을 열 수 있다.

5. 생각하는 시간을 따로 만들어라. "생각하는 시간"이나 "창의력 시간"이라고 이름을 붙여도 좋고 다른 이름을 붙여도 좋지만, 중요한 건 가끔 일정표를 조절해 매일 또는 매주 아무것도 하지 않고 생각만 하는 시간이 필요하다는 점이다. 당신이 창의적으로 될 수 있는 시간을 가지는 걸 다른 사람들에게 의존할 수는 없다. 스스로 해결해야 할 부분이다.

6. 새로운 곳을 여행하라. 글로벌 회사에서 일하고 있다면 적어도 1년에 한 번은 다른 나라에서 일하려고 노력하라. 만일 그렇지 않다면 출장을 가거나 개인적인 여행을 떠나라. 나는 일본에서 브라질까지 여행하면서 사람들, 새로운 경험, 예술을 만났다. 여행은 내 관점을 만들어줄 뿐 아니라 업무에 적용할 수 있는 새로운 아이디어를 안겨주었다.

7. 도전적인 과제를 찾아라. 어떤 문제에 해결책이 없으면 만들어내라. 어려운 업무는 사람을 창의적으로 될 수밖에 없도록 만든다. 도전의 압박은 새로운 처리 방법에 대한 아이디어를 번쩍 떠올리게 하거나, 도저히 풀 수 없을 것처럼 보이는 문제를 해결하는 데 도움을 줄 새로운 직원을 고용할 기회를 제공해줄 수도 있다.

생산성을 최적화하는
일곱 가지 방법

생산성을 극대화하기 위해서는 전체적 접근이 필요한데, 그러려면 한 걸음 물러나 현재 시간 배분을 어떻게 하고 있는지, 현재 처한 육체적 환경이 어떤지, 그리고 매일 팀과 어떤 소통을 하고 있는지 조심스럽게 생각해야 할 필요가 있다. 그러면 생산성을 떨어뜨리는 영역을 발견하게 될 것이다. 이를테면 업무를 충분히 위임하지 않고 있다든지, 팀원들과 끝없이 이메일만 주고받는다든지 하는 것들이다. 아래에서는 시간과 공간, 연결성을 최적화해 가장 효과적인 리더가 되는 방법을 보여준다.

1. **업무 환경을 최적화한다.**

   정신을 산만하게 만드는 요소가 적거나 없는 장소를 선택한다. 탁 트인 사무실에서 근무하고 있고 너무 시끄럽다면 카페로(그곳이 더 조용할 것이라고 가정하자) 장소를 옮기거나 적어도 하루를 시작하기 전에 회의실을 예약하도록 하자. 단독으로 사무실을 사용하고 있다면 가장 생산적이어야 할 시간에는 문을 닫고 집중할 수 있도록 하자. 일할 때는 기기의 알림음을 끄고 책상 위가 지저분하지 않도록 신경 쓰자. 팀 전체의 생산성은 각 구성원의 생산성에 영향을 받으므로 모든 직원의 업무 환경에 관해 피드백을 반드시 받아두도록 한다.

2. **업무량을 최적화한다.**

   사람들은 업무의 우선순위를 어떻게 정해야 할지 모를 때 생산성이 낮아진다. 내가 연구한 바에 따르면 우선순위를 정하는 기술은 성공적인 리더가 될 수 있는 비결 가운데 하나이다. 만일 우선순위를 정해 업무를 위임할 수 없다면 당신은 하지 않아도 될 일에 파묻히게 될 것이다. 당신의 일일 또는 주간 목표를 달성하는 데 필요한 것이 정확히 무엇인지 확실히 한 다음 모두 적는다. 그런 다음 이번에는 가장 중요한 것부터 덜 중요한 순서대로 다시 옮겨 적는다. 각 항목 옆에 달성하는 데 필요한 단계와 언제까지 마쳐야 하는지 적는다. 만일 해야 할 일 가운데 시간과 에너지만 소비하는, 뻔해 보이는 업무가 있다면 팀원 가운데 그 일을 해낼 수 있는 사람에게 넘겨준다. 리더로서 당신은 업무에서 영향력이 큰 부분에 집중해야만 한다. 이를테면 다른 리더들에게 설명하거나 새로운 전략과 전술을 고민하는 일 등이다. "야망이 있는 팀원은 능력이 있다는 믿음을 제게 보여주고 업무를 맡길 수 있도록 허락하는 것으로 제 생산성을 높여줍니다." MGM 내셔널하버의 마케팅 광고 담당 이사인 크리스 구미엘라는 말한다. "제 업무량을 줄여주는 것만으로 팀원들은 제가 책임을 더 늘릴 수 있는 시간을 주고, 가치 있는 업무에 시간을 더 할당해주는 셈이 됩니다."

3. 업무 흐름이 좋은 시간을 최적화한다.

업무 흐름이 좋다는 건 하는 일에 완벽히 빠져들어서 스스로 즐기고 있으며 아무것도, 거의 모든 것이 당신을 방해할 수 없는 느낌을 말한다. 그런 흐름을 방해하는 것은 수없이 많은 회의와 당신의 관심을 빼앗아, 결국 하는 일에 끊임없이 끼어들려는 메시지 같은 것들이다. 생각해보면 업무 흐름이 좋을 때가 언제인지 알 수 있을 것이다. 좀 더 깊이 생각해보면 아마 업무 흐름이 좋을 때의 패턴을 알아차릴 수도 있을 것이다. 예를 들어 점심 식사 직후에 그런 흐름이 찾아올 수도 있다. 그냥 그보다 일찍 또는 그보다 늦게는 일이 잘되지 않는 것이다. 언제든 좋은 업무 흐름이 찾아오면 일정표에서 해당 시간을 비워두고 팀원 모두에게 그 시간에는 회의를 열지 말라고 말해둔다. 좋은 업무의 흐름은 목표를 명확히 정해두었고, 제대로 된 기술을 갖고 있고, 자신에게 잘 맞는 환경 속에 있을 때 만들어내기 쉽다.

4. 팀을 최적화한다.

일단 자신만의 업무 일과와 습관을 만들었고 어디로 가고 싶은지, 당신이 이끄는 팀이 무엇을 이루게 하고 싶은지 안다면 팀에 속한 모두가 최대한 능력을 발휘해 일하도록 모든 노력을 기울여라. 팀이 생산적이지 못하면 당신은 잠재적 생산성을 발휘할 수 없을 것이다. 팀을 최적화하는 것의 많은 부분은 팀원들의 강점과 약점 그리고 현재 업무량을 파악하는 것이 차지한다. 만일 팀원 가운데 한 명이 업무량이 지나치게 많고 스트레스를 받고 있다면 한 가지 업무를 떼어내 다른 사람에게 할당한다. 팀원들이 한 가지 업무에 압도당하고 있다면, 그들은 해야 할 다른 업무를 제대로 해낼 수 없을 것이다. 업무를 대충 빨리 해낸 다음 다시 그들을 압도하고 있는 업무로 돌아가야 할 것이기 때문이다. 만일 업무를 다른 팀원들에게 재배정할 수 없는 팀 구조라면, 좀 더 지루하고 뻔한 업무 가운데 일부를 프리랜서나 임시로 고용한 직원에게 넘기도록 한다. "업무 결과물이 파워포인트나 키노트로 만든 프레젠테이션 자료일 때가 자주 있습니다." 바이어컴의 마케팅 및 전략, 트렌드, 통찰력 담당 이사인 세라 엉거는 말한다. "하지만 저는 파워포인트 디자이너가 아니라서 결과물을 만들려면 시간이 오래 걸릴 수도 있어요. 디자이너를 고용하면 저는 더 중요한 일에 시간을 쓸 수 있고, 그 사이에 디자이너는 가장 잘 해낼 수 있는 분야를 해결해줄 겁니다."

내가 인터뷰한 많은 리더는 상사가 그들을 좀 더 생산적으로 만들기 위해 했던 일들에 관해 말해주었다. 레이(REI)의 콘텐츠 마케팅 담당 임원 겸 공동 편집장인 파올로 머톨라는 말한다. "관리자들이 제게 기업가처럼 일할 여유를 주고 창의적인 작업을 시킬 때 제 생산성은 좋아졌습니다. 권한이 생기고 책임을 맡게 되면 최고 실력을 발휘했죠." Mic에서 사업개발 담당 임원으로 일하는 샤르미 간디는 생산성을 높일 수 있는 중요한 기술을 상사에게 배웠다고 말한다. "느긋하게 해야죠! 여러 업무를 빠르게 처리하는 것을 높은 생산성으로 보는 경향이 있습니다." 그녀는 말한다. "하지만 그런 식으로 일하면 결국 실수로 이어질 수 있어요. 결정을 내리기 전에 충분히 생각하지 못할 수도 있고, 성공 기회가 있는데도 새로운 계획을 제대로 세우지 못할 수도 있습니다."

5. 에너지 극대화를 위해 업무 중 휴식을 최적화한다.

사무실 노동자들은 57퍼센트가 30분 이내에 점심 식사를 마치고, 거의 3분의 1은 그 시간이 채 15분이 넘지 않는다. 점심 시간을 제외하고(실제 점심시간에 식사한다고 가정하자) 얼마나 자주 휴식을 취하는가? 간식 시간이나 주기적으로 화장실 가는 시간, 밖에 나가 걷는 시간, 커피 마시는 휴식을 포함해 생각할 수 있는 모든 종류의 휴식은 하루를 구분하고 몸이 쉴 수 있도록 해주고 업무에 돌아왔을 때 다시 집중할 수 있도록 당신을 돕는다. 이 책을 쓸 때 나는 쉬지 않고 한 번에 절대로 세 시간 이상은 일할 수 없었다. 나는 여러분에게 하루에 적어도 여섯 번 휴식을 취할 것을 추천한다. 그리고 미리 휴식 계획을 세워 지키려고 노력하기를 권한다. 만일 여러분이 물 마시는 시간을 제외하고 15시간 내리 일하는 사람이라면 반드시 휴식을 취해야 한다. 많은 일을 한 것 같은 느낌이 들수도 있지만(실제 많이 일했을 수도 있다) 당신이 번아웃 상태가 되고 나면(그렇지 않다고 해도) 해낸 일도 별 의미가 없을 것이다.

랜드 올레이크의 e커머스, 모바일, 신기술 담당 매니저인 샘 바이올렛은 하루를 마치고 가장 오랜 시간의 휴식을 취하는데, 가끔은 농구장에서 시간을 보낸다. "어떤 사람들은 휴식이라면 조용히 몸을 쉬는 시간이라고 생각할 수도 있습니다." 그는 말한다. "하지만 저는 휴식이 업무 걱정으로 돌아가는 머리를 멈추는 시간이라고 생각합니다. 이렇게 뛰고 나면 늘 더 예리해지고 집중할 수 있는 상태가 됩니다." 델 EMC에서 상품 마케팅 매니저로 일하는 애덤 밀러는 좀 더 체계적인 방식을 사용한다. 포모도로라고 부르는 이 방식에 따르면 업무를 정해 25분 동안 일한 다음 5분을 쉬고 다시 25분 일한다. 이상적으로는 서로 다른 업무를 할 때 잘 어울린다. 네 번의 포모도로가 지나 약 2시간을 일했으면 이번에는 더 오래 휴식한다. "반복적인 포모도로를 통해 서로 다른 업무를 완결하는 이론적 근거는 그렇게 하면서 서로 다른 주제를 생각할 수 있고, 새로운 시각을 가지고 다시 전에 하던 업무로 돌아올 수 있다는 생각에 바탕을 두고 있습니다."

6. 시간을 최적화해서 신기술에 너무 많은 시간을 허비하지 않는다.

당신이 온라인에서 시간을 얼마나 보내고 있는지 정확히 알고 싶다면 rescuetime.com이 초 단위까지 알려줄 것이다. 일단 얼마나 시간을 허비하고 있는지 알게 된 충격에서 회복한 다음 그 낭비되는 시간 가운데 얼마를 업무를 마무리하거나 휴식을 취하는데 사용할 수 있는지 확인해보도록 하자. 인터넷으로 시간을 낭비하는 일은 당신으로부터 시간과 돈을 빼앗고, 당신의 생산성을 높여줄 수 있는 팀원들과의 관계를 만드는 일에 집중하지 못하게 방해할 것이다.

이 책 전체에서 논의하는 대로 팀원들과 좋은 관계는 팀 성공에 필수이다. "내가 속한 팀과 단단한 관계를 유지하자 훨씬 좋은 결과를 끌어낼 수 있었고 과정이 더 부드러웠습니다." 아메리칸 익스프레스에서 글로벌 고객 서비스 사업 계획을 맡아 일하는 로지 페레즈가 말한다. "처음 보는 사람들이나 서먹서먹한 동료가 가득 찬 회의실에서 아이디어를 나누는 것은 신뢰하고 개인적으로 아는 사람들과 아이디어를 나누는 것보다 훨씬 힘듭니다. 제 경험으로는 서로 편안한 감정을 느끼는 팀은 의견이나 성과물, 정보를 서로 교환할 때 조금 더 위험을 감수하는 경향이 있습니다. 또 단단한 관계는 동료에 대한 개인적인 헌신 그리고 팀의 전체적인 성공을 독려합니다. 이런 상황은 문제에 대한 창의적 해결책을 찾아내거나 일을 완수하는 데 매우 중요합니다."

내가 대화를 나눈 리더들은 효율을 극대화하기 위해 일정표를 최적화하는 갖가지 전략을 갖고 있었다. 허니웰의 임원인 키어 얼릭은 "보호 시간대"라는 일정을 한 시간이나 확보해 두고 있는데, 자신만의 일을 하는데 바치는 시간이다. "일정표를 보호하지 않으면 사람들은 매일 종일 회의를 이어가면서 당신의 건강과 생산성을 소비해버리고 말 겁니다." 그녀는 말한다. 치폴레 멕시칸 그릴의 교육 담당 임원인 샘 워로백은 일주일 전부터 다른 사람들과 자신을 위해 자동 일정 조정 기능을 사용해 근무시간 전체를 최대한 사용한다. "부하 직원들과의 일대일 면담은 4주에 한 번씩 자동 일정으로 만듭니다. 부하 직원들의 부하 직원들과는 12주마다 자동으로 개별 면담을 만듭니다. 다른 부서장들과의 점심 식사나 커피 타임 같은 약속은 4주마다 자동으로 잡고 부하 직원들과의 인력 개발 회의는 4주마다 돌아오죠. 그런 식입니다." 그는 말한다. 만일 일정표를 관리하는 데 도움이 필요하다면 요청하는 걸 부끄러워해서는 안 된다. "저는 비서인 애슐리 굿윈과 믿을 수 없을 정도로 좋은 관계를 유지하고 있어서 큰 도움을 받고 있습니다. 그녀는 제 삶을 훨씬 쉽게 만들어주고 있어요." 오라클의 오라클 딘 비즈니스 유닛을 맡은 카일 요크가 말한다. "그녀가 제가 해야 할 일의 일정을 조정하고 있습니다. 그러니까 저는 눈앞에 있는 업무만 걱정하면 됩니다. 그녀가 늘 저를 필요한 시간에 필요한 장소에 있게 하리라는 걸 알고 있으니까요. 저희 관계는 오랜 시간 함께 일하며 이루어졌지만, 경영자라면 꼭 시간을 투자해보라고 추천하고 싶습니다. 더할 나위 없이 귀중한 관계라고 할 수 있습니다."

7. 시간을 덜 낭비하고 더 많은 성취를 위해 회의를 최적화한다.

워크프론트사(社)가 직원들에게 일하는 데 가장 방해되는 것을 물었을 때, 59퍼센트는 소모적인 회의라고 대답했다. 그다음은 과도하게 많은 양의 이메일로, 43퍼센트를 차지했다.[24] 대부분 회의는 헛수고라는 느낌을 준다. 너무 길거나 미리 정해둔 방향이 없기 때문이다. 성공적인 팀 회의를 이끌고 싶다면 회의를 시작하기 전에 일련의 목표를 만들어서 이메일로 미리 동료들에게 보낸다. 또, 회의 시간을 지정해서 일정표에 보낼 때 회의 시간이 30분밖에 안 된다는 사실을 반드시 알려라. 시간이 없다는 사실은 회의 참석자 모두에게 압박으로 작용해 회의 목적에 집중하면서 회의가 산만해지는 걸 최소화할 것이다. 가능하다면 매주 회의를 다른 방이나 장소에서 진행할 것. 환경을 바꾸면 창의적인 아이디어를 자극할 수 있고 팀원들이 너무 뻔하거나 반복적인 의견을 내지 않도록 해줄 것이다.

이상의 일곱 가지 생각은 전문가들이 현장에서 시험한 것으로 많은 사람에게 상당한 도움을 주었다. 하지만 여러분은 나보다 자신을 잘 알고 있으니, 다른 방식으로 접근할 수 있다면 그 방법을 사용하라. 버라이즌의 고객 경험 담당 매니저인 질 작셰프스키는 완벽히 반직관적인 방식을 사용하는데, 그녀에게는 잘 맞는다. "저는 매일 사람들이 많이 오가는 공용 구역에 앉아 있습니다. 그렇게 하면 커피를 마시며 휴식을 취하고 잡담하려는 사람들에게 끊임없이 방해받게 된다는 뜻이죠." 그녀는 말한다. "물론 저는 금요일마다 늦게까지 남아서 친근하게 대화를 나누느라 미처 마치지 못한 업무를 마저 해야 하는 일이 자주 있습니다. 하지만 저는 이런 상호작용을 통해 인맥을 형성한 겁니다. 그래서 저는 어떤 업무에 어떤 사람이 필요한지 누구보다 효율적으로 잘 파악할 수 있습니다. 그리고 그들은 서로의 관계 때문에 긍정적으로 제게 도움을 줍니다."

생산성 최적화의 요점 정리

1. 디지털로 인한 집중 방해 요소를 줄여라

휴대전화에 알림이 왔는지 보려고 시도 때도 없이 휴대전화를 확인하는 행동을 멈춰라. 알림을 끄고 휴대전화에서 사용하는 앱의 수를 줄여서 업무에 더 집중하고 더 많은 일을 해내고 스트레스를 줄일 수 있도록 할 것.

2. 팀 동료들의 생산성을 측정하고 향상에 도움을 줘라

팀원들의 성공은 당신에게 영향을 미친다. 만일 그들이 시간을 낭비하고 있거나 번아웃으로 괴로워한다면 일부 업무를 다른 사람들에게 재배정하라. 팀원들이 더 효과적으로 일하고 시간을 최적화할 수 있다면, 당신은 생산성이 더 높아질 것이다.

3. 멀티태스킹을 하려 애쓰지 말고 완벽주의자가 되지 않도록 하라

그 대신 한 번에 한 가지 업무만 진행하고 그 업무에 능력을 최대로 투입하라. 그리고 다음 업무로 넘어가도록 한다. 어떤 사람도 프로젝트도 완벽해질 수는 없다. 그러니 일단 나온 결과가 마음에 든다면 다음으로 넘어가자. 팀원들과 상사로부터 받은 피드백은 어쨌든 당신이 프로젝트를 더 낫게 만드는 데 도움을 줄 것이다.

03

공유 학습을 훈련하라

•

학교는 시스템의 규칙을 배우는 곳에 불과하다.
우리가 교육을 받는 곳은 실제 삶의 현장이다.
— 트레버 노아[1]

요즘 전문가들에게 가장 큰 도전은 끊임없이 변하는 세상에 적응하는 것이다. 매일 만들어지는 새로운 정보의 양은 믿기 어려울 정도여서 실제로 계속 따라가는 것이 불가능할 정도이다. 그러나 더 놀라운 것은 기술의 "반감기"는 이제 겨우 5년에 불과하다는 점이다. 다른 말로 하면 오늘날 여러분이 보유하고 있는 기술은(당신을 고용한 사람이 가치 있다고 생각하는 것) 다음 직장을 잡을 때쯤에는 아무 쓸모가 없는 것에 가깝다는 뜻이다.

우리는 모두 공유 학습자가 되기 위해 노력해야 한다. 나도 온라인 교육을 받아본 적이 있지만, 내가 받은 교육에서의 훨씬 많은 부분은 교실에서의 경험이 차지하고 있다. 나는 스터디 그룹에 참여하고 선생님들로부터 조언을 들었는데, 그 두 가지가 모두 논문

두어 편을 읽는 것보다는 훨씬 배우는 데 도움을 주었던 개인적 경험이었다. 팀의 성공을 염두에 두고 있다면, 그들에게 필요한 지식을 당신이 습득하는 순간 바로 넘겨줄 수 있는 열린 마음을 가진 공유 학습자가 될 필요가 있다. 동시에 거꾸로 팀원들로부터 배울 수 있도록 열린 사람이 될 필요도 있다. 이런 식의 자유로운 정보의 흐름은 모두를 위해, 그리고 사업을 위해 좋다. 정보가 공개적으로 공유되지 못하면 조직은 쇠약해지고, 그들의 지식이 미리 공유되지 않았다면 직원들이 퇴직하면서 함께 사라지고 만다.

팀과 협업을 하고 아는 것을 팀과 공유하고 반대로 그들로부터 배우면서, 당신은 정보를 더 빨리 얻고 더 잘 보유하며 새로운 방식으로 적용하는 능력을 갖추게 된다. 웨스턴일리노이대학의 아누라다 A. 고칼레 교수 연구에 따르면, 비판적 사고 시험에서 협업 학습에 참여했던 학생들이 혼자 공부한 학생들보다 성적이 좋았다.[2] 다른 연구에서는 물리적으로 가까이에서 일한 노동자들은 동료들과 따로 떨어져 일하는 노동자들에 비해 15퍼센트 성과가 더 좋았다. 사실 서로 멀리 떨어져 있을수록, 더 고립되어 있을수록 그들은 불행하다고 느꼈다.[3] 중요한 것은, 다른 사람들과 물리적으로 가까이 있으면 서로 더 잘 배울 수 있고, 훨씬 더 생산성이 높아진다는 것이다. 특히 강한 업무 윤리와 전문가적 지식을 가진 다양한 사람들 옆에 자리를 잡고 있다면 더욱 그럴 것이다.

여기서 중요한 점. 오늘날의 글로벌 경제에서 사업은 일주일 내내 온종일 돌아가야 하고, 회사 인력은 아마도 같은 단지 내 다른 건물이나 다른 도시 또는 다른 나라에 퍼져 있다는 사실이 떠오른다. 그리고 그렇게 퍼져 있는 사람들을 모두 같은 시설에 모으는데(그런 일이 가능한지 알 수도 없지만) 엄두를 내지 못할 정도로 비용이 많이 든다는 사실 역시 모르는 바 아니다. 그렇다고 해서 이렇게 큰 또는 세계를 무대로 일하는 회사들이 외롭고 불행하며 성과를 내지 못해 망한다는 것이 아니다. 따로 떨어져 있는 직원들의 물리적 분리를 해결하는 한 가지 방식은 화상회의를 통해 팀을 연결하는 것이다. 서로의 모습을 보면(아무리 수천 킬로미터 떨어져 있다고 해도) 문자를 주고받거나 페이스북에서 그룹을 만드는 것보다 의사소통과 협업을 더 쉽게 할 수 있다(하지만 소셜미디어의 중요성을 무시할 수도 없다. 이 책을 쓰는 동안 나는 국내 또는 세계에 퍼져 사는 수백 명과 인터뷰했다. 이런 방식이 가능하도록 페이스북에서 그룹을 만들었다. 그룹 속 두 명이, 마스터카드의 정보 관리 및 법률, 프랜차이즈 관리 담당 이사인 존 음왕기와 캐피털 원의 상품관리 담당 임원인 제니퍼 로페즈가 나와 같은 건물에서 일하고 있다는 사실을 알고 언제 함께 점심을 먹기로 약속하고는 얼마나 기뻤는지 모른다. 그것보다 인간적인 일은 없으니까!).

공유 학습 문화는 공개된 네트워크가 있어야 조성되는데, 공개 네트워크에서 팀원은 나머지 팀원들의 생각, 분석, 그리고 어디에 있든 그 자원에 접근할 수 있다. 사람들은 각자 편한 시간에 학습하고, 선호하는 기기를 사용하고 자신이 선호하는 방식으로 배운다. 팀은 그들에게 늘 활용할 수 있는 자원을 제공함으로써 "늘 깨어 있는" 팀원들을 이용할 필요가 있다. 브레인스토밍이든 문서 초안의 형태든, 팀원들은 그들의 지적 자산을 나머지 팀원들이 사용할 수 있도록 만들어야만 하며, 그렇게 해서 가능하다면 모두가 최대한 자주 같은 생각을 하는지 확인해야 한다. 팀이 강력한 "지식 네트워크"를 조성하는 걸 돕기 위해 접근할 수 있는 원천은 매우 많은데, 온라인 대중 공개 수업(MOOCs)나 외부 강사, 회사의 직접 교육, 잡지, 온라인 훈련 과정과 대학 수업 과정 등이 있다.

공유 학습자가
되자

공유 학습자가 된다는 건 정보와 자원을 제공할 기회를 찾는 것이며, 교육이 필요한 팀 구성원이 요청하기 전에 교육하는 것이다. 팀원들이 필요한(또는 요구하는) 기술과 정보에 관심을 기울인다면 적절한 콘텐츠를 적절한 시점에 제공해 그들이 문제를 해결하도록 할 수 있다. 당신이 적극적으로 팀원들의 발전을 돕는다면 그들은 호의에 보답하길 원할 것이고 당신이 배울 때 지원을 해줄 수 있다. 이런 과정을 팀 안에서 더 많이 진행하면 자연스럽게 공유 학습 문화를 만들어낼 수 있고, 그 안에서 모두는 끊임없이 배우고 공유하게 될 것이다. 아래 표에서는 어떻게 공유 학습자가 될 수 있는지 예를 몇 가지 들었다.

팀원이 되면 반드시 관련 정보, 교육 과정, 자원을 공유해야만 한다. 새로운 팀원을 고용할 때는 공유 학습자가 될 수 있는 기술과 습관을 지니고 있는지 후보자들을 살펴봐야 한다.

상황	공유해야 할 것
당신은 동료가 HR 분야에서 데이터 사용의 흐름에 관심이 있다는 걸 안다.	당신은 인력 분석에 대한 새로운 백서가 나온 걸 발견하고 동료들과 공유한다.
당신의 동료는 업무를 더 잘하기 위해 배워야 할 새로운 데이터베이스 시스템 때문에 절망하고 있다.	그 시스템을 사용한 경험이 있다면 동료를 교육하고, 만일 경험이 없다면 동료가 시스템을 어떻게 사용하는지 배울 때 도움을 줄 수 있는 과정이나 교육 웹사이트의 주소를 보내준다.
당신의 팀은 업계의 최신 정보를 알지 못하고 있는 것 같다.	팀 구성원들이 특정 산업의 온라인 뉴스 웹사이트에 가입하도록 한다. 해당 산업협회에 회원으로 가입하도록 하고 주기적으로 모임에 나갈 수 있도록 한다.

공유 학습 연습

직원 한 명과 앉아 함께 해결하려고 애써야 할 문제가 하나 있다고 가정한다. 문제는 두 사람 모두에게 영향을 미치는 것으로, 진심으로 걱정해야 할 정도로 중요해야 한다. 직원에게 문제를 해결하는 데 도움이 되면서 현재 가진(또는 찾을 수 있는) 모든 지식, 기술, 자원을 글로 적게 한다. 당신도 같이 적는다. 다 적으면 공유한다. 그리고 나서 문제를 해결하는데 사용할 두 사람의 전체 자원을 배분하기 위한 실행 계획을 함께 만든다. 필요에 따라 다른 팀원들도 동원할 수 있다. 이런 연습은 당신과 직원에게 공유 학습의 가치를 명확하게 이해하도록 해준다.

공유 학습의
장애물 극복하기

공유 학습자가 되려면 자신이 어떤 방식으로 학습하는 사람인지 팀원들과 공유 의지가 있는지 확인해야 한다. 더 강한 관계를 만드는 데 방해가 되는 장애물을 살펴보고 어떻게 다루어야 하는지 알아보자

⊙ 자존심을 버려라

자존심은 리더로서 나쁜 결정을 내리게 한다. 공유하는 대신 정보를 독점하고, 그 정보를 이용해 동료보다 더 발전할 수 있다고 믿는다(사실은 팀이 성공할 때 팀 구성원들도 성공한다). 자존심은 다른 사람들과 대화를 줄이도록 만들고 아이디어를 잘 공유하지 않게 한다. 혹시 틀린 말을 하거나 바보처럼 들리거나 조롱의 대상이 되거나 정보를 알려주는 바람에 누군가 다른 사람이 그걸 이용해 승진할까 봐 걱정한다. 자존심을 버리고 좀 더 위험을 감수하거나 심지어 실패를 감수해야 할 필요가 있다. 자신의 앞날만을 생각하는 대신 어떻게 하면 팀 전체에 정보를 제공하는 사람이 될 것인지 생각하라. 직원들은 생산성이 높아지고, 그 도움으로 당신은 더 많은 것을 성취할 것이다. "지식은 고용 보장책이 아니고, 권력도 아닙니다." 아메리칸 에어라인의 네트워크 및 항공기 운영 담당 임원인 헤더 샘프는 말한다. "지식을 공유하면 또 다른 도전을 할 수 있게 되고, 전문성을 다른 방식으로 펼칠 수 있습니다."

⊕ 혼자 만족하지 마라

다른 리더 다른 팀들도 적극적으로 공유하지 않기 때문에 우리는 공유를 꺼리는 경향이 있다. 사람들이 굴속에 박혀 각자 따로 학습하는 기업문화인 회사일 수도 있다. 현재 상황을 유지하는 건 쉽다. 심지어 변화를 원할 때도 예전에 하던 식으로 숨어버리는 경향이 있다(컴퓨터 앞에 앉아 수많은 온라인 강좌를 들으면서도 뭘 배우는지 동료에게 말하지 않는 것처럼).

⊕ 학습 방식이 다르다는 걸 인식하라

사람들은 각자 학습 방식과 필요성을 갖고 있다. 리더들이 모두에게 같은 방식으로 교육을 제공하면 모두 같은 식으로 정보를 이해하거나 소화할 수 없으므로 어떤 사람들은 뒤처지게 된다. 팀 전체 성향을 고려하는 데 실패하면 모두를 교육할 수 없다. 차이를 더 잘 이해하려면 공감을 드러내야 한다. 직원들의 학습 방식과 필요성에 관해 질문해 그들을 더 잘 알아야 교육을 더 잘 제공할 수 있다. 팀 구성원 모두가 같은 특정 기술을 배워야 할 필요가 있어도 그들은 각자 다른 식으로 배울 수 있으며, 그걸 고려한다면 상황이 훨씬 더 잘 풀릴 수 있다.

⊕ 신기술을 현명하게 사용하라

직원들이 흩어져 일하는 대규모 회사일수록 사람들은 깊은 굴속에 박혀 일하는 경향이 있다. 이 책의 뒷부분에서 논의하겠지만 이런 깊은 굴은 팀워크와 소통을 방해하고, 상상할 수 있겠지만 정보와 지식이 자유롭게 흐르지 못하게 만든다. 신기술은(화상회의나 다른 온라인 학습 기회 같은 형식) 전 세계에 있는 직원들이 회사의 전체적 지식 기반에 적극적으로 이바지할 수 있는 환경을 만들어낼 수 있다.

동시에 신기술은 좋은 리더십에는 걸림돌이 될 수도 있는데, 그 이유는 신기술이 우리 일을 대신 해준다고 생각하기 쉽고, 신기술이 작동하도록 할 책임이 우리에게 있다는 사실을 잊기 때문이다. 인간끼리의 연결은 사람들이 협업에 좀 더 적극적으로 나서도록 밀어붙인다.

일주일마다 통화하거나 회의를 하면 모든 사람이 모든 자원과 훈련 교재에 접근했다는 사실을 확인할 수 있고, 그러면 무엇이 작동하고 작동하지 않는지 공개적으로 논의할 수 있다. 팀 회의를 할 때는 미리 내용을 정해두는데, 그 속에는 우선순위가 정해진 업무 목록과 각자에게 할당된 시간, 그리고 여러 번의 휴식이 포함되어 있다. 우리는 회의 준비가 이미 된 상태에서 참석해 회사에 가장 큰 영향을 주게 될 행동에만 집중할 수 있게 된다. 일정표를 관리하거나 회의실을 예약할 때 신기술을 사용하지만, 우리는(대개) 회의 중에는 휴대전화를 꺼둔다. 그래야 육체적으로 그곳에 존재하면서 경청할 수 있기 때문이다. 신기술은 모든 사람이 조화를 이루도록 해주지만, 회사와 각자 경력에 가장 큰 영향을 주는 중대한 논의에 장애물이 되도록 절대 허용해서는 안 된다.

◉ 공유 학습 문화를 만들어내라

리더로서 해야 할 업무 가운데 큰 부분은 사람들이 배울 수 있도록 서로 돕게 하고, 모두가 팀의 성공을 책임지는 문화를 만드는 것이다. 만일 모든 팀원이 적극적으로 다른 팀원들에게 새로운 기술을 교육할 수 있다면 팀은 함께 관계를 유지할 것이고 생산성이 높아지고 결과적으로 성공할 것이다. 현재와 미래의 가장 성공적인 리더들은 자체 학습이 아니라 공유 학습을 받아들이고 적극적으로 실천하는 사람들이 될 것이다. 적극적으로 팀원들을 도울 때 당신은 그들이 어떻게 더 잘 배우고 서로 지원할 수 있는지 배울 수 있는 롤모델이 될 것이다. 다음 내용은 공유 학습 문화를 만들기 위해 권장하는 행동들이다.

1. 피드백을 주고 요청하라. 직원들에게 주기적으로 피드백을 주고 그들의 피드백을 요청함으로써 당신은 양측이 서

서로 피드백을 주고받을 때 아래 질문을 하라

- 자원 공유를 방해하는 것은 무엇인가?
- 내가 어떻게 해야 진행하는 업무를 가장 잘 지원할 수 있나?
- 새로운 기술을 배우려고 시도할 때 가장 먼저 찾게 될 자원은 무엇인가?
- 매일 읽는 간행물이나 뉴스 사이트는 무엇인가?
- 우리 팀에서 정보의 흐름을 막는 것이 뭐라고 생각하는가?

로 비판하고 칭찬하는 문화를 만들어낼 수 있다. 또 당신은 모두를 유익하게 만들 소중한 대화를 촉진할 수 있다.

2. **성과를 추적하라.** 당신과 팀이 지난 몇 달 동안 거둔 성과를 자세히 살펴보고 그런 행동에서 비롯된 실제 사업 결과를 확인하라. 팀의 성과와 직원들 개인 성과를 생각하라. 만일 일부 팀원들이 별로 이바지하지 못했거나 중요한 특정 기술을 갖고 있지 못하면, 당신은 그들이 속도를 내도록 독려할 필요가 있다. 차이와 약점을 파악함으로써 당신은 모든 사람을 지지할 학습 생태계를 만들어낼 수 있다.

3. **유연해질 것.** 이번 장 처음에 언급한 것처럼 변화는 끊임없이 이어지며 리더로서 당신의 팀이 변화에 적응하는 것을 보장하는 것은 당신에게 달렸다. 당신 또는 팀 동료들이 새로운 경향과 기술, 잠재적 시장 기회를 조사하는 동안 정보를 독점하는 대신 즉시 공유하라. 하지만 새로운 것들을 공유할 때는 유연해져야 한다. 실제로 만나는 회의와 화상회의, 이메일 그리고 소셜미디어를 적절히 섞어야 모두 사람의 요구를 지원할 수 있다.

4. **긍정적 태도를 유지할 것.** 자존심을 버리고 주위 사람들의 삶을 개선하는 일을 신나게 받아들여라. 공유 학습에 관한 토론을 할 때 비판을 독려하고 포용하라. 그래야 가능한 가장 진실한 피드백을 받을 수 있다. 팀을 위해 새로운 사람을 뽑을 때는 다른 사람을 돕는 일에 긍정적인 사람을 선택하

고 차기 CEO가 되는 데 집중하는 듯한 사람은 경계하라.

5. **다른 사람들의 전문성을 널리 알려라.** 모든 사람은 각자 특별한 기술을 갖고 있으며 학습자뿐 아니라 가르치는 사람도 될 수 있다. 시간이 지나면서 팀원들과 상호작용을 주고받거나 실제 업무를 하다 보면 그들의 강점과 약점을 자연스럽게 알게 될 것이다. 그들이 뭘 잘하는지에 특별히 관심을 두고, 그들이 도움을 줄 기회를 포착하면 그들이 가르칠 수 있도록 하라.

공유 학습 문화의
중요성

당신과 팀이 지식을 자유롭고 공개적으로 공유하고 있다면 당신은 전체 조직이 이득을 얻을 수 있는 지속 가능한 문화를 만들어내는 것이다. 관리자와 인사 분야 임원들에게 어떻게 직장 문화를 유지하고 강화하는지 물으면 3분의 2 이상은 교육과 개발 과정을 이용한다고 대답한다.[4] 이런 과정들은 직원들이 당신과 그들의 목표를 달성하는 데 필요한 지식을 갖게 해줌으로써 당신의 생산성과 효율성을 높이는 데 도움을 줄 수 있다. 정보와 기술을 공유하면 직원들의 만족도를 높이는 걸 도울 수도 있다. 직원들을 고용하고 유지할 때 임금과 건강보험은 단지 대화의 시작에 불과할 뿐이다. 그들이 다른 무엇보다 간절히 바라는 것은 직장과 경력에서 앞서 나가는 데 도움이 되는 교육 훈련이라는 사실을 우리는 잘 알고 있다. 고용한 직원들 가운데 일부는 남과 다른 포부를 가졌을 수 있지만, 그들은 모두 경력을 소중히 생각한다. 그들은 실력을 더 쌓지 않으면 오래 견디지 못하리라는 사실을 알고 있다(당신도 알고 있기를 바란다).

인사 분야에서 일하는 누구에게든 질문해보라. 그들은 직원 한 명을 바꾸는데 돈이 어마어마하게 든다고 말할 것이다. 직원들이 늘 새로운 기술을 배우고 기존 기술을 갈고 닦는 공유 학습 문화는 충성도를 높이고 이직률을 낮춘다. 또 직원들을 서로를 위한 지원자이자 대변자로 발전시켜 모두의 사기를 높인다. 직원들이 전형적인 "승자 독식"이나 "나만 아니면 돼"라는 식의 정신 상태에서 벗어나 협업과 서로 돕기를 받아들이도록 하는 일이 중요하다. 교사와 학생의 위치를 오가는데 솜씨가 좋은 사람인 노동자는 겸손하며 자존심과 관련한 말썽이 적다.

직원들에게 새로운 걸
가르치는 방법

공유 학습 문화를 만들어내는 방법의 하나는 기술을 가르치는 방법을 이해하는 것이다. OJT(현장 직무 교육)가 배우기 가장 좋은 방법이고, 대면 교습은 동료와의 더 단단한 관계를 만드는 데 도움을 주는 대단히 강력한 방식이다. 다른 사람에게 새로운 기술을 가르치는 몇 가지 방식을 정리했다.

1. **동료와 공감하라.** 그들이 모르는 걸 당신은 알고 있기 때문에 사제관계에서 당신은 권위를 가진 인물이 된다. 상대방이 긴장하지 않고 편안하게 당신과 일할 수 있는 느낌이 들게 하려면 당신의 약점이나 당신이 향상해야 할 기술에 관해 공유하는 것이 좋다.

2. **당신이 가진 기술을 내보여라.** 당신이 가진 기술을 드러내 보일 때는 기술 사용 과정을 단계별로 보여주어 동료들이 따라올 수 있도록 할 것. 예를 들어 만일 짧은 코드를 만드는 컴퓨터 프로그램을 사용하는 방법을 보여준다면, 최종 결과물을 얻어낼 때까지의 과정을 모두 보여주어 스스로 똑같이 따라 할 수 있도록 해주어라.

3. **상대방이 기술을 연습할 수 있도록 독려하라.** 특히 기술을 완전히 습득하려면 여러 번 실습을 해봐야 할 때 매우 중요하다. 팀 동료에게 해당 기술을 어떻게 사용하는지 모두 보여준 다음 그들이 스스로 해보도록 해 당신이 했던 과정을 똑같이 따라 할 수 있는지, 같거나 비슷한 결과를 얻어낼 수 있는지 확인하라.

4. **피드백을 주어라.** 당신이 가르친 기술을 사용해 동료들이 어떤 업무를 완수하려 시도한 경우에 결과물을 점검해주어라. 제대로 해낸 부분을 설명하고 개선할 점을 알려주어라. 만일 그들이 힘들어 했다면 2단계로 돌아가 당신이 했던 과정을 점검해 보라. 어떤 사람은 다른 사람들에 비해 새로운 기술을

배우고 익히는 데 더 오랜 시간이 걸린다. 그러니 참을성을 가져라.

5. **후속 조치를 하라.** 일주일이나 이 주일이 지난 뒤 팀 동료들이 배운 기술을 성공적으로 사용하고 있는지 확인하고 다시 자리를 마련해 질문에 대답하거나 추가로 도움을 주어라. 주기적 확인을 통해 팀원들의 성장을 보장할 수 있고, 당신이 그들을 위해, 그들의 발전과 성공을 위해 헌신하고 있음을 보여줄 수 있다.

내 경험에 따르면 다른 사람을 가르치는 또 다른 이유는 그 과정이 내가 배우는 최고의 방법이기 때문이다. 내가 이 책을 쓰려고 인터뷰했던 많은 사람도 동의했다. "다른 직원을 교육하는 일은 그들이 업무를 해낼 수 있도록 도움을 주는 것뿐 아니라 가끔은 교육을 하는 사람도 자신이 맡은 일을 더 잘하는 데 도움이 됩니다." 베인 캐피털에서 투자자 관리를 맡고 있는 리오 래드빌은 말한다. "늘 하는 업무라면 가끔은 대충 넘어가기도 하고 판에 박힌 과정에 익숙해지기도 합니다. 누군가를 교육할 때는 모든 과정을 체계적으로 밟죠. 교육받는 사람이 가끔은 교육자에게 반대로 뭔가를 가르쳐줄 때도 있습니다. 교육자가 겪지 못했던 상황에 관해 질문할 때도 있죠. 그러면 교육자는 그런 과정을 통해 뭔가를 배우기도 합니다. 물론 누군가와 함께 앉아 그들이 새로운 눈으로 처음 모든 과정을 보는 걸 보면 전혀 다른 관점이 생기기도 할 겁니다. 창의적 학습자라면 그냥 정보를 흡수해 반복하기만 하지는 않습니다. 배운 과정을 개선할 방법을 찾거나 더 효율적으로 만들겠죠."

아메리칸 에어라인의 헤더 샘프는 뛰어난 리더십 가능성을 가진 것으로 보이던 젊은 직원 이야기를 들려주었다. 샘프는 자신이 관리하는 팀 가운데 하나를 그 직원이 맡아 일하면 좋은 관리자가 되리라 생각했고, 그래서 자신이 아는 사업 분야의 모든 걸 가르치기 시작했다. 몇 달 뒤 샘프는 그가 중요한 회의에서 여러 질문에 대답하고 다른 사람들에게 신중하게 질문하는 모습을 보고 자부심에 웃음을 지었다. "그 순간 저는 우리 두 사람 모두 뭔가 성취했다는 걸 알았습니다. 그는 사업을 배우는 목표를 이루었고 저는 스스로 교체 가능한 사람이 되는 목표를 이루었던 겁니다." 그녀는 내게 말했다. "그 순간이 제 경력에서 전환점이 되었는데요, 저는 당시 제 개인의 성취로는 크게 만족을 얻지 못하고 있었는데, 다른 사람이 그들의 목표를 이룰 수 있도록 도울 수 있다는 걸 알게 되자 만족감을 얻을 수 있었습니다. 전에는 한 번도 느껴보지 못한 진정한 보람을 느낄 수 있었습니다."

다른 사람들에게
배우는 법

많은 사람(특히 리더십을 발휘해야 하는 직책인 사람들)은 도움을 청하는 일이 약한 모습이라고 생각한다. 그런 생각은 교육과 훈련에서도 적용된다. "그건 스스로 성공할 능력이 없다는 것이나 마찬가지죠." 모노타이프의 콘텐츠 담당 이사인 빌 코널리는 말한다. "성공은 제로섬게임이 아닙니다. 직원들이 동료를 돕고 도움을 요청할 수 있을 때, 모두가 최대한의 효율로 성과를 낼 수 있습니다. 전혀 다른 시각에서 검토한다면 이익이 될 수 있다는 생각에 아무런 두려움 없이 피드백이나 도움을 요청할 수 있을 때마다 훈련의 기회와 개인적으로 성장할 기회가 찾아오곤 했습니다."

만일 당신이 젊고 아직 경력의 초기에 있다면 다른 팀원에게 배우는 걸 창피해할 필요는 없다. "저는 시스코에서 10년에서 20년까지 일한 경력에다 공급망에 대한 지식이 엄청나게 풍부한 다수의 나이 많은 직원들과 일하고 있습니다." 시스코에서 통합 사업기획을 맡아 일하는 캐럴라인 군터가 설명한다. "매일 그들에게 배웁니다. 아주 훌륭한 교사죠. 그런 점이 시스코의 훌륭한 협업 환경을 만드는 데 도움이 됩니다."

경력이 오래된 사람이라면 스스로 업계의 전문가들에 둘러싸여 있으며 그들 가운데 많은 사람이 당신보다 더 젊고 직책은 조직도에서 한참 아래에 있으리라는 점을 생각하라. "당신은 동료들로부터 그 어떤 대학교에서도 배우지 못할 것들을 배울 겁니다." 허니웰의 임원인 키어 얼릭이 말한다. "저는 팀에서 어떻게 소프트웨어를 코딩하는지, 제트 엔진이 어떻게 비행기를 공중에 띄우는지, 위성이 어떻게 하늘을 날고 있는 사람에게도 와이파이 연결을 제공하는지를 배우고 있습니다. 함께 일하는 전문가들 덕분에 저는 매일 더 똑똑해지고 더 좋은 사업상 결정을 내릴 수 있는 능력을 더 쌓아가고 있습니다."

공유 학습 문화를
유지하는 법

리더로서 당신은 사람들에게 정보를 공유하고 서로 배우기를 장려하는 올바른 가치와 절차 및 실행 방식을 만들어내야 한다. 목표는 모두가 공유하는 지식과 기술 수준을 높이고 모든 직원이 생산성을 높이고 각자 직무에 만족하도록 만드는 것이다. 일부 동료가 적어도 초기에는 오직 강제적일 때만 공유하려는 경향을 보여 힘든 상황이 될 수도 있다. 공유 학습을 받아들이는 문화를 만들어내고 유지하기 위한 제안을 정리했다.

- **협업에 뛰어난 직원을 채용하라.** 새로 직원을 채용하기 위해 면접을 볼 때 반드시 교육의 중요성에 대해 어떻게 느끼는지를 확인할 것. 예를 들어 "동료 직원에게 새로운 기술을 가르칠 용의가 얼마나 있습니까?"나 "당신이 맡은 일과 관련 없는

다른 직원의 업무나 프로젝트를 완수할 수 있도록 도왔던 적이 있다면 말해주세요." 같은 질문을 할 수 있다. 이런 질문에 대한 대답은 상대방이 지식을 공유하는 일에 얼마나 적극적인지 파악할 수 있도록 해준다. 당신은 지적인 분야에서 주도권을 발휘하고 교육 과정에 열정을 가진 사람을 고용하고 싶을 것이다.

- **공식 교육 계획을 만들어라.** 모든 직원의 참여에 가장 좋은 방법은 모두가 지원하는 필수 프로그램을 만드는 것이다. 혼자 프로그램을 만드는 대신 모두의 아이디어를 끌어모아라. 그러면 직원들은 함께 만드는 기분을 느낄 것이고, 다 함께 실행하게 될 가능성이 커진다. 팀원들이 프로그램을 중요하게 생각하기를 원한다면 그 과정이 팀 뿐 아니라 개인들에게도 얼마나 도움을 주는지 설명하라. 동료의 성과가 어떻게 그들의 성과를 반영하는지, 다른 사람을 돕는 팀원을 전체 팀이 어떻게 지원할 것인지 자세하게 설명할 것은 추천한다.

- **확인하면 인정하라.** 직원이 서로 돕는 것을 보면 뭔가 긍정적인 말을 해줄 것. 만일 다른 직원에게 새로운 기술을 가르치고 있다면 서로 유익한 행동이니 그 노력에 찬사를 보낼 것. 추가로 근무시간 외에 새로운 기술이나 기량 연마에 투자하고 있는 직원들에게는 상을 줄 것. 다른 직원들도 같은 행동을 따라 하게 될 것이다.

- **맞춤형 학습 과정을 만들어라.** 직원 모두와 개별 대화를 나

누고 현재 직무 수행에 필요한 기술 분야를 파악하고, 단기간 그리고 장기간에 그들이 미래에서 성공하기 위해 배워야 할 것들에 관해 이야기를 나누어라. 부하 직원이 회사 다른 직책에 필요한 요구사항을 이해하도록 돕는 것은 효과적인 리더가 되는 데 엄청나게 중요한 부분이다. 현실적이고 합리적인 기대치를 설정하고 필요한 기술에 대해 솔직해짐으로써 당신은 직원들이 성공할 준비를 하도록 만들 수 있다. 직원들은 반대로 회사에 더 충실하게 되고 헌신하면서 더 좋은 회사를 만들게 된다.

• **배우고, 배우고, 배워라.** 당신과 팀원 모두가 관련 산업의 새로운 발전을 발 빠르게 따라가는 일은 매우 중요하다. 더 중요한 것은 그런 정보를 공유해야 한다는 점이다. 그러기 위해서 매우 좋은 방법이 여럿 있다. 여기에 그 가운데 몇 가지만 소개한다. 왓슨의 임베드 및 제휴사업 담당 이사인 라시다 하지는 관련 산업 소식지와 잡지, 책, 블로그를 읽는다. 레이(REI)의 콘텐츠 마케팅 담당 임원 겸 공동 편집장인 파올로 머톨라는 관련 업계의 팟캐스트를 듣는다. 브리스톨 마이어스 스퀴브에서 정보 및 데이터 관리자로 일하는 존 헌츠맨은 전문적인 시장 조사(가트너 앤드 포레스터)와 업계 뉴스 요약 서비스(피어스 앤드 핑크 시트)를 애용한다. GE 트랜스포테이션의 교통물류 담당 임원인 제니퍼 쇼퍼는 업계 외부 전문가를 초청해 팀원들에게 업계 동향을 교육한다. 팀원들은 콘

퍼런스와 산업 박람회에도 참가한다. MGM 내셔널 하버의 마케팅 광고 담당 이사인 크리스 구미엘라는 위에서 말한 여러 가지를 하고 있지만, 다른 무엇보다 관련 주제에 대해 비슷한 생각을 하는 사람들과의 대화를 선호한다. "그런 대화에서 관점을 만들어내기도 하고 건강한 방식으로 토론을 할 수도 있습니다." 그는 말한다. 톰슨 로이터의 초기 경력자 재능계발 담당 임원인 일로나 유르키에비치는 매일 퇴근 전에 10분 동안(가끔은 사무실 책상에서, 가끔은 퇴근하면서) 그날 배운 것들 되돌이켜 생각하고 그것이 누구에게 도움이 될지 생각한다. 그런 다음 기사나, 발췌문, 연관성, 새로운 아이디어 등을 인맥이 되는 사람들에게 보낸다. "이렇게 하면 배운 걸 복습하는 것은 물론 개인 인맥을 유지하는 데도 도움이 됩니다." 그리고 마지막으로 유니레버에서 지속 가능 커뮤니티 브랜드 매니저로 일하는 트레이시 셰퍼드 래스킨은 작년부터 분기별 오찬 공부 모임을 시작했는데, 콘퍼런스에서 배운 최신 사례 연구 수업을 듣기도 하고 추가로 조사를 하기도 하며 점심을 먹으면서 백 명 이상의 같은 일을 하는 판매담당자들과 이야기를 나누기도 한다. "이 교육은 금세 직장에서 가장 좋아하는 일이 되었고, 제가 열렬하게 좋아하는 것들을 더 많은 사람과 공유할 수 있도록 해줍니다. 하지만 결국은 제게 개인적으로 아주 큰 이득을 주죠. 동료들은 흥미로운 기사나 프레젠테이션이 보이면 저와 공유해야 한다고 생각하기 시

작했습니다. 다음 분기 오찬 교육에서 다루게 될 주제라고 생
각하면서 말이죠!"

세대 차이를 좁혀주는

공유 학습

젊은 직원과 나이 든 직원 사이에는 엄청난
문화적 기술적 세대 차이가 존재하지만, 양측은 중요한 방식으로
서로의 지식과 기술을 활용할 수 있다. 나이 든 직원들은 오랜 세
월 얻은 경험이 있고, 젊은 직원들은 전혀 다른 시간대에 자란 경
험에서 나오는 전혀 다른 시각을 갖고 있을 가능성이 크다. 나이
든 세대는 대면 학습과 직장 내 직무 훈련을 활용한 세대로 대면
회의의 가치를 알고 있다. 하지만 젊은 사람들처럼 기술적으로 능
숙하지 않을 수도 있다. 그 젊은 세대는 자라면서 공부를 잘해 상
도 많이 탔을 테지만,(솔직히 그저 보여주기 위한 상들도 있다) 소셜미디
어의 힘 그리고 전 세계 다양한 배경을 가진 사람들과 연결하기 위
해 소셜미디어를 활용하는 방법을 배운 세대이기도 하다.

세대 간 차이를 뛰어넘으면 경력에 도움이 될 수 있고, 나이 든
팀원들을 관리하기도 수월해진다. 이런 관계도 긍정적인 인간관
계를 만드는 데 도움이 되는 유익한 상호 학습 상황이라고 생각하
라. 알렉스 앤드 애니에서 소셜미디어 관리를 맡고 있는 제시카 라
티머는 동료들 가운데 아직 소셜미디어 계정이 없거나, 있어도 어
떻게 사용하는지 아직 모르는 사람이 있다고 인정한다. "사실 저는

젊은 직원이 나이 든 직원에게 가르칠 수 있는 것들	나이 든 직원이 젊은 직원에게 가르칠 수 있는 것들
• 내부 협업과 직업, 산업에 영향을 줄 수 있는 신기술과 그 사용 방법 • 다양성의 중요성과 팀에서의 활용법. 젊은 직원들은 역사상 가장 다양한 세대이다. • 변화가 필수적인 이유, 현재의 미래에 가치가 없어질 수도 있는 이유, 새 기술을 배우는 방법 • 꿈을 포기하면 안 되는 이유. 연구 결과를 보면 젊은 직원들이 더 낙관적이며 그런 특징을 이용해 나이 든 직원들에게 영감을 줄 수 있다고 한다. • 젊은 세대와의 소통, 브레인스토밍, 새로운 아이디어를 만들어내는 데 도움이 되는 협업 태도	• 경력 관리의 어려움과 좌절 그리고 오랜 경험의 중요성 • 성공으로 이어질 수 있는 인간관계를 만드는 데 도움이 되는 소프트 스킬 • 팀의 다른 사람들로부터 교육과 지도를 얻어낼 수 있는 충성심 • 경력을 쌓으며 했던 후회 그리고 같은 실수를 반복하지 않는 법 • 어떤 회사에나 있는, 특히 대규모 회사에 자연스럽게 존재하는 사내 정치 관리법 • 직장 내 분쟁을 다루는 기술과 실제 문제를 해결하고 그 뒤 더 단단한 관계를 형성하기 위해 분쟁을 이용하는 지혜

이런 상황을 아주 흥미롭게 받아들이고 있고, 그런 사람들을 교육할 기회이자 그들을 제 인맥에 끌어들일 가능성이 존재한다고 생각하기로 했습니다." 그녀는 말했다. 그녀의 노력 덕분에 동료들은 새로운 걸 배울 수 있었고, 그녀는 자신이 운영하는 프로그램을 지지하는 사람들을 더 많이 확보할 수 있었으니 양쪽에 모두 좋은 상황이 되었다!

세대와 관련 있는 차이점은 매우 많지만, 팀으로 모인 우리는 맡은 업무를 해내고 사업 결과를 만들어내며 가능하면 그 과정에서 단단한 유대감을 만들어내야 하는 공통 목표를 갖고 있다. 그러므로 모든 연령대의 노동자들이 함께 모여 맡은 임무 즉, 모두가 계속 배우고 발전할 수 있는 문화를 만들어내는 일에 집중해야 한다.

공유 학습 훈련을 위한 요점 정리

1. 대가를 바라지 말고 팀을 도울 것

자신이 속한 팀이 배우고 발전하는 걸 돕는데 더 많이 투자할수록 모두 더 성공할 것이다. 정보를 비축하지 말고 공유해 팀원들이 기대에 부응하는 데 필요한 모든 자원과 기술을 가질 수 있도록 하고, 각자 개별 프로젝트에서 좋은 결과를 낼 수 있도록 할 것.

2. 직원들의 학습 방식을 이해하는 데 충분한 시간을 할애할 것

이를 통해 직원들이 필요한 것에 섬세하게 접근하는 데 도움을 얻을 수 있다. 각 직원과 따로 자리를 마련하고 그들이 새로운 기술을 배울 때 어떤 자원이 필요한지 당신이 그들의 발전을 위해 정확히 어떤 지원을 해줄 수 있는지 파악해야 한다.

3. 공유 학습 문화를 만드는 데 집중할 것

모든 팀원 또는 전체 회사가 공개적으로 공유하고 서로 도울 수 있도록 하라. 이런 문화는 "밀물은 모든 배를 띄운다"라는 옛말처럼 당신과 직원들이 모두 목표를 달성할 수 있도록 도울 것이다. 기술의 반감기가 점점 짧아지고 산업 전체가 붕괴가 많아지는 상황에서 비즈니스의 요구에 부응하기 위해서는 반드시 공유 학습자가 되어야 한다.

2부

팀 내 연결을 만들어라

Back To
Human

다양한 아이디어를 장려하라

·

위험을 방지하는 건 관리자가 해야 할 일이 아니다. 안전한 수준의 위험을
감수할 수 있게 하는 것이 관리자가 해야 할 일이다.

― 에드 캐트멀, CEO, 픽사[1]

얼마 전까지만 해도 다양성이라고 하면 눈에 보이는 인구통계학
적 특성, 이를테면 인종, 민족, 나이 그리고 성별을 의미했다. 세월
이 지나 다양성의 정의는 눈에 덜 띄는 특성, 이를테면 성적 지향
성, 종교 심지어 교육 수준까지 포함하게 되었다. 오늘날 다양성의
범위는 훨씬 더 넓어졌고, 가정교육이나 사회경제적 지위, 인생 경
험, 세계관처럼 무형적 요소까지 포함하고 있다. 다음 표에 현재의
다양성을 나타내는 수많은 요소 가운데 일부를 정리해두었다. 자
유롭게 자신이 생각하는 요소를 추가해보자.

끝없이 폭넓어지는 다양성의 정의와 끝없이 변화하는 사회의 인
구학적 특징(그 다양성을 크게 반영하는)으로 우리가 속한 회사들도
포괄성을 지지하리라 합리적으로 생각하는 사람도 있을 수 있다.

다양한 아이디어를 장려하라

다양성의 유형

인종/민족	백인, 라틴 아메리카계 미국인, 아프리카계 미국인, 미국 원주민, 아시아인
교육	무학, 고졸, 준학사, 학사, 석사, 전문학위, 박사
성	남성, 여성, 논바이너리, 트랜스젠더, 젠더플루이드
세대/나이	침묵세대, 베이비부머, X세대, 밀레니엄세대, Z세대
고용 상태	프리랜서, 정규직, 비정규직, 본사 근무, 재택 근무
종교	기독교, 이슬람교, 유대교, 가톨릭, 불교, 무교, 불가지론자
정치	공화당, 민주당, 무소속, 자유주의자, 환경보호주의자
성적 지향성	이성애자, 양성애자, 동성애자, 다성애자, 무성애자, 반성애자
직업	마케팅, 엔지니어링, 관리, 재무, 회계 기타

안타깝게도 많은 회사가(페이스북, 애플, 그리고 세계에서 가장 혁신적인 회사들 가운데 일부의 고향이라 할 수 있는 실리콘밸리의 다른 많은 회사까지) 스스로 다양성을 높이 평가한다고 말하기만 할 뿐, 임직원 구성비를 보면 언제나 그래왔던 것처럼 상당히 한쪽에 치우쳐 있는 것으로 보인다. 여기 몇 가지 예를 들어보았다.

- 예를 들어 실리콘밸리에서 일하는 사람들 가운데 아프리카계 미국인과 라틴계 미국인이 차지하는 비중은 고작 5퍼센트에 불과하다.[2] 이들은 종종 고정관념이나 차별에 시달리며, 승진에서 밀려나고 많은 사람이 결국엔 직장을 그만두게 된다. 이런 회사에서 일하는 직원 절반은 관련 영역에서 많은 개선이

필요하다고 믿는 것은 놀랍지 않다.[3]

- 여성의 권리 및 직장 내 성희롱에 대한 세계적 논의가 진행 중이며, 노동자 운동 단체가 생겨나고 행사나 콘퍼런스가 열리고 있다. 셰릴 샌드버그는 도전을 추구하고 직장에서 성공을 원하는 여성들을 독려하기 위해 함께할 울타리를 만들어내고 서로 지지하는 "린인(Lean In)" 운동을 시작했다. 하지만 여성들은 국제적으로 산업계 고위직의 불과 24퍼센트를,[4] ⟪포춘⟫ 선정 500대 기업의 CEO 자리에서는 겨우 4.2퍼센트를 차지하고 있다. 바로 몇 년 전 나는 만 명 이상이 참가한 한 여성 콘퍼런스에서 발표자로 나선 적이 있다. 내가 소수자라고 느꼈던 것은 그때가 처음이었다!

- 여러 해에 걸쳐 수많은 기사가 밀레니엄세대를 조롱했다. 우리는 게으르고 누리기 좋아하고 자기애적이며 집중하지 못한다는 지적을 받았다. 젊은 세대는 나이 든 세대의 그런 고정관념에 비난받았다. 우리가 이런 끔찍하고 대부분 사실이 아닌 고정관념을 털어내지 못한 이유는 언론과 소셜미디어가 그런 생각을 부풀려 재생산했기 때문이다. 와튼의 마케팅 교수인 조나 버거가 수행한 연구에 따르면 뉴욕타임스에서 가장 인기 높았던 기사들은 독자의 분노를 불러일으키는 기사였다.[5] 내가 속한 세대를 맹비난하는 기사가 많을수록 언론사는 더 많은 접속량을 만들어낼 수 있고 더 많은 광고료 수익을 올릴 수 있다. 고정관념을 믿지 마라! 2015년을 기준으로

삼으면 밀레니엄세대가 가장 많은 수를 차지하고 있으며, 역사상 가장 다양한 인종으로 구성된 것은 말할 것도 없고 전체에서 43퍼센트는 백인이 아닌 인종이다.[6]

- 대학 졸업장이 있어야 한다는 압박은 늘 강력했고 여전히 가속하고 있는 것 같다. 2016년 전체 미국인의 거의 3분의 1이 학사 학위를 갖고 있고 6퍼센트는 석사 학위를 갖고 있다.[7] 그에 비해 25세 이상 인구의 거의 8퍼센트가 석사 학위를 갖고 있는데, 1960년도에는 같은 비율의 사람이 학사 및 그 이상의 학력을 갖고 있었다.[8](이 내용을 보면 왜 일부 사람들이 학사 학위는 새로운 고등학교 졸업장이라고 말하기 시작했는지 설명해줄 수도 있을 것이다.) 그러나 대부분 온라인 채용에서 학위가 한 개도 없는 지원자는 걸러내는 방식을 사용하고 있음에도, 소수 고용주는 같은 학교에서 같은 수업을 듣고 같은 사고방식을 가진 사람만 계속 고용하다 보면 결과적으로 전체 인력이 비슷해지고 혁신이 힘들다는 걸 깨달았다. EY, PwC, 오길비 그룹, 애플을 포함한 생각이 열린 회사들은 채용할 때 기준 학점을 낮추거나 대학을 전혀 다닌 적 없는 지원자에게도 면접 기회를 제공하고 있다.

다양한 아이디어는
팀 성공의 결정적 요소이다

이미 언급한 것처럼 다양한 인적구조는 훨씬 더 생산적이고 창의적인 경향이 있다. 그리고 다양성을 독려하면 직원들의 참여를 늘리고 전체 조직의 재정 건전성을 높일 수 있다. 하지만 완벽하게 수학적으로 모든 상상할 수 있는 인구학적 통계에 들어맞는 인적구조를 만들어내는 일은 불가능할 것이다. 결국 다양성을 확보하면서 실제로 만들어낼 수 있는 형태는 한 가지뿐이다. 국제적 연구를 통해 우리 회사는 4천 명 이상의 노동자에게 그들이 가장 높이 평가하는 직장의 다양성에 관해 물었다. 그들은 성별, 나이, 종교나 민족을 말하지 않았다. 그 대신 그들은 "다양한 시각"이라고 대답했다. 나는 그걸 다양한 아이디어라고 부르며, 전적으로 동의한다. 사람들의 경험과 사고방식, 관점에 집중하면 모든 형태의 다양성을 효과적으로 아우를 수 있다.

성별, 나이, 민족의 다양성을 확보하는 일은 상대적으로 쉽다고 투미(Tumi)의 최고 디지털 책임자 찰리 콜은 말한다. "저는 하버드 MBA 출신 열 명으로 이루어진 팀보다 고등학교를 중퇴한 코드 개발자 두 명, 자카르타에서 MBA를 마친 두 명, 시애틀 출신으로 운동으로 대학에 진학한 두 명, 애틀랜타에서 온 두 명의 역사 전공자, 두 명의 MIT 통계학자가 더 효율적이리라 생각합니다. 그리고 솔직히 말하면 두 팀의 수준 차이는 매우 클 겁니다."

집단사고는
다양한 아이디어의 적이다

　　　　　　다양한 아이디어의 적은 집단사고로 팀 전체가 어떤 반대 의견이든 무시하게 될 정도의 합의에 도달해 있을 때 나타난다. 2015년 미국환경보호국(EPA)는 폴크스바겐이 전 세계 천백만 대의 차량에(미국 내 차량 5백만 대 포함) 환경에 더 안전한 차처럼 보이도록 하는 교묘한 소프트웨어를 설치한 사실을 밝혀냈다. 소프트웨어는 자동차가 배기가스 사전 시험을 할 때만 미국 기준에 맞춰 배기가스를 통제하도록 만들었다. 사전 시험을 할 때가 아니면 자동차는 허용된 기준치의 40배가 넘는 오염물질을 내뿜었다. 적발된 결과 폴크스바겐은 180억 달러 이상의 비용을 들여 리콜을 시행하고 배기가스 문제를 해결해야 했다.[9] (그 외에도 벌금 수십억 달러를 추가로 내야 한다.) 폴크스바겐이 그런 사기 행각을 벌이게 된 근본 원인은 회사의 문화 때문이었는데, 사기 계획을 세우기로 마음먹은 엔지니어들이 주도한 행동에 반대 의견은 없었던 것 같다. 이 회사는 감독이사회 의장이었던 페르디난트 피에히 그리고 동생 한스 미헬 피에히 박사가 마치 독재자들처럼 운영했다.[10] 집단사고의 위험은 다양한 아이디어가 사라지고 조직이 너무 자주 나쁜 의사결정을 내려 결국 재정적 손실과 피해로 이어진다는 점에 있다. 회사에 그치지 않고 회사의 고객, 그리고 폴크스바겐의 경우 세계 환경도 손해를 입었다.

　"다양한 아이디어는 집단사고의 위험을 줄여주는 것 외에도 가장 혁신적인 해결책을 제시해 주며 시간이 지나고 보면 최고의 생산성을 보여줍니다." 페이스북에서 성과관리를 책임지고 있는 비벡 라발이 말한다.

언제 집단사고가 생기는지, 언제 많은 토론이 사라지는지, 복잡한 문제에 빠른 해결책을 찾는지, 전체 의견에 반기를 드는 사람이 바보 취급이나 부정적 고정관념의 대상이 되는지 우리는 알고 있다. 또 조심해야 하는 위험 신호라면 다른 증거가 있는데도 한 가지 결정에만 동의하는 팀원들 또는 다른 팀원이 뭔가 새로운 걸 시도할 때 아무도 반대하거나 그렇다고 격려도 하지 않는 상황(더 나쁜 상황은 사람들이 팀 전체 의견에 반대하는 걸 두려워하는 것처럼 보이는 상황이다)을 들 수 있다. 만일 팀원들이 당신의 결정을 따르지 않는다면 처벌을 받을 것이기 때문에 할 수 없이 동의해야 한다고 느낀다면 당신이 다양한 아이디어를 막고 있다고 보면 된다.

일반적인 집단사고 문구들

"전에 성공했던 식으로 이번 프로젝트를 수행합시다."

"우리는 훌륭하게 일을 해내고 있습니다. 지금까지 실패한 적이 없어요."

"저 사람들 말은 듣지 말아요. 그들은 무슨 말을 하는 건지 전혀 알지 못하고 있습니다."

"우리 모두 동의한다는 걸 압니다."

"우리 모두 이게 성공할 거라는 사실을 알고 있습니다."

다양한 아이디어를 장려하라

다양한 아이디어는

더 좋은 사업 결과로 이어진다

다양한 아이디어 속에 든 다양한 관점은 의견 불일치와 분쟁을 만들어낼 수 있으며, 그런 상황은 점잖게 진행할 수만 있다면 창의력과 혁신을 끌어낼 수 있다. 그 두 가지는 팀과 회사에서 좋은 성과를 내는 데 중요한 특성이다. 일부 의견 불일치는 적대적일 수 있지만, 대부분은 악의가 없으며 많은 경우 실제로는 매우 가치가 있다. 다른 아이디어에 노출되면 일정한 양의 긴장감을 만들어내는데, 긴장감은 직원들 자신의 행동 유형과 기여에 관해 생각하도록 하고 다른 팀원과 다른 사람들의 행동 유형과 기여를 높이 평가하도록 만든다.

또 다양한 아이디어는 집단사고를 방지하고 지나치게 자신감 넘치는 "전문가들"이 항상 자신들만의 방식으로 일을 진행하지 않도록 막아준다. 모두가 뭔가를 논의 대상으로 삼는 일을 편안하게 느끼게 되면 서로 연결되었다는 감정과 일하면서 느끼는 안정감이 강화되는데, 우리 모두 그런 상황을 원하지 않는가? 다른 유형의 직원을 찾아내 고용하는 일의 긍정적 효과는 그들이 나중에 경영진 역할을 맡았을 때도 같은 방식으로 이어질 것이며, 다음 세대에도 그 이후에도 계속될 것이다.

회사의 고객은 다양한 배경을 갖고 있으며 만일 조직이 다양한 고객의 언어와 관점을 이해할 수 있도록 인력을 구성한다면 대단히 가치가 있을 것이다. 다양한 인적 구성의 팀은 고객의 요구에 더 잘 대응할 수 있고, 나아가 애초에 그들의 요구가 뭔지 알아낼 수 있을 것이다. 페이스북의 성과관리 책임자 비벡 라발은 이렇게 말한다. "우리 고객은 생각과 기호가 똑같지 않습니다. 그래서 우리는 아이디어를 만들어내고 실행하는 면에서 항상 똑같이 행동해서는 안 됩니다."

더 나아가서 전체적으로 다른 기술과 경험을 가진 다양한 인적 구조를 갖추고 있다면, 당신은 조직 문화에 더 많은 것을 제공할 수 있다. 이런 조직은 다양한 배경을 가진 직원들이 함께 더 높은 수준에서 일할 수 있다는 점에서 더 효과적인 업무 실행이 가능해지고, 결국 모두의 개인적 경력에 도움이 되며 결과적으로 더 높은 생산성과 이익, 투자 수익을 낼 수 있다.

"우리의 서비스를 구매하는 고객들은 그 어느 때보다 더 다양해서 다양한 배경을 가진 사람들이 함께 일하고 있지 않다면 특정한 캠페인 아이디어나 미디어 목표에 빠져 헤어나오지 못하기가 쉽습니다." 에델만의 DC 브랜드 관리자 에밀리 캐플런은 말한다. 에밀리는 실제 상황에서 다양한 아이디어의 엄청난 예를 보여주었다. "제가 맡은 스타벅스 담당 팀의 대부분은 백인 여성이지만, 재리드는 아프리카계 미국인 남자입니다. 그는 남성들 생활과 맞닿아 있는 미디어에 대한 좋은 의견을 내주었고, 우리가 전에는 함께 일해보지 못한 기자들과 새로운 관계를 만들어냈습니다. 그는 또 우리에게 '블랙 트위터' 같은 요즘 경향을 소개하고, 그것이 우리 고객 그리고 우리 업무에 어떤 의미인지 알려주었죠."

다양한 아이디어가 존재하지 않는다는 10가지 징후(체크리스트)

1. 당신은 팀 대화에 영향을 주기보다는 통제하려 애쓴다.	
2. 당신은 밖에 나와 일하기보다 자기 자리에 앉아서만 일한다.	
3. 팀원들의 취약한 부분을 약점으로 인식한다.	
4. 당신은 평가받는 것을 원치 않기에 아이디어를 내지 않는다.	
5. 같은 의견이 아니라는 이유로 회의에서 배제하는 팀원이 있다.	
6. 스스로 약점은 고려하지 않고 강점에만 집중한다.	
7. 일할 때 전통적 방식에 도전하기를 거부한다.	
8. 다른 사람을 고용하거나 그와 함께 일할 때 무의식적 편견이 있다.	
9. 현재 시스템이 지나치게 편하고 변화를 거부한다.	
10. 다른 사람의 다른 점과 기호를 알아보거나 인정하지 않는다.	

만일 체크리스트에서 여러 질문에 그렇다고 표시했다면 당신은 다양한 아이디어를 받아들이기 위해 좀 더 생각하기 시작해야만 한다. 어떻게 하면 다른 사람들에게 열린 마음을 가질 수 있을지, 그들의 생각을 당신의 의사결정 절차에 어떻게 포함할 것인지 고민해보라. 팀원들에게 당신의 체크리스트를 보여주고 직접 작성해보도록 하라. 그 과정에서 의미 있는 대화를 끌어낼 수 있으며, 어느 정도 긍정적 결과가 나올 수도 있다.

신기술은 다양한 아이디어를
억누를 수 있다

신기술은 대부분 사람과 대부분 직장에서 선택을 위한 의사소통 플랫폼이 되었다. 이론적으로는 멋진 일이다. 어쨌든 민족이나 나이 또는 다른 어떤 요인과도 상관없이 신기술은 모든 사람에게 똑같은 접근과 권리와 특권을 준다. 신기술이 좀 더 폭넓은 팀 구성을 만들어낼 수 있다는 희망이 있다. 어떤 곳에서는 분명히 그런 상황이 일어나고 있음에도 신기술은 또한 직원들 사이에 디지털 격차를 만들어내고 있으며 특히 나이대가 다른 그룹들 사이에서는 그 정도가 심할 수 있다. 나이 든 직원들은 젊은 직원들처럼 신기술 기기를 다루며 자라지 않았고, 가끔은 그런 기기들을 효과적으로 사용하는 일이 힘들 수 있기 때문이다. 그 결과 그들은 우리와 직업적으로 또는 심지어 개인적인 수준에서도 연결하는 일이 더 힘들 수 있다.

신기술은 또한 모든 사람을 같은 수준으로 만들고 지리적으로 떨어져 있거나 언어와 문화가 다르다고 해도 팀원들이 서로 이해하고 연결하는 걸 쉽게 만드는 데 도움이 되어야 한다. 안타깝게도 문자나 새 소식 알림, 이메일 또는 다른 유형의 신기술에 기반을 둔 의사소통은 해결한 문제보다 많은 문제를 만들어내고 있는데 어쩌면 실제로 팀 내에서 다양한 아이디어를 막는 걸림돌이 될 수도 있다. 온갖 종류의 기기와 앱 그리고 메시지 서비스에 의지하고 있을 때 사람들은 다른 이들이 어디에서 왔는지 이해하는 데 시간을 덜 사용하고, 상대방의 감정을 경험해볼 기회를 전혀 얻지 못한다. 메시지를 보내고 받을 때 사람들은 상대방의 개별적인 어조나 언어 및 표현을 알지 못하게 된다. 그런 것들은 단순히 상대방이 하는 말뿐 아니라 그들이 어떤 사람인지 느끼는 데 도움을 준다. 신기술 플랫폼은 사람들이 아이디어와 생각을 더 쉽게 그리고 더 편안하게 공유할 수 있게 만들어주지만, 어떤 사람들은 무시당할 수 있다고 생각하는 내용 심지어 자신에게 해가 될 수도 있는 것들은 거론하기를 꺼린다.

우리가 알고 있듯 말이 중요하긴 하지만 의사소통에서 상당히 많은 부분을 차지하는 건 말이 아니다. 보디랭귀지와 목소리의 느낌이 말보다 중요한 역할을 한다. 우리는 뭔가를 읽고 잘못 해석해본 경험이나 우리가 쓴 내용을 다른 사람이 읽고 잘못 해석했던 경험이 많이 있다. 그것도 같은 언어를 사용할 때도 그렇다. 사실 성격 및 사회심리학 저널에 실렸던 한 연구를 보면 사람들은 받은 이메일의 분위기를 90퍼센트 제대로 해석했다고 생각하지만, 사실 제대로 해석한 경우는 절반에 지나지 않는다.[11]

이메일을 통해 의사소통할 때 보내고 받는 사람들이 서로 다른 문화권 출신이거나 또는 한쪽이 모국어를 사용하지 않고 소통을 시도하는 경우라면 위험이 얼마나 커질지 상상해보라. 팀원들끼리 서로 기대하는 정도를 오해하거나 엉뚱한 시기에 엉뚱한 프로젝트를 시행하거나 태만하게 부정확한 정보를 전달하는 결과가 자주 발생할 것이다. 감정이 상할 수 있고 관계는 긴장 상태에 빠질 수 있으며, 갈등이 발생할 수 있고 팀과 회사의 성취는 손해를 입을 수 있다. 신기술은 다른 문화와 언어의 다리가 되는 해결책이 아니지만, 신기술을 사용해 좀 더 많은 개인적 만남을 끌어내고 다른 사람들이 생각하는 바를 좀 더 잘 알아낼 수도 있다.

2장에서 나는 마흐디 로가니자르드가 했던 연구에서 얼굴을 보며 요청을 하면 이메일로 하는 것보다 34배 더 효과적이었다는 결과가 나왔다고 언급했다.[12] 존슨 앤드 존슨의 국제 인사 담당 이사인 쇼드 게링은 로가니자르드의 연구에 관해 잘 알지 못하지만, 결론에는 완전히 동의했다. 그는 업계에서 일했던 초기에 부하들과 소통할 때 특히 그랬다고 설명했는데, 당시에는 부하 직원들 모두가 적어도 그보다 10살이 더 많았다. "그들로부터 존중받으려면 그들을 개인적으로 좀 더 파악하는 것이 중요했습니다. 그러나 저는 그런 방식에 익숙하지 못했어요." 그는 말한다. "제가 주로 소통했던 방식은 문자, 트위터, 링크드인이었는데, 그런 방식은 제가 새롭게 맡은 팀과의 연결에 별 도움이 되지 않았습니다. 그러다가 누군가와 점심을 먹게 되었는데, 모든 것이 이해가 되었습니다. 우리는 그들의 경험과 배경, 가족, 좋아하는 것들에 관해 이야기했습니다. 얼굴 보고 이야기하는 것만큼 좋은 게 없었죠.(페이스북 화상통화와는 다른 겁니다)" 쇼드의 충고는 뭘까? "다른 사람 관점에서 보는 것이 매우 중요합니다. 개인적 연결을 만드는 데 전념하고 팀원들에게 동기를 부여하는 게 뭔지, 그들이 어떤 식으로 소통하는지 배워야 합니다. 그러면 팀원들을 이끄는데 좀 더 효과적일 수 있을 겁

다양한 아이디어를 장려하라

139

니다.”

상상해보라. 당신과 동료가 여러 날 동안 문자를 주고받으며 어떤 힘든 프로젝트를 끝내려 애쓰고 있다. 하지만 결과는 잘 나오지 않고 당신은 상사로부터 계속 압박을 받고 있다. 아마도 당신은 스스로 알지도 못한 채 다양한 아이디어를 통합하지 않겠다는 의식적 선택을 했을 수도 있다. 당신의 디지털 소통 방식이 통하지 않고 있다는 것은 명확하며, 당신이 해낸 일이라고는 해결책이 아닌 것들을 다양하게 확인했다는 것뿐이다. 당신의 성공을 위해 필요한 것은 어쩌면 약간의 새로운 관점 추가일 수도 있다. 문자를 보내는 대신 실제로 사람들이 만나는 회의를 열어라. 팀 전체에 영향을 미칠 수 있는 사업 관련 결정을 내리기 전에 다양한 관점을 가진 다른 팀원들의 의견에도 마음을 열어야 한다. 더욱 세련된 해결책을 위해 신기술에 갇히지 말고 직접 만나는 회의나 화상회의를 이용해 다른 사람들의 견해를 통합하라.

다양한 아이디어를 막는
다른 장애물들

신기술이 직장에서 다양한 아이디어를 막는 중요 장애물일 수 있지만, 다른 것들도 있다.

- 소통 문제. 다른 언어를 사용하거나 같은 나라 사람이라도 다른 지역 출신이라 같은 말이 전혀 다른 의미일 수도 있다. 만

일 당신이 한 팀원에게 한 말의 해석이 잘못된다면, 진짜 의도를 전달할 수 있을 때까지 상당히 오랜 시간이 걸릴 것이다. 사람들이 업무 마감 시한이나 권한 위임을 관리하는 방식, 팀원들과의 의사소통 그리고 갈등을 해결하는 법에서 다른 문화 사이에서는 큰 차이가 존재한다. 당신은 모두에게 안전한 환경을 만들어낼 필요가 있으며, 팀원들을 잘 파악하고 그들이 필요한 것과 그들의 방식을 파악해 모두와 효과적으로 소통하기 위해 시간을 할애해야 한다.

• **외부 저항.** 당신의 상사나 심지어 팀원들조차 다양한 아이디어를 수용하려는 당신의 노력을 지지하지 않을 수도 있다.

• **위험 감수에 대한 내부 저항.** 작가인 스티븐 프레스필드는 이걸 "저항" 또는 조심하라고 경고하는 우리 머릿속 목소리라고 부른다. 현재 상황을 받아들이는 것이, 자신의 마음이나 감정, 명성을 위태롭게 하는 것보다는 그냥 현재에 만족하는 편이 훨씬 더 쉽다.[13] 하지만 많은 걸 위험에 처하게 함으로써 실제로는 자신감을 많이 얻고 긍정적 변화를 만들어낼 기회를 얻게 될 것이다. 우리는 가끔 "우리는 늘 이런 식으로 했어"라는 사고방식으로 고통받는데, 그런 태도는 뭐든 더 잘할 수도 있는 걸 불가능하게 만든다.

• **무의식적 편견.** 좋든 싫든 우리는 사건과 사람, 언론 그리고 다른 요소에 영향을 받는다. 콘 페리에서 수행한 연구를 보면 노동자의 42퍼센트는 다양성에 대한 무의식적 편견이 있다

고 한다.[14] 우리가 가진 편견은 다리를 벽으로 바꾸고 우리 업무 관계에 해를 끼칠 수 있다.

다양성을 어떻게 효과적으로
관리할 것인가?

우리는 모두 다른 사람들의 아이디어를 통합해 일을 더 잘할 수 있고, 직장에서 사람들이 더 편안하게 느끼도록 만들 수 있다. 다양성을 효과적으로 관리하기 위해 색다른 지원자들에게 좀 더 마음을 열 필요가 있고, 개인적인 차원에서 사람들을 알아야 하고, 사람들이 지지를 받을 수 있는 안전한 공간을 만들어야 한다. 또한 다양성을 확인했을 때는 보상하고 인정해주어야 한다.

1. **독특한 지원자를 채용하라.** 팀이 적절한 수준의 다양성을 확보하기 위해서는 채용 기준을 반드시 바꿔야 한다. 지원자의 업적이나 학벌만 봐서는 안 된다. 좋아하는 것이 뭔지 무엇이 또 누가 그들에게 가장 큰 영향을 주었는지, 업무 외 관심사는 뭔지 물어라. 직무 설명에서부터 면접 과정에 이르기까지 조건을 느슨하게 유지해야 하며, 외모만으로 누군가를 그냥 지나치는 일이 없도록 하고 무의식적 편견이 발휘되고 있는지 고려해야 한다. 학위가 없다고, 또는 당신이 전에 들어본 적 없는 지역에서 성장했다고 해서 그들이 당신 팀에 뭔가 특

면접 과정에서 지원자에게 현재 팀에서 진행하고 있는 프로젝트에 관한 새로운 아이디어를 브레인스토밍으로 요구해볼 것. 프로젝트의 내용을 상세히 알릴 필요는 없지만, 지원자가 얼마나 빠른 대답을 내놓는지, 그들의 아이디어가 당신이나 동료들이 내린 결론과 얼마나 다른지를 확인해볼 수 있다. 만일 당신의 사고방식을 건설적으로 비판할 능력을 갖췄거나 전혀 다른 아이디어를 떠올릴 수 있는 사람이라면, 팀에 합류할 경우 꼭 필요했던 다양한 아이디어를 내놓을 수도 있다.

별한 걸 보탤 수 없으리라는 법은 없다.

2. **개인적 필요를 이해하라.** 팀을 멀리서 관찰하지 말고 한 사람씩 직접 만나 팀원들을 더 잘 파악해야 한다. 문자나 메신저를 보낼 필요도 없다. 그런 방법으로는 팀원들의 감정, 관점, 창의성을 알 수 없다. 때로 외적이고 좀 더 일반적 견해를 얻기 위해 내면을 봐야 할 필요가 있다. 예를 들어 직원 가운데 한 명이 시간 관리에 관심이 있는데, 동시에 다른 사람은 덜 신경 쓸 수도 있다. 어떤 사람은 더 내성적일 수도 있고 다른 사람은 파티를 즐기는 사람으로 온갖 사회적 행사를 계획하고 싶어 할 수도 있다. 또 다른 사람은 어쩌면 결정을 내리기 전에 팀에서 검토하기를 더 원하는 사람이 있는가 하면, 누군가는 먼저 행동하고 난 뒤에 피드백을 요청하는 사람일 수도

143

직원을 한 명씩 만나 가장 강한 가치에 관해 물어라. 대화하는 동안 당신의 가장 강한 가치를 그들과 공유하라. 이렇게 당신은 서로에 관해 더 많이 알 수 있다. 서로의 가치를 알게 되는 것으로 당신은 당신과 직원 두 사람이 염려하는 문제가 뭔지, 팀원들을 어떻게 최적으로 결합할 수 있을지 더 잘 알 수 있고, 그들의 능력을 파악하고 그들을 지원할 수 있다. 한 사람씩 만날 때는 면담 내용을 적고 면담이 끝나면 공유하라.

있다. 당신은 함께 일하는 사람들과 그들의 습관을 파악해야 할 필요가 있으며, 그래야 그들을 가장 효과적 방식으로 이끌 수 있다.

3. **안전한 공간을 만들어라.** 구글의 관리자들이 더 생산적인 팀을 만들기 위한 연구인 아리스토텔레스 프로젝트를 시작했을 때, 그들은 회사 전체에서 뽑은 직원 수백 명과 인터뷰를 했다. 그들은 그렇게 만든 데이터를 리더가 될 사람을 찾아낼 수 있는 적절한 직원 구성을 알아내는 데 사용하고 싶었다. 연구 결과 최고의 팀이 되려면 서로의 감정을 존중하고 모두가 대화에 똑같이 참여해야 한다는 걸 머릿속에 담아두어야 했다. 사람들이 편안하게 소통하고 서로의 관점을 공유하는 안전한 환경에 놓이면 팀은 성공하며 다른 팀보다 더 생산성이 높아진다.[15] 안전하고 보안이 잘 되어있다는 느낌은 직원

사람들은 대개 익명일 때 아이디어를 공유할 의지가 더 생긴다. 다음 프로젝트를 시작할 때 팀원 모두 색인 카드에 이름을 빼고 아이디어를 써내라고 해보라. 일단 카드를 걷은 다음 아이디어를 목록으로 정리하고 비슷한 것들끼리 함께 묶는다. 그런 다음 회의를 열어 아이디어를 논의하고 팀 전체에서 피드백을 받는다. 누가 공개적으로 자신의 아이디어를 인정하는지 누가 조용히 있는지 확인한다. 그걸 보면 당신이 누구와 좀 더 시간을 보내며 좀 더 편안하고 안전하다는 느낌을 줘야 하는지 알 수 있을 것이다.

들의 스트레스를 줄여주고 그들이 혼자 생각하는 대신 서로의 아이디어를 공유하도록 독려한다.

4. **사려 깊은 행동을 인식하라.** 용감하게 마음을 여는 직원을 보면 잘하고 있다고 칭찬해라. 아이디어 공유가 격려해야 할 행동임을, 더 많이 공유할수록 팀이 더 잘 될 거라는 사실을 직원들이 알게 하라. 이런 유형의 행동에 작게 보상할 방법을 찾아라. 그리고 각 개인에게 적절하도록 보상을 조정하라(어떤 사람은 공개적인 인정을 선호할 테고, 다른 사람은 스타벅스 상품권에 훨씬 더 행복할 것이다). 이런 식으로 직원들에게 상을 주면 미래에 리더 역할을 할 때 그들 역시 같은 방식으로 직원을 다룰 것이다. 하지만 이런 식의 포상은 절차 개선, 창의성 또는 측정 가능한 최종 성과를 만들어낸 혁신에 포상하

직원들이 서로 아이디어를 공유하거나 칭찬하는 걸 독려하기 위해 협업 또는 소셜미디어 플랫폼을 사용하라. 이렇게 실시간 피드백을 주고 인정하면 사람들은 더 자신감이 생기고 팀원 간 동지애를 형성하게 되며 다양성을 가진 문화를 만들게 된다. 리더로서 당신은 처음으로 글을 남겨 선례를 보여주고 다른 사람들을 인정하겠다는 약속을 보여주어야 한다. 다른 사람들이 당신이 나서는 걸 보고 당신의 선례를 따를 것이다.

는 성과 기반의 포상과는 분리해야 한다. 와튼의 애덤 그랜트 교수는 "잘못된 반대 의견이라도 유익하다는 점을 인식하고 그들에게도 포상하기 위해 노력해야 합니다. 공개적으로 당신에게 반대하고 당신을 비판하는 사람들을 격려하고 칭찬해야 합니다."[16]라고 말했다.

5. **끊임없이 의사소통하라.** 존슨 앤드 존슨의 게링은 지금 맡은 자리에서 가장 먼저 사무실 밖에 "아이디어는 직함을 따지지 않는다"라고 쓴 커다란 포스터를 붙였다고 내게 말했다. 아이디어는 직급이나 출신과 상관없고 그보다 훨씬 더 중요하다는 메시지를 보여주는 포스터였다. "저는 팀원들로부터 아이디어를 끌어내고 그들의 폭넓은 경험을 활용하기 위해 아주 열심히 일했습니다. 이른 아침부터 자주, 끊임없이 손을 내밀었습니다. 일주일에 한 번씩 동영상을 찍어 내 리더십 유형을

소개하고 분위기를 형성했어요. 내적으로 그리고 외적으로 소셜미디어 사용을 진지하게 경영 도구로 삼았습니다. 투명하고 직접적인 의사소통은 팀원들로부터 존중받을 수 있도록 해줍니다. 특히 명확한 비전과 목적의식과 결합했을 때는 더욱 그렇습니다."

6. **사람들이 아이디어를 공유하도록 격려하라.** 세계의 성공하는 리더들은 다양한 방법으로 아이디어 공유를 격려한다. CA 테크놀로지스에서 마케팅을 담당하는 퍼트리샤 롤린스는 팀 회의를 할 때마다 몇 분을 바쳐 어떤 식으로 해야 통할지 생각한다. "저는 모두에게 우리의 역할을 뒤바꿀 수 있는, '해고당할 정도의' 아이디어(뭔가 진짜 기발한 생각)를 내라고 독려합니다. 그런 다음 그 아이디어를 실행할 수 있는 리더를 뽑아서 맡기죠." 치폴레 멕시칸 그릴의 교육 담당 임원인 샘 위로백은 팀원들에게 근무시간 외에 새로운 프로젝트를 개발해보라고 권장한다. "우리가 해결하려 애쓰는 문제와 연결되기만 한다면 얼마든지 고민해보고 팀으로 가져오라고 합니다. 그런 식으로 가장 큰 변화를 가져온 아이디어들이 나왔습니다." 아카마이의 전략 및 운영 담당 이사인 로스 파인버그는 접근법이 다르다. "제가 즐겨 묻는 건 '어떻게 생각해?'라는 질문입니다. 그리고 전체 사무실을 돌면서 모두가 한 마디라도 말하도록 확인합니다. 어떤 사람들은 나서서 생각을 말하지 않아요. 그래서 대놓고 물어야 하지만 가끔은 그런 사람들

이 최고의 아이디어를 내놓기도 합니다." 리버티 뮤추얼의 제나 레벨이 이끄는 팀원들은 모두 결국 실패로 끝난다고 해도 위험을 감수할 권한을 갖고 있다. "우리는 성공할 수도 있고 가끔은 그저 배우는 것으로 끝날 때도 있습니다. 두 가지 경우 모두 우리에게 가치가 있다고 믿고 있습니다." 회사의 브랜드 및 통합 마케팅 담당 이사인 레벨은 말한다. "그리고 우리는 팀에게 적절한 보상을 합니다. 성공한 아이디어는 물론 아예 성공하지 못한 아이디어에도 보상합니다. 팀은 새로운 걸 시도하게 되고 일이 잘 풀리지 않았을 때의 결과에 대한 두려움 없이 창의적으로 사업에 도전할 수 있다는 걸 알기에 마음이 편합니다. 우리는 모두 실패해도 괜찮다는 걸 알고 있지만, 빨리 실패하고 교훈을 얻어 앞으로 나아갈 필요가 있다는 것도 압니다."

직장에서 다양한 아이디어를
어떻게 장려할 것인가?

방금 논의한 리더십 기술 외에 다양한 아이디어를 장려하는 전반적 문화를 어떻게 만들어낼 것인지 생각해보라. 문화에 집중하면 장기적으로 고용과 관리, 홍보에 긍정적 영향을 줄 수 있다. 또 미래의 리더들이 성공할 수 있는 기반이 된다. 회사의 DNA는 직원의 기반을 구성하는 것 말고도 사람들이 서로 행동하고 생각하는 방식에도 영향을 주기 때문이다. 아래에서는 당장 그리고 미래에 여러분의 조직을 지지해줄 수 있는 문화를 만들어내는 데 도움을 주는 몇 가지 단계를 짚어보았다.

1. **현재 상황을 평가하라.** 당신의 팀과 회사가 관점을 다양화하고 있는지, 하고 있다면 어떻게 하고 있는지 채용 절차를 오래, 깊이 있게 살펴보라. 다양성을 위한 현재의 문제와 기회를 알아내기 위해 직원들을 대상으로 만족도를 조사하라. 새로운 아이디어를 공유하는 사람들은 지지를 받고 있는가? 그들은 그들의 목소리가 들린다고, 그들의 아이디어가 새로운 절차와 프로젝트에 통합된다고 느끼고 있는가? 이에 대한 대답이 새로운 정책과 지침에 대한 아이디어를 제공할 것이며, 다양한 아이디어를 완전히 받아들여 시행할 때 필요한 대화를 이끌어낼 것이다.

2. **경영진의 헌신을 얻어내라.** 일단 당신이 맞서고 있는 장애물이나 사안을 확인하면 보고서로 작성하고 설문 조사 자료를 사용해 어떤 점이 변해야 하는지 경영진에게 알려라. 일단 경영진이 문제가 있다는 점에 동의하면, 그들이 문제를 해결하는 당신의 시도를 헌신적으로 지원하도록 만들어라.

3. **실행 계획을 작성하라.** 다양성 그리고 팀원들이 처한 사안에 대한 태도를 결정하고 나면 이제 계획을 짜야 할 단계이다. 계획에는 문제를 해결하기 위한 당신의 권고와 당신이 책임질 수 있는 일정이 포함되어야 한다. 예를 들어 첫 주에는 시

모두 참여하도록 하는 훈련

다음 회의에서 팀원들에게 색깔이 있는 카드 크기의 노트를 나누어준다. 노트는 모노폴리 게임에서 감옥에 갇힌 사람이 사용할 수 있는 탈출 카드라고 생각하자. 다만 실제로는 "위험 감수 가능" 카드이다. 목표는 팀원들이 새로운 아이디어를 공유하거나 새로운 누군가를 만나거나 조금(아니면 많이) 겁이 날 수도 있는 행동을 겁을 덜 먹고 할 수 있도록 만들어주는 것이다.

이 카드에 딸린 단서는 (a)카드는 분기가 끝나기 전에 사용해야만 하고 일단 사용하면 다시 반납해야 한다는 것과 (b)만일 분기 안에 카드를 사용하지 않으면 급여나 보너스에 영향을 미칠 수 있다는 점이다. 카드를 사용하지 않을 때 처벌하는 이유는 다른 팀원들이 행동하도록 하기 위해서이다.

작 회의를 해서 설문 조사 결과를 발표하고 사람들의 의견을 요청하라.

4. **결과를 측정하라.** 실행 계획을 이행한 후 팀원들을 대상으로 같은 설문 조사를 해서 조금이라도 나아진 점이 있는지 확인하라. 새로운 자료를 사용해 경영진에게 문제를 해결하기 위해 시간을 투자할 가치가 있었고 팀과 조직 전체에 도움이 되었다는 결과를 보고할 수도 있다.

다양성과 관련된 서로 다른 상황을
어떻게 관리할 것인가?

리더로서 당신은 다양성을 관리해야 하는 다양한 상황에 대응해야 할 것이다. 덤벼들기 전에 뒤로 물러나 무슨 일이 벌어지고 있는지, 관련된 사람들의 출신이 어떻게 되는지, 문제를 해결하기 위해 가장 좋은 방법은 무엇인지 확실하게 파악하는 것이 매우 중요하다. 여기에서는 발생할 수 있는 상황과 해결 방법에 대해 논의한다. 의견 불일치에는 두 가지 유형이 있다는 것을 기억하라. 의견 불일치는 팀이나 고객에게 더 단단한 유대감을 만들어주거나 손해를 입힐 수 있다. 두 번째 상황에 집중해 설명하겠다.

⊕ 상황 : 당신은 나이 든 직원들을 관리하는 젊은 상사이다

젊은 리더로서 당신은 나이가 더 많은 사람을 관리할 수도 있다. 어떤 직원들은 크게 개의치 않을 수 있지만, 자신이 관리를 맡아야 한다고 생각하는 사람도 있다. 내가 했던 연구에서는 83퍼센트의 사람이 젊은 직원이 나이든 직원들을 관리하는 상황을 봤다고 대답했다.[17] 나이 든 직원의 거의 절반은 젊은 직원들이 관리 경험이 부족하다고 느꼈고, 그런 태도는 회사 문화에 부정적 영향을 미칠 수 있다. 동시에 젊은 직원들의 3분의 1 이상은 나이 든 직원들 관리가 어렵다고 생각했다.

제록스의 CP 기반시설 및 분석 담당자인 아미트 트리베디는 처음 관리자가 되었을 때 한 나이 든 팀원과의 경험으로 세대 차이에 대해 생각을 완전히 바꿀 수 있었다. 팀원은 아미트에게 말했다. "우리는 한 번도 이 업무처리 방식을 바꾼 적이 없고 늘 잘 진행되었습니다." 아미트는 업무처리 방식을 개선하는 데 관심이 있었고, 많은 질문을 했다. "만일 이 방식을 바꾼다면 어떤 문제가 생길 수 있습니까?" 그리고 "현재 방식을 더 효율적으로 만들 방법이 혹시 있나요?" 같은 질문이었다. 그 결과 이어진 토의는 아미트와 그의 동료에게 서로의 관점을 이해하고 양측의 아이디어를 합칠 방법을 탐색할 기회를 주었다.

나이 많은 부하 직원 중 한 명이 당신이 늘 스스로 옳다고 생각하고 부하 직원들의 의견은 전혀 받아들일 생각이 없어서 괴로워하고 있다고 생각해보자. 그런 괴로움은 당신보다 훨씬 많은 경험에 기반한 것이다(그들의 관점에서 보면 그렇다). 당신은 어떻게 하겠는가?

첫 번째로 어떤 결론을 내리거나 의견을 강요하기 전에 직원들 관점이 어떤지 인식해야 할 필요가 있다. 두 번째, 의사소통 방식을 직원들이 선호하는 식으로 바꾼다. 만일 그들이 얼굴을 마주 보는 회의를 원한다면 이메일을 보내라고 강요하지 말라. 나이 든 직원들은 더 "전통적"일 가능성이 크고, 그들을 이해하고 그들이 원하는 존중을 보여주기 위해서는 그들의 "언어"를 써야 한다. 마지막으로 열린 마음을 유지하고 직원들의 나이가 그들의 사고나 능력에 영향을 줄지도 모른다고 가정하지 말아야 한다. 직원들의 아이디어를 당신의 최종 결정에 통합해 직원들이 참여의식을 갖고 제대로 대접을 받고 있다고 느끼게 만들어라.

내가 이야기를 나눈 모든 사람은 대부분 직원이(나이나 직급에 상관없이) 같은 목표를 갖고 있다고 동의했다. 그건 바로 회사와 회사의 제품 및 서비스의 개선이었다. 그 목표를 이루기 위한 "올바른" 방법은 특정 세대의 전유물이 아니다. 바카르디의 차세대 담당 임원인 님 드 스와트는 그 말을 멋지게 표현했다. "요즘 새로운 사업 환경에서 우리는 관습, 구조, 계층에 덜 구속되어 있으며, 그런 식의 실험은 혁신에 필수적이라는 사실을 모든 세대가 이해할 필요가 있다."

⊙ 상황 : 당신은 직원들과 국적이 다르다

논의한 것처럼 직장은 날이 갈수록 다양해지고 있고, 조만간 당신은 출신 민족이나 지리적 배경이 다른 사람들과 일하게 될 것이다. 당신은 중국인인데 미국인 동료와 함께 여러 페이지의 프레젠테이션 자료를 만들었고 다가오는 콘퍼런스에서 함께 발표해야 한다고 가정하자. 두 사람이 서로 달라서 해야 할 일와 발표 시간을 어떻게 배분할 것인지 논의하고, 또 동료가 당신과 비슷한 사람이었다면 결코 문제가 되지 않았으리라 확신하는 다른 많은 사안을 다루느라 엄청나게 많은 시간을 보내고 있는 자신을 발견한 당신. 어떻게 하겠는가?

우선 동료와 함께 앉아 프레젠테이션을 어떻게 진행할지, 책임을 어떻게 나누는 것이 좋겠다고 생각하는지 묻는다. 동료가 의견을 얘기하면 당신의 의견을 공유한다. 이런 식으로 진행하면 당신은 존중을 표현했고 동료가 해야 할 말과 그들이 원하는 역할에 대해 신경 쓰고 있다는 점을 보여줄 수 있다. 혹시라도 언어의 장벽이 있거나 청중에게 통역을 통해 전달될 수도 있는 내용에 어떤 단어나 문장을 써야 할지 마음이 편하지 않다면 내용을 바꿔달라고 동료에게 요청하라. 마지막으로 어떤 내용이 누구의 책임인지, 최종 자료를 완성해야 할 마감 일정은 어떤지 양측이 동의한다.

다양한 아이디어를
측정하기

인간 연결의 힘에도 불구하고 우리는 여전히 우리가 열심히 일한 결과의 가치를 증명하기 위해 실제 지표가 있어야 한다. 좋은 소식은 다양한 아이디어가 팀과 회사, 고객들에게 가치를 더했다는 걸 다양한 방법으로 측정하는 것이 가능하다는 것이다. 분기마다 5점 만점으로 직원들의 만족도 설문 조사를 시행하면 다양성이 직원들의 행복과 복지, 생산성에 어떻게 영향을 주었는지 측정할 수 있다. 만일 전체 직원이 준 점수가 3점에서 5점으로 올라간다면 당신은 훌륭히 해낸 것이다. 설문 조사를 하면서 다양한 아이디어에 대해 상세히 질문하라. 이를테면 "다양성이 있는 팀은 어떻게 도움이 되었는가?" 그리고 "다양성은 전체적 성과에 어떻게 영향을 주었는가?" 같은 질문이다. 만일 대답이 긍정적이라면 당신의 팀은 다른 팀 또는 회사 전체에서 모델이 될 수도 있다. 다양한 아이디어에 대해 내린 결정을 통해 당신은 다른 팀들에 큰 영향을 끼칠 수 있다.

　다양한 아이디어를 측정할 수 있는 다른 방법은 팀이 만들어낸 아이디어의 수와 질이다. 만일 팀의 아이디어가 성공적인 프로젝트라는 결과를 냈다면 결과적인 비용 감축, 수익 창출, 생산성 향상 등을 측정하는 건 쉬울 것이다.

다양한 아이디어 장려의 요점 정리

1. 제대로 된 팀원을 구하라

새로운 목소리를 통합하겠다는 의식을 가져라. 고용 절차를 바꿔서 기준을 넓히고 교육, 지리적 특성 등을 넘어서도록 하라. 제대로 팀원을 고용하면 다양한 아이디어는 자연스럽게 나온다.

2. 안전하고 서로 지원하는 문화를 만들어 팀원들이 자유롭게 새로운 아이디어를 공유하도록 하라

사람들은 긴장을 풀고 편안할 때 더 참여하고 협력하는 경향이 있다.

3. 팀원들, 직원들의 믿음과 관점을 파악할 때까지는 신기술은 치워둬라

신기술은 사람들이 언제든 어디서든 원할 때마다 공헌하도록 장려하는 데 유용하지만, 서로 만나는 회의는 사람들을 개인적으로 **훨씬** 더 잘 이해할 수 있도록 해준다.

개방형 협업을 포용하라

•

아이디어의 씨앗을 심은 뒤 더 좋게 만들 수 있도록 도움을 요청하라.
처음부터 완벽할 필요는 없다.

― 베스 콤스톡[1]

팀 내에서 협업하고 인맥을 구축하는 방식은 지난 십 년 동안 진화해왔고, 사람들은 이제 두 가지 활동을 위해 상당히 많은 부분을 신기술에 의존하고 있다. 오늘날 우리는 사무실을(사실 침실에서도 가능하다) 벗어날 필요도 없이 수십 개 나라에 있는 팀원 그리고 다른 동료와 화상회의가 가능할 정도이다.

세계적으로 모든 세대를 아울러 수천 명의 직장인을 조사한 나는 대부분이 신기술 사용보다는 직접적인 소통을 선호한다는 사실을 알게 되었다. 그리고 어떤 사무환경을 원하는지 물었을 때는 모두 재택근무보다 회사 사무실에서 일하고 싶어 했다. 하지만 사람들이 동료들과 더 깊은 연결을 선호한다는 우리 주장에도 불구하고 사람들은 습관적으로 지나치게 신기술에 계속 의존하는데, 신기술은 효율적으로 협업할 수 있도록 해주지만 뜻하지 않게 우리가 원한다고 말하는 바로 그 "관계"를 약하게 만들고 있다.

퓨 리서치의 최근 연구에서는 젊은 노동자의 40퍼센트가 개인 시간 및 업무 시간의 30퍼센트를 페이스북 관리에 사용하며, 직접 의사소통보다 문자, 이메일, 화상통화를 선택한다는 사실이 밝혀졌다. 이런 상황은 신기술에 더 능숙한 젊은 노동자와 그렇지 못한 나이 든 노동자들 사이에 세대 차이를 만들어냈다. 신기술에 기반을 둔 새로운 의사소통 수단이 등장하면서(젊은 노동자들은 그런 신기술은 빠르게 받아들인다) 세대 차이는 더 깊게 벌어져 직장에서 충돌을 만들어낸다. 예를 들어 우리 연구 결과를 보면 젊은 노동자들의 4분의 1 이상은 직장에 가상현실 장비가 설치되기를 원한다. 이런 새로운 기술을 사용하는 것이 젊은 세대에게는 멋지게 보일지 몰라도, 분쟁이 발생할 경우, 특히 나이 든 노동자와 발생한 분쟁 해결을 위해 애쓸 때는 전혀 필요도 없고 비생산적이다.

우리가 어쩌다 이런 상황에 부닥쳤는지 더 잘 이해하기 위해 지난 몇십 년 동안 직장에서 의사소통과 협업이 어떻게 변화해 왔는지 확인해보자. 그 뒤에 직장을 더 기능적이고 더 인간적으로 만들려면 무엇이 필요한지 알아볼 것이다.

연결과 협업에는
새로운 기술이 필요하다

그리 오래되지 않은 과거 조직이 계층 구조일 때는 조직도의 최상층 리더들이 관련 정보의 흐름을 조절했다. 하지만 신기술이 발전하면서 조직 구조가 무너지자 거의 모두가, 직급에 상관없이 같은 정보에 동등하게 접근할 수 있게 됐다. 고객들 역시 정보에 접근 쉬워졌는데, 똑똑한 회사들이 고객에게 정보를 많이 제공할수록 고객들의 경험이 개선된다는 사실을 깨달았기 때문이다.

의사소통 대상도 확대되었지만, 시간은 더욱 빨리 늘었다. 부모님 시절에 전통적인 풀타임 직업의 근무시간은 오전 9시부터 오후 5시까지였다. 오늘날 업무 시간은 일주일 내내 매일 24시간씩 이어지며 관리자 가운데 절반 이상은 근무시간이 아닐 때도 직원들이 이메일과 전화에 응답하기를 기대한다.[2] 단체를 대상으로 강의할 때 나는 휴가 중에도 이메일을 확인하는 사람들의 수를 늘 확인하는데, 손을 들지 않는 사람은 거의 없다.

다음으로 의사소통의 장소 문제가 있다. 1980년대 직장인들은 집중할 수 있는 사무실을 원했고, 회사들은 칸막이 달린 사무실을 제공했다.[3] 1990년대 직장인들은 사생활 보호를 포기하고 다른 사람들과 직접 만나 개인적으로 소통하는 걸 선택했으며, 그래서 열린 사무실 운동이 탄생했다.

오늘날 직장인들은 다시 사생활을 보호하고 소음을 줄이는 쪽을 원하고 있다. 하지만 많은 조직은 여러 상황에 적용될 수 있는 사무실을 만들려고 시도하고 있으며, 가장 성공적인 사무실은 유연한 생각을 유도할 수 있으면서도 일반적인 칸막이 사무실과 회의실, 소회의실(잠깐 회의를 할 수 있는 작은 회의실), 휴게 공간, 명상실, 카페, 야외 공간을 갖춘 곳이다.

신기술 그리고 끝없이 늘어나는 첨단 기기 덕분에 우리는 문자 그대로 지구 위라면 어디서나 일할 수 있다. 직장인들은 집에서나 커피숍에서, 심지어 비행기나 다른 탈것에 앉아서도 일할 수 있다. 회사를 운영하는 고용주로서 직원들에게 어디서 그리고 어떻게 일할 것인지 선택권을 주는 일은 그들이 편안하고, 지원을 받고 있다고 느끼고, 창의적 환경을 확보하도록 보장하는 데 매우 중요하다. 우리가 연구한 바에 따르면 점점 더 많은 노동자가 이런 유연성을

개인적 성취감의 특징

	과거	현재
구조	계층적	수평적
업무 일정	구조화	유연성
정보	격리	공유
복장	업무복	일상복
위치	중앙 집중	분산
환경	개별 근무	선택
회의	형식적	즉흥적

확보할 수 있다면 연봉을 줄일 의지를 갖고 있었다. 우리는 미래의 가장 성공적 리더들은 유연성을 받아들일 거라고 믿는다.[4]

우리가 문화적, 사회적, 인구 통계학적, 기술적 변화를 경험하는 동안 직장은 계속 발전하고 있다. 변화가 일어날 때 우리는 직원들의 선호 사항, 우선순위, 행동을 고려해야 한다. 다음 표는 과거와 현재의 직장을 비교한 것이다.

물론 의사소통에서 가장 중요한 부분은 상대방이다. 그리고 소통의 대상, 시간, 장소 분야와 마찬가지로 상대방(어쩌면 "회의"라고 더 잘 알려져 있다)도 세월이 흐르면서 상당히 발전했다. 오래전 대부분 회의는 직접 만나는 방식이었고 대규모에 형식적이고 미리 짜여 있었다. 요즘 회의는 규모가 작고 격식을 차리지 않고 즉흥적인 경향이 있다. 물론 신기술은 지리적으로 분산된 인력이 10년, 20년 전만 해도 절대 불가능했을 방식으로 아이디어를 공유하고 협업하고 연결할 수 있게 만들면서 이런 발전에서 필수적 역할을 했다. 신기술이 계속 발전하면서 회의의 정확한 의미는 계속 시험대에 올라야 할 것이다.

모두 잘 알겠지만 나는 신기술, 유연성, 공개 협업을 매우 옹호하는 사람이다. 하지만 단점을 모르지는 않는다. 인간관계는 약해지고 전체 행복은 줄어든다. 재택근무는 우리에게 선택의 자유를 주지만, 사업 기능이 제대로 돌아가도록 만드는 관계에서는 고립되도록 만들기도 한다. 여러 해 집에서 일하며 외로움을 느낀 나는 억지로 사무실에 나가 일하기 시작했고, 도시 전역의 다양한 장소에서 사람들을 만났다. 진짜 사람들과 만나서 일하지 않으면 협업을 의미 있고 재미나고 신나는 것으로 만들어 주는 인간다움을 일부 잃게 된다. 〈하버드 비즈니스 리뷰〉의 한 연구는 가장 생산적이고 혁신적인 팀에는 목표와 인간관계 모두를 지향하는 리더들이 있었다는 사실을 알아냈다.[5] 오직 결과에 초점을 맞추는 리더들은 그 결과를 달성하는데 필요한 관계를 무시한다면 무능해지고 말 것이다. 직접 인간관계는 가상의 관계보다 훨씬 더 단단하다.

오직 신기술만을 이용해 협업하는 팀은 상대적으로 팀원 서로의 관계가 약한데, 관계가 강할수록 팀원들은 더 헌신적으로 일하며 이직률도 낮아진다. 1977년 MIT의 교수 토머스 J. 앨런은 과학자들과 엔지니어들 사이에 오가는 의사소통 양식을 연구했는데, 서로 책상이 멀리 떨어져 있을수록 서로 소통할 가능성이 적다는 걸 알아냈다. 서로 30미터 이상 떨어져 있다면 주기적으로 소통할 확률은 아예 없었다.[6] 얼굴을 맞대고 만나는 회의는 협업을 보다 효과적으로 만드는 근접성과 현장감을 제공한다. 월풀의 키친에이드 국제 분야 팀장인 마이크 맥스웰은 말했다. "신기술을 사용하면 차가운 느낌이 들 수도 있습니다. 또 스스로 무능해 보일 수 있는 뭔가를 부탁하기가 더 어렵습니다. 저는 함께 있는 사람들의 분위기를 파악하고 그들이 입 밖에 꺼내지 않은 말들을 눈치채는 데 소질이 있습니다. 눈치채는 능력은 뭔가 추가로 설명이 필요하다는 사실을 파악할 때, 또 잘 굴러가지 않는 일을 포기할 때 매우 중요합니다."

많은 회사가 재택근무를 줄이고 있다. 사람들이 "탕비실"에서 우연히 만나 나누는 대화에서 최고의 아이디어가 나온다고 느끼기 때문이다. 그런 대화는 직원들이 재택근무를 하면 일어날 수 없다. 가장 규모가 큰 신기술 회사들 가운데 일부는 직원들 사이의 상호작용을 독려하는 데 도움이 되는 사무실을 디자인하기 위해 더욱 많은 돈을 투자하고 있다. 캘리포니아의 애플 본사는 UFO 또는 펜타곤 건물과 비슷하지만, 사무실 공간은 26만 제곱미터나 되고 약 만2천 명의 직원을 수용할 수 있다. 규모가 어마어마한 시설의 목적은 직원들과 여러 부서 사이의 협업을 독려하기 위함이다. 애플의 수석 디자이너 조너선 아이브는 "많은 사람이 서로 연결하고 협업할 수 있고 걷고 대화할 수 있는 건물을 만들고 싶었습니다"라고 말했다.[7]

이번 장에서 나는 당신이 계속 헌신적이고 성취감을 느끼고 생산성이 높은 상태를 유지하는 데 필요한 존재인 직장 동료와 더 잘 연결하고 깊은 유형의 관계를 형성하는 데 도움을 줄 것이다. 당신이 직장에서 협업할 때 신기술 도구에 얼마나 의존하고 있는 보기 위한 질문지 작성으로 시작해보자.

자기 평가 : 당신은 협업할 때 신기술에 지나치게 의존하고 있는가?

아래 간단한 질문들은 당신이 전화 통화를 하거나 직접 누군가를 만나는 대신 신기술에 얼마나 의존하는지 알 수 있도록 해줄 것이다. 점수가 높을수록 직장 인간관계에 미치는 신기술의 영향은 더 부정적이다.

아침에 일어나면 가장 먼저 이메일이 왔는지 확인한다.

① 절대 아니다   ② 거의 그렇지 않다   ③ 가끔   ④ 매우 자주   ⑤ 항상

이메일을 보내거나 메신저로 말할 수 있어서 회의는 피하려고 애쓴다.

① 절대 아니다   ② 거의 그렇지 않다   ③ 가끔   ④ 매우 자주   ⑤ 항상

사무실이 아닌 곳에서도 전화통화를 하지 않고 이메일에 적극적으로 답을 보낸다.

① 절대 아니다   ② 거의 그렇지 않다   ③ 가끔   ④ 매우 자주   ⑤ 항상

이메일이나 문자가 왔는지 보려고 하루에 얼마나 자주 휴대전화를 확인하는가?

① 절대 아니다   ② 거의 그렇지 않다   ③ 가끔   ④ 매우 자주   ⑤ 항상

신기술 도구를 이용하는 가장 큰 이유는 내 메시지를 널리 알리거나 사업상 발생하는 문제를 해결하는데 훨씬 효과가 있다고 믿기 때문이다.

① 절대 아니다   ② 거의 그렇지 않다   ③ 가끔   ④ 매우 자주   ⑤ 항상

사무실에서 발생한 분쟁을 직접 만나 해결하는 걸 피하려 애쓰는 대신 이메일이나 문자, 메신저를 사용해 서로 다른 점에 관해 소통한다.

① 절대 아니다   ② 거의 그렇지 않다   ③ 가끔   ④ 매우 자주   ⑤ 항상

만일 점수가 20점보다 아래라면 팀원들과 더 강한 관계를 만드는 데 필요한 직접 대화 시간을 충분히 사용하고 있을 가능성이 크다. 만일 점수가 20점 이상이라면 이 질문지에 이미 답한 대부분 사람처럼 당신은 신기술에 중독되었고, 보다 개인적 형태의 의사소통을 위해 신기술로부터 스스로 분리되어야 할 필요가 있다.

개방형 협업을 포용하라

163

팀원들과 의사소통하며 신기술을 사용해야 할 때(그리고 사용해서는 안 될 때)

행동	해야 할 일
동료와 회의를 잡는다	구글 캘린더, 마이크로소프트 아웃룩 또는 다른 일정 관리 프로그램을 사용해 회의 일정을 정한다. 하지만 회의는 통화 또는 화상통화 그리고 직접 만나 대화로 해야 한다. 만나는 사람을 눈으로 볼 수 있어야(아니면 적어도 목소리를 들을 수 있어야) 한다.
양측이 감정적으로 흥분한 상태인 직장 내 다툼을 다룬다	신기술은 아예 잊어라. 그 대신 동료에게 직접 말해(또는 최소한 전화 통화라도 해서) 반드시 감정을 표현하고 분쟁을 해결할 것.
동료나 관리자에게 아파서 결근한다는 걸 알린다	몸이 좋지 않아 출근하지 않는다고 이메일로 팀 전체에 알려라. 하지만 필요한 경우 긴급한 이메일에는 답신할 수 있도록 한다.
팀과 조직에 이익이 될 새로운 아이디어를 공유한다	팀원들에게 당신의 아이디어에 관한 이메일을 보내지 말고 주간회의까지 기다렸다가 공유하라. 그러면 팀원들은 당신의 아이디어를 조목조목 분석하고 개선하도록 도울 것이며 어쩌면 그 아이디어를 선택할 것이다.

이제 소통하는 방법을 어떻게 개선할지 알았을 테니, 개인적 연결의 중요성과 좀 더 공개적인 문화를 만드는 일에 관해 이야기해보자. 당신이 개선에 성공한다는 건 동료들에게 좋은 본보기가 되기도 한다. 반대로 개선에 실패하면 당신의 전체적 행복에 영향을 미치는 동시에 매우 효과적인 리더가 되기는 어려울 것이다.

독립 공간 :
협업의 적

　　　　　　유기적으로 독립된 굴속 같은 공간에 숨어
있으면 협업이 진행될 리 없다. 팀과 부서들이 굴속에 숨어 있으면
다른 부서와 정보를 공유하지 않게 되고, 결국 운영 효율성이 줄고
사기가 저하되며 직원들은 서로 격리된다. 만일 두 팀이 우연히 같
은 프로젝트를 진행하면서 서로 그런 사실을 모르고 있다면, 협업
에 심각한 문제가 있는 것이다. 두 팀이 적극적으로 목표와 진척도
를 공유하고 결과를 다른 사람들에게 알린다면 그런 상황에 절대
빠지지 않을 것이다. 누가 먼저 프로젝트를 끝낼 수 있을지 다른
팀과 경쟁하는 대신 두 팀이 함께 일하거나 합의를 해서 한쪽 팀이
해당 업무를 중단해야 한다.

　이런 문제는 권한을 두고 다툼이 벌어지고 협력이 부족할 때 발
생한다. 만일 다른 팀이 당신과 회의를 할 생각이 없거나, 중요한
정보를 뒤로 숨겨두고 있는 것 같다면 협업은 통하지 않는다.

　회의를 했는데도 마무리가 되지 않는 상황이라면 협업이 잘 안
되고 있다는 다른 신호이다. 시간만 잡아먹는 회의는 직원들을 절
망하게 만들며, 나중에는 무슨 핑계를 대서든 회의를 피하려고 하
게 된다. 매주 업무 시간 가운데 3분의 1 이상은 앉아서 회의하는
데 사용된다. 그리고 직원들의 거의 절반이 이런 회의 가운데 많은
수가 시간 낭비라고 믿는다.[8] 회의가 제대로 진행되지 않을 때 협
업은 실패한다.

인간적 상호작용을 의도적으로 유도하기 위해
신기술을 사용하라

협업을 위해 신기술에 의지하는 대신 팀원들과의 의미 있는 연결을 더 많이 만들어내기 위해 신기술을 사용하라. 나는 좀 내성적인 사람이어서 다른 사람들과 의사소통을 할 때 늘 컴퓨터 뒤에 숨는 편이 더 쉽다. 고등학교 여름방학 때 인턴을 하면서 천 건도 넘은 판매 전화를 돌려본 적이 있긴 하지만, 전화로 누군가 "관심 없어요"라고 말하는 걸 듣는 것보다는 이메일을 보내는 편을 택할 것이다. 같은 거절이라고 해도 이메일이라면 훨씬 부드러울 것이고, 나라면 이메일에 대한 거절은 전화나 직접 얼굴을 보면서 거절하는 것보다는 훨씬 덜 개인적이라는 생각이 든다. 그런 이유로 지금 하는 일을 시작했던 초기에는 유명 경영인이나 성공한 기업가들과 이메일이나 소셜 네트워크를 통해 접촉하는 편을 더 선호했다. 하지만 시간이 지나면서 오가던 이메일 교류를 전화 통화나 직접 만나는 가까운 사업 관계로 많이 바꾸었다. 그 이후 나는 처음에 디지털 방식을 이용해 인사를 나누는 것은 매우 좋은 방식이지만 실제로 만나면 훨씬 관계가 돈독해지고 결국 내 인생의 많은 기회로 연결된다는 사실을 깨달았다.

전에도 논의한 것처럼 우리는 개인적 시간과 업무 시간의 거의 3분의 1을 페이스북 관리에 사용하고 있다. 페이스북 말고도 우리는 하루에 6.3시간 동안 이메일을 확인하고[9] 하루에 30개 이상의 문자 메시지를 보낸다.[10] 즉각 만족감을 주는 빈틈없는 디지털 플랫폼은 즐거움을 주시만 그런 신기술은 보이는 것처럼 효과적이지는 않다. 많은 사람이 메시지를 보내고 받는 데 중독되어 있지만, 간단하게 얼굴을 보며 만나는 일은 많은 시간과 에너지, 감정을 절약할 수 있도록 해준다(얼굴을 보면서 부탁하면 이메일로 부탁하는 것보다 34배 더 효과적이라는 마흐디 로가니자르드의 연구를 잊지 말자[11]).

직접 만나 소통하면 신뢰를 쌓기가 더 쉬운데, 사람들이 말투와 보디랭귀지를 바탕으로 상대방에 대해 더 잘 알 수 있기 때문이다. 만일 지나치게 신기술에 의존한다면 신뢰를 만들어내는 데 필요한 인간적 면과 감정을 잃게 될 것이다. 얼굴을 보는 시간이 없다면 어쩔 수 없이 문자나 이메일, 인스턴트 메시지, 소셜미디어의 새 글에 반응하는 다른 사람의 모습에 의존하게 될 텐데, 그건 인간관계에서 자산이라기보다는 부채에 더 가깝다.

만일 당신과 일하는 팀원들이 목표를 이루기 위해 정보를 공유하겠다는 생각보다 어떤 협업 도구를 이용할 것인지 더 걱정하고 있다면 문제가 있는 것이다. 이런 도구들은 소중하지만, 초점을 맞춰야 하는 것은 팀원들을 지원하고 관점과 아이디어를 공유하는 걸 독려하는 일이다. 신기술은 지나치게 의존할 대상이나 핑곗거리가 되어서는 안 된다. 대신 좀 더 나은 인간적 연결을 독려하는 출발점이 되어야 한다.

팀 내 열린 의사소통 문화를
독려하라

여러 나라의 직장인 수천 명을 조사한 뒤 나는 사람들이 대개 공개적이고 진실하고 투명한 소통을 원한다는 걸 알게 되었다. 우리는 자신감 넘치고 포부가 크고 헌신하고 나아가 영감을 주는 리더보다 오히려 마음이 열려 있고 진실한 리더를 더 원한다.[12] 솔직함과 진실이 더 강한 관계와 더 강한 팀을 만드는 데 필요한 신뢰를 만들어내기 때문이다. 팀 내 열린 소통 문화를 독려하기 위한 몇 가지 방법을 정리했다.

1. 모든 팀원이 열린 마음으로 다가설 수 있는 사람이 되어야 한다. 그러기 위한 최고의 방법은 미리 기본 규칙을 정해두고 사람들이 동의하도록 하는 것이다. 사무실을 예로 들면 사무실 문을 열어두기로 정해 다른 팀 사람들이 들러 아이디어를 공유하거나 부담감 없이 문제를 논의할 수 있어야 한다. 아래의 열린 소통 연습을 해보자.

2. 실시간 피드백을 적극적으로 권장하라. 우리 연구에 따르면 직원들(특히 젊은 세대)은 정기적으로 피드백을 원하며 인사고과를 위해 일 년을 기다리기에는 너무 참을성이 없다. 팀원들이 아주 자주 피드백을 주고받는 걸 편안하게 여기도록 하라. 당신부터 시작하면 된다. 회의에서 팀원이 새로운 아이디어를 불쾌한 태도로 발표하면 나중에 그에게 얘기해 아이

전원이 참석한 회의에서 모두 지난주에 한 가지 성공한 것과 힘들었던 것을 써본다. 뭔가 지난주에 성공적이었다고 생각하는 걸 글씨로 적는 간단한 행동만으로 해낸 업무에 감사를 느끼게 되고, 힘들었던 일을 써봄으로써 스스로 완벽하지 않으며 더 발전할 수 있다는 걸 인식하게 된다. 모두가 두 가지를 적고 나면 참석자들을 독려해 쓴 내용을 공유하도록 한다. 팀원들이 각자 힘들었던 일을 발표한 뒤에 나머지 팀원들은 공개적으로 현재의 장애물을 극복하기 위한 토론을 해야 하고, 그런 일이 미래에는 다시는 없도록 해야 한다. 이런 훈련을 매주 반복하면 성공과 실패를 공개적으로 논의할 수 있는 문화가 생겨나기 시작할 것이다. 그런 문화는 문제를 더 빨리 해결할 수 있도록 도와주고, 팀원들이 더 편안하게 느끼도록 해준다. 이런 형태의 열린 소통은 당신과 당신이 이끄는 팀이 작은 문제들을 다루는 데 도움을 줄 것이며, 결국 작은 문제가 나중에 더 커지는 일은 발생하지 않을 것이다.

디어는 매우 훌륭했지만, 소통에는 더 좋은 방식이 있다는 걸 알려준다.

3. **할 일 목록을 공유하라.** 당신이 해야 할 일과 목표는 당신만 알고 있어야 한다고 생각할 수도 있지만, 그런 것들을 공유하는 것은 실제로 당신이 할 일을 완수해낼 가능성을 크게 만든다. 동료들이 당신이 뭘 하고 있는지 우선순위가 무엇인지 알면 당신이 그것들을 완수할 수 있게 도울 가능성이 크다. 일

할 일 목록 공유 예제

아래는 우리 회사에서 경영진 콘퍼런스 계획을 짜면서 공유해 사용했던 할 일 목록의 간단한 예제이다. 내가 맡은 팀의 모두에게 일련의 업무를 배당했고 우리는 일이 어떻게 진행되는지 서로 알기 위해서 할 일 목록을 공유했다. 그래야 서로 중복해 수고하는 일이 없을 것이고 모두가 책임을 나눌 수 있었다. 우리는 행사를 성공리에 진행한다는 공동의 목표를 갖고 있었고 팀원들 사이에 책임을 똑같이 나누어 각자 강점이 있는 분야에서 업무를 할 수 있도록 배분했다. 아래에 팀의 할 일 목록 예제가 있다.

👤 팀원 1

- 행사에서 발표할 수 있는 후보자들에게 연락하고 그들의 발표 내용과 기대치를 검토할 회의를 준비한다.
- 발표자들의 약력과 사진 그리고 발표 주제를 팀원 5에게 보내 웹사이트에 게재할 수 있도록 한다.

👤 팀원 2

- 후원사들에 콘퍼런스가 열릴 예정이며 보수가 지급되는 발표 기회가 있음을 알린다.
- 진행 예정 시간표를 확인해 제대로 구성되었는지 발표자마다 시간이 충분히 배정되어 있는지 확인한다.

👤 팀원 3

- 발표자들의 프레젠테이션 자료를 모아 자체 양식을 사용해 서식을 만든다.

- 사전 행사를 미리 점검해 참석자들을 위해 미리 준비할 업무를 진행한다.

👤 팀원 4
- 경영진과 연락해 행사에 참여할 수 있도록 초대한다.
- 행사의 손익을 점검해 이익을 볼 수 있도록 관리한다.

👤 팀원 5
- 행사 웹사이트를 만들고 행사 내용, 발표자, 주제 등을 소개한다.
- 데이터베이스에 새로운 행사를 포함하고 기록을 남긴다.

👤 팀원 6
- 호텔에 연락해 참석자들의 예약에 문제가 없도록 객실을 미리 준비한다.
- 참석자 명단을 계속 유지 관리하면서 모두 사전 등록할 수 있게 한다.

일 또는 주간 단위로 할 일 목록을 공유함으로써 당신은 팀원들과 함께 책임을 나누게 된다. 만일 일정에 뒤처져 있다면 팀 전체가 당신이 해낼 수 있도록 도울 것이다.

팀 문화에 열린 소통을 포함하는 것은 매우 중요하다. 그래야 구성원들이 의견과 감정을 드러내는 걸 두려워하지 않기 때문이다. 심지어 새로 합류해 팀의 업무 분위기를 파악 중인 직원도 마찬가지일 것이다. 그러기 위해서는 솔직하게 행동했다는 이유로 팀원을 처벌해서는 안 된다. 오히려 팀을 위해 가장 좋은 행동을 한 그들을 존중하고 포상해야 한다.

팀의 모든 구성원은 아이디어를 제공하고 싶어 할 것이다. 그러나 리더에게 아이디어가 넘친다는 것은 선택해야 하는 불편한 위치가 된다는 뜻이다. 어쨌거나 당신은 항상 모든 사람을 행복하게 만들 수는 없다. 그저 모두가 많은 아이디어 가운데 하나를 당신이 뽑은 이유를 완전히 이해할 수 있도록 확실하게 정리하라.

열린 소통을 하더라도
갈등은 일어날 수 있다

최선을 다해도 직장에서 갈등은 발생할 수밖에 없다. 그 말은 모든 직원은 갈등이 걷잡을 수 없게 되기 전에 관리하는 법을 알아야 할 필요가 있다는 뜻이다. 마이어블릭스컴퍼니의 CPP는 직원들이 매주 거의 3시간씩 갈등을 조정하는 데 시간을 들인다고 추정했다. 나이가 많은 노동자들은 한쪽 구석으로 리더를 불러 개인적으로 분쟁을 조정해달라고 요구할 수도 있는 반면에, 젊은 노동자들은 문제를 멀리서 해결하려는 경향이 있으며, 대개는 그들의 전자기기 뒤에 숨어 있다. 불행하게도 그런 식의 접근은 대개 역효과를 낳으며, 직접 만나 얘기하면 5분 만에 해결되었을 작은 갈등이 일주일 만에 폭발 양상으로 번질 수도 있다.

문자와 인스턴트 메시지도 엄밀히 말해 소통의 한 종류기 때문에 사람들 사이에 관계를 형성한다는 인상을 준다. 그러나 그런 관계는 매우 표면적이다. 그 결과 그런 소통 방식으로는 직원들이 감정을 완전하게 표현하거나 다른 사람들의 행동 배경을 이해하거나 문제에 대한 해결책을 만들기 위해 함께 일하는 데 도움이 되지 않는다. 동시에 그런 방식은 직원들이(특히 전자기기로 소통할 가능성이 더 큰 젊은 세대) 팀내 다른 사람들과 완전히 연결되지 못하게 한다. 결국, 그들은 더 고립된 것 같은 느낌을 받게 되고, 그들이 함께 협업해야만 하는 바로 그 사람들에게 대한 소속감이 줄어든다.

⊙ 사무실 갈등을 줄이는 법

1. 팀 동료의 필요한 것, 일하는 유형, 성격을 이해하라. 동료가 언제 가장 좋은 반응을 보이는지 생각하고, 그들을 존중하고 있음을 보여라. 그들이 과거에 뭘 했는지에 근거해 선호하는 소통 방식을 배워라. 함께 일할 때 세련되게 굴어야 하는지 자연스럽게 해야 할지 더 이해하기 위해 몸짓과 언어에서 신호를 찾아라.

2. 혹시라도 모를 오해나 착오를 막기 위해 메시지나 어조, 언어를 조절하라. 예를 들어 어떤 젊은 팀원은 인스턴트 메신저를 이용해 짧고 간결한 메시지를 전달하기 원하는 것에 반해 나이가 들고 더 경험 많은 팀원은 정식으로 만나 논의를 하거나 긴 이메일을 원할 수도 있다.

3. 팀원들을 주기적으로 격려하고 지지하라. 팀원들은 그들이 성공할 수 있도록 적극적으로 애쓰는 사람과 다툼을 만들기

싫어한다. 팀원들의 문제 해결을 돕거나, 어려울 수 있는 업무를 진행할 때 필요한 자원을 제공하거나 그저 커피를 가져다주는 것처럼 뭔가 기분 좋은 일을 하면 그들은 당신과 충돌하고 싶은 생각이 줄어든다.

4. **도움을 요청하라.** 너무 많은 사람이 지원 요구를 두려워한다. 각자 맡은 일을 잘 해내지 못하는 사람으로 인식되기를 원하지 않기 때문이다. 동료와의 문제로 절망하고 있다면, 관리자나 신뢰할 수 있는 멘토에게 조언을 청하는 것이 현명한 행동이다. 외부 조언자는 갈등이 발생하기도 전에 잠재적 갈등을 찾아내는 걸 도와줄 수도 있고, 문제가 더 커지기 전에 해결을 도와줄 수도 있다.

5. **갈등이 발생했을 때 빠르게 멈출 수 있는 직장 갈등 지침을 만들어라.** 팀원들이 갈등 발생을 보고하는 기본 단계와 그들이 스스로 그 갈등을 해결하기 시작할 때 밟아야 하는 단계까지 담은 문서를 만들어라. 사소한 문제들은 직원들끼리 다룰 수 있지만, 심각한 문제는 경영진에 보고해야 한다.

불행하게도 갈등을 막기 위해 어떤 조처를 해도 모든 사람의 행동을 전부 조절할 수는 없으며 갈등이 언제든 폭발할 것이다. 이런 일이 벌어졌을 때 당신은 갈등 관리 절차에 대한 준비를 해두어야 할 필요가 있다. 그런 절차는 가능한 한 모든 일이 부드럽게 진행되도록 하고 업무와 프로젝트들이 지연되는 일이 없도록 해준다.

⊙ 직장 내 갈등을 해결하는 방법

1. 문제 해결을 위해 달려들기 전에 관련된 사람들의 이야기를 들어라.

2. 팀원들이 감정과 의견, 불만을 표현하도록 해서 그들 각자의 관점과 그들에게 접근할 방법을 알아낼 수 있도록 하라.

3. 문제를 명확하게 규정하고 다음 행동을 결정해 해결하는 데 한 걸음 더 나아갈 수 있도록 하라.

4. 의견 불일치 사이에 숨어 있는, 합의가 가능한 영역을 찾아라.

5. 관련자들과 해결책에 관해 브레인스토밍해서 그들이 결과에 한몫할 수 있도록 하라. 한 가지 해결책을 선택하고 모두 동

열린 소통 연습

현재 또는 미래에 다루거나 다루게 될 갈등을 생각하라. 그리고 종이를 한 장 꺼내(아니면 컴퓨터에서 새 문서를 하나 작성하라) 두 개의 칸을 그려라. 왼쪽에는 갈등 상대방에 대해 당신이 할 수 있는 모든 이야기를 적어라. 오른쪽에는 관찰할 수 있고 객관적인 모든 사실을 적어라. 양쪽 내용을 보면서 왼쪽에 적은 내용 가운데 오른쪽에 적은 내용 한 개 또는 그 이상의 내용에 의해 사실이 아닌 것으로 밝혀진 것이 있는지 찾아본다. 이런 연습은 당신이 갈등을 해결하는 걸 방해할 수도 있는, 불필요한 감정을 없애도록 도와주고, 당신이 성숙한 방식으로 문제를 다룰 수 있도록 보장해준다.

의하면 관련자 모두가 털어버리고 앞으로 나아갈 수 있도록
하고 같은 문제가 다시 발생하지 않도록 유지하라.

⊙ 다양한 직장 갈등을 어떻게 다룰 것인가?

좋아하든 싫어하든 직장 생활을 하는 동안 매우 다양한 갈등 상
황에 맞닥뜨리게 된다. 그 가운데 당신이 부닥치게 될 그나마 일반
적인 상황을 해결할 방법을 가르치기 위해 몇 가지 상황을 분석해
상황을 명확하게 해주는 데 도움을 줄 표본 대화를 정리했다.

감정적인 직원 관리

팀원 한 명이 인정을 받지 못한다고 느꼈거나 몸이 좋지 않아서
또는 아버지가 해고를 당해 기분 나쁜 하루를 보내고 있다고 하자.
이런 상황 가운데 일부는 당신이 해결할 수 없지만, 당신은 여전히
팀원의 정서적 여파를 해결해야 한다. 그런 상황이 각 팀원의 생산
성, 팀의 성공 그리고 당신과 모든 팀원의 관계에 영향을 미칠 수
있기 때문이다. 시간을 들여 해당 팀원의 이야기를 듣고 공감이나
우려를 표현하라. 함께 점심을 먹으러 가서 이야기를 듣는 것처럼
그들에게 친절한(뭔가 긍정적이고 기대하지 못한) 행동을 보여주어라.

당신 : 다른 날과 비교해 오늘은 기분이 좋지 않은 것 같던데, 무슨 일 있어요?

감정적인 직원 : 팀에서 제대로 대접을 받지 못하는 것 같고, 기대했던 것처럼 인정을 받거나 보상을 받지 못하는 것 같습니다.

당신 : 팀의 일부로서 뭔가를 이뤄냈는데 제대로 인정을 받지 못했던 때가 언제인지 정확히 말해줄 수 있나요?

감정적인 직원 : 1월에 대규모 상품 출시를 마쳤을 때, 주도적으로 프로그래밍을 맡아 상품을 만들어냈는데 제대로 인정을 받지 못했다고 느꼈습니다.

당신 : 그렇게 느꼈다니 유감입니다. 다음에는 당신이 제대로 된 인정을 받을 수 있도록 하겠습니다. 내가 알 수 있도록 해주어 고맙습니다. 다음 분기까지는 보너스를 줄 수 없지만, 머릿속에 기억을 해두도록 하죠.

나이가 많은

직원 관리

당신이 나이 많은 부하 직원과 일한다고 하자. 그들은 어쩌면 이미 당신이 게으르다거나 건방지다거나 자격이 없다는 식으로 편견을 갖고 있을 수도 있다. 그들은 당신을 대신해 자신이 팀을 관리해야 했다는 생각에 절망하고 있을 수도 있다. 자격을 문제 삼는 것이나 마찬가지다. 나이 든 직원을 다루는데 있어 내가 해줄 최선의 조언은 시간을 두고 그들의 경험과 포부를 알아내라는 것이다. 당신이 그들의 지혜를 존중한다는 사실을 확실히 알 수 있도록 하고, 지시만 내리지 말고 그들의 조언을 구하는 역(逆)멘토링 상황을 만들어라. 그들에게 어떤 훈련이 필요한지, 그들은 무엇에 동기가 생기는지 파악해 최선을 다해 그들을 지원할 수 있도록 하라.

대화 예제

나이 많은 직원 : 이번 프로젝트를 관리하는 팀장님 방식에 동의하기가 쉽지 않습니다. 저는 여기서 10년 일했는데, 곧바로 프로젝트를 시작하는 것보다 전부 모여 킥오프 회의를 하는 편이 더 효과적인 것 같습니다.

당신 : 당신이 귀중한 사업 경험이 아주 많다는 점과 저보다 이곳에서 훨씬 오래 일했다는 사실은 존중합니다. 전에 다니던 회사에서 제가 이끌던 팀은 처음에는 협업하지 않고 독립적으로 일할 때 더 효과적이었습니다.

나이 많은 직원 : 절 믿어요. 만일 킥오프 회의를 하면 전체 프로젝트 관리 과정에서 모두의 시간을 아낄 수 있을 겁니다. 팀장님은 스트레스도 적으실 테고, 제가 말하는 대로 하면 이 회사에서도 성공하실 겁니다.

당신 : 전에도 성공적으로 해내셨다고 하고, 저는 새로운 방식으로 일하는 데 마음이 열어두는 사람이니 말씀하신 방식으로 시도를 해보죠. 만일 잘 통하지 않으면 제가 보통 사용하던 방식으로 돌아갈 테지만, 이번에는 먼저 당신 방식을 써보도록 하겠습니다.

개방형 협업 포용의 요점 정리

1. 진짜 연결이 가능해지도록 신기술을 사용하라

유일한 소통 방식이 되도록 신기술에 의지하지 마라.

2. 열린 소통에 참여하라

팀원들이 편안하게 중요한 장애물이나 아이디어, 질문을 거론할 수 있다는 느낌이 들도록 돕기 위해 힘써라.

3. 적극적으로 경청하라

더 잘 듣는다면 팀원들이 필요한 것, 원하는 것 그리고 그들의 방식을 더 잘 알아낼 수 있다. 그러면 발생하는 갈등을 빨리 해결하는 데 도움이 될 것이고 애초에 갈등이 일어날 구석을 일부라도 미리 막을 수 있을 것이다.

06

인정으로 보상하라

·

너무 많은 관리자가 사람들이 그들을 위해 일한다고 생각한다.
그들은 직원들을 위해 자신이 일해야 한다는 걸 알지 못한다.
– 개리 베이너척[1]

———————————————————

십 대였을 때 나는 몇 경기 이겨보지도 못하고 축구 트로피를 열 개도 넘게 모았다. 부모님과 선생님들은 주기적으로 날 칭찬했는데(분명히 잘하지 못했을 때도 그랬다) 그분들은 내가 특별하다고 말했다. 되돌아보면 내가 칭찬과 상패를 얼마나 즐겼는지 알 수 있지만, 동시에 나는 그런 칭찬 때문에 스스로 너무 과장해 평가했다는 걸 알 수 있다.(어른이 된 지금은 모두 극복했기를 바라지만) 내 또래 사람들 가운데 많은 수가 같은 환경에서 자라면서 끊임없는 칭찬을 받고 그들이 얼마나 대단한지 들으며 자랐다. 이제 어른이 된 우리는 칭찬하는 부모와 교사, 코치들, 상장과 트로피를 기대하는 대신 상사들에게 의지하고 있다.

좋다. 그러니까 젊은 직원들은 칭찬을 많이 해주어야 한다는 뜻이다. 명확한 사실이다. 그러나 오늘날 리더들에게 특별히 어려운 일은 직원들이 필요로 하는 칭찬의 빈도이다. 팀원들은 더는 고과를(그리고 연봉 인상) 위해 일 년을 기다리기 원하지 않는다. 그들은 훨씬 더 자주 정기적인 피드백을 원한다. 그리고 효과적인 리더가 되고 싶다면 그들에게 피드백을 주어야 한다.

"나이가 든" 직원들은 젊은 직원들이 조급하고 건방지다며 비난한다. 어느 정도까지는 그들이 옳다고 인정한다. 하지만 그렇게 그들이 조급하고 건방지고 끊임없이 칭찬을 받아야 하는 이유는 신기술에 있다. 생각해보자. 팀원들이 페이스북에 방금 큰 프로젝트를 마무리했다는 글을 올린다고 해보자. 올리자마자 그들은 하루 이틀 사이에 좋아요, 공유 알림이 쏟아지고, "잘했어!"라는 식의 댓글을 잔뜩 받는다. 아는 사람들은 전부 "넌 대단해!"라고 말한다. 팀을 이끄는 당신이 인터넷에 팀의 성공을 축하하는 글을 올려도 같은 일이 벌어진다.

전자기기를 통해 칭찬받는 사람들은 바로 기분이 좋아지고, 다음날에도 꽤나 기분이 괜찮다. 결과적으로 그들은 팀과 리더, 고용주에게 더욱 충성심이 생긴다. 그러나 삶은 점차 정상으로 되돌아간다. 한 가지만 빼고. 당신이 며칠 전 칭찬했던 사람들은 더 많은 칭찬이 필요해진다. 그것도 당장.

새로운 종류의

중독

신기술, 그것이 주는 즉각적 만족감 그리고 도파민의 결합이 심각한 중독 문제를 만들어냈다. 나는 이 문제에 관해 완전히 진지하다. 도파민은 뇌의 "보상 경로"라는 것에서 가장 중요한 역할을 한다. 그 경로는 우리에게 즐거움을 주는 온갖 종류의 것들로부터 자극을 받는다. 음식, 섹스, 약물, 운동 그리고 칭찬까지. 그에 대응해 보상 체계는 도파민을 사용해 뇌의 나머지 부분에 이런 신호를 보낸다. "야, 진짜 기분 좋네. 또 하자." 이런 방식으로 뇌는 우리가 먹고 섹스하게 만든다. 종(種)을 영원히 유지하는 데 필수인 두 가지 활동이다. (약물, 알코올 또는 다른 물질이 보상 경로를 장악하면 중독이라는 현상이 발생한다.)

직업으로서의 일을 할 때 우리는 대부분 열심히 일하고 잘 해내면 칭찬을 받으리라는 걸 추측으로 알고 있다. 그렇게 되면 기분이 매우 좋아진다. 문제는 우리가 주위 모두에게 칭찬받는데 너무 익숙해져 중독되었다는 점이다. 거의 같은 방식으로 우리는 전자기기들에 중독되어 있다.(또는 일부 사람들은 콜라나 다른 약물에 중독되어 있다)

피드백이 없으면 하는 일이 중요한지 알기 어려울 때가 있다. 그래서 동기가 부여되고 행복한 팀을 원한다면 피드백을 확실히 주는 것이 리더로서 해야 할 일이다. 직원들을 칭찬하면 그들은 만족감과 행복, 즐거움을 포함한 다양한 긍정적 감정을 느끼게 되고,

계속 인정받기 위해 열심히 일하게 될 것이다. 그러나 만일 그들이 인정받지 못하면, 금단현상을 겪는 중독자와 똑같이 마음이 텅 비어 충족이 되지 않고 인정받지 못하고 실패한 기분일 것이다.

"제가 일을 돕던 상사 한 명은 제가 7개월이나 고생한 뒤에야 절 인정했습니다." 아디다스의 글로벌 유니버시티 선임 프로그램 매니저 비키 응은 말한다. "힘든 일로 울적하던 제게 활기를 불어넣어 주었고 한참 동안 힘이 되어 준 칭찬이었습니다." 하지만 말단에서 일하는 우리 같은 사람들에게 칭찬이 중요한 것처럼 회사 조직도 상층부에 있는 사람들도 칭찬이 필요하다. "CEO인 사람들은 종업원들로부터 인정을 받지 못하는 자리에 있다는 사실을 종종 알게 됩니다. 대개 CEO들이 직원들을 인정하는 거라고 사람들은 생각하죠." 버진 펄스의 사장이자 의료 담당 임원인 라지브 쿠마르는 말한다. "저는 이사회를 성공적으로 진행하고 끝난 뒤에 '믿을 수가 없군요. 우리가 운영하는 회사 이사회가 모두 이런 식이었으면 좋겠어요. 준비를 잘하셨고 명확하고 간결했습니다.' 같은 평가를 받으면 그보다 더 큰 격려가 없습니다. 세상에서 제일가는 느낌이고, 가장 인정받는 느낌이고, 가장 의미가 있습니다."

인정받는 일의
힘

개인적으로 인정을 받으면 팀원들은 당신을 위해 더 열심히 일하고 싶을 뿐 아니라 회사를 그만두지 않고 오래 일하게 되며 머릿속에 오래 가는 긍정적 기억을 만들어낸다. HBO의 선임 디지털 콘텐츠 매니저 케이티 루카스는 대부분 사람이 진짜 멋진 직업이라고 여기는 일을 하고 있다. 그녀가 HBO에서 초기에 했던 일은 〈왕좌의 게임〉 시청자 가이드라는 드라마를 위한 최고의 내용을 담은 서비스 페이지를 개편하는 것이었는데, 매회 드라마가 방송되고 난 뒤 엄청난 양의 새 콘텐츠를 추가해야 했다. 네 번째 시즌이 시작하기 전에 새로운 웹사이트를 열기 위해 케이티가 이끄는 팀은 늦은 밤에 사무실에서 저녁을 먹어야 했고 주말에도 일했다. "얼마나 일을 많이 했는지 잠깐 눈을 붙여도 〈왕좌의 게임〉 꿈만 꿨는데, 조지 R. R. 마틴의 팬들이면 아시겠지만 정말 무서웠습니다." 그녀는 말했다.

서비스는 성공적으로 제공되었고, 몇 달 뒤 그녀는 자기 팀이 에미상 인터랙티브 부문 상을 받았다는 걸 알게 되었다. "믿을 수가 없었습니다. 저는 오하이오주 클리블랜드 외곽에서 자랐습니다. 머릿속에서 에미상은 세상에서 티나 페이 말고는 아무도 못 받는 거로 생각했거든요." 그녀는 멋진 상을 받은 공은 경영진에게 돌아가야 한다고 생각했고, 시상식에도 그들이 가야 한다고 여겼다(이력서에 상 받은 내용을 포함하겠다고 마음먹긴 했지만). 그런데 갑자기 제작 감독이 부르더니 혹시 로스앤젤레스에서 열리는 시상식에 참석하고 싶냐고 물었다. 케이티는 시상식에 갔고, 레드카펫을 밟고 모건 프리먼과 같은 자리에서 멋진 저녁을 보냈다. 그녀는 〈왕좌의 게임〉으로 다섯 개의 에미상을 받은 제작진과 같은 테이블에 앉았다. "그날 밤이 제게 어떤 의미가 있는지 표현하기가 정말 어렵습니다. 처음에는 제가 그곳에 가는 티켓을 받을 자격이 있다는 걸 믿기 어려웠습니다. 당시 저는 그런 이야기를 상사에게 했는데, 그의 말로는 제가 다른 그 누구보다 일에 매달린 시간이 많았다고 하더군요. 그때 시상식의 참석 티켓은 지금 제 책상을 장식하고 있습니다."

많은 리더가 피드백이나 칭찬을 많이 하지 않지만, 그렇게 한다면 개인적으로나 팀과 회사 차원에서도 큰 도움이 된다. 나는 얌! 브랜드의 전 CEO이자 창립자인 데이비드 노바크와 그가 십억 달러 가치를 지녔으며 종업원이 9만 명에 이르는 회사에서 어떻게 고마워하는 문화를 만들어냈는지 이야기를 나눈 적이 있다. 데이비드는 "말한 것을 실행에 옮긴" 임직원에게 따로 제작한 고무 닭 인형, 치즈 모양 모자, 태엽과 발이 달린 치아 틀 모양 장난감을 선물했다. 그는 일반적인 상패나 상장이 아닌 독특한 모습으로 칭찬했고, 그런 행동은 그가 신경쓰고 있다는 사실과 무엇이 직원들에게 동기를 부여하는지 이해했다는 걸 보여주었다. 그렇지 않더라도 최소한 직원들을 웃게 했다! "우리는 모든 그룹과 리더들 차원에서 칭찬 문화를 만들었고, 세계 각국의 우리 브랜드는 자신들에게 맞도록 바꿔서 칭찬 문화를 받아들였습니다." 그는 말했다. "그 결과 회사 전체에서 직원들을 칭찬하는 방식으로 이직률을 150퍼센트 이상에서 100퍼센트 미만으로 떨어뜨렸습니다."[2]

그밖에 칭찬의 가치를 보여주는 예를 몇 개 더 정리했다.

- 직장에서 여러 방식을 통해 지속해 칭찬을 받았으며 그것이 의미 있었다고 말한 직원들은 한 회사에서 계속 일할 확률이 11배 더 높았고, 자기 일에 완벽하게 만족할 확률이 7배 더 높았다.[3]
- 공식 칭찬 프로그램을 가진 조직은 영업이익이 6배 더 컸고 직원들의 참여도가 가장 높은 수준이었다.[4]
- 칭찬을 받은 직원들은 업무에 전념할 가능성이 두 배 더 높았다.[5]

칭찬은 현금보다
더 동기 부여가 될 수 있다

돈이 똑똑한 직원을 구할 수 있도록 해주지만, 그런 사람들은 칭찬받거나 제대로 된 대우를 받는다고 느끼지 않으면 회사에서 오래 일하지 않았다. 내 멘토인 대니얼 핑크는 그의 책 〈드라이브〉에서 "우리는 보다 명확한 목적을 제공하는 낮은 임금의 일자리를 위해 높은 연봉을 주는 일자리를 마다한다"[6]라고 말한다. 단기적으로 높은 보수는 달콤한 보상으로 느껴질 수 있다. 또 식료품을 사거나 집세를 낼 수 있다는 것은 좋은 일이다. 하지만 장기적으로 우리는 의미를 추구한다. 인정받는다는 건 우리 삶에서 강력한 효과가 있다. 칭찬은 우리가 중요한 존재라는 느낌을 주기 때문이다. 일본의 국립생리과학연구소 교수 노리히로 사다토는 "뇌에 칭찬은 돈이라는 보상을 받는 것만큼이나 사회적 보상이 될 수 있다"[7]라고 말한다. 칭찬은 스트레스를 해소하는 데 도움을 줄 수 있고 자신감을 더 느끼게 해주며 더 잘할 수 있도록 노력할 동기를 부여한다.

그렇다고 해서 아무도 돈에 신경 쓰지 않는다는 건 아니다. 물론 신경을 쓴다. 하지만 대체로 돈이 팀원들이 일하도록 동기를 제공하지만, 칭찬은 그들이 실제로 일을 하고 싶어지도록 만든다. 돈을 얼마나 버는지보다 어떤 감정을 느끼는지가 더 중요하다. 한 연구에서는 거의 다섯 명 가운데 네 명의 직원은 가장 의미 있는 칭찬을 받았을 때 보상이나 선물보다 더 성취감을 느꼈다고 대답했다.[8]

듀크대 교수 댄 애리얼리가 진행한 연구에서[9] 이스라엘에 있는 인텔의 한 반도체 공장 직원들은 주초에 각자 다른 세 가지 메시지 가운데 하나를 받았다. 세 가지 모두 하루 만에 업무를 마치면 각각 다른 보상을 약속하고 있었다.[10] 세 종류의 이메일은 다음과 같은 혜택을 설명하고 있었다. 공짜 피자 교환권, 현금 보너스, 받아 보기 어려운 관리자의 칭찬. 비교 대상인 그룹의 직원들에게는 메시지를 보내지 않았다. 첫날이 지나자 피자 그룹의 생산성은 비교 대상 그룹을 6.7퍼센트 초과했고, 칭찬 그룹의 생산성은 6.6퍼센트, 현금 보너스 그룹의 생산성은 4.9퍼센트 상승했다. 둘째 날이 지나자 현금 보너스 그룹의 생산성은 비교 대상보다 13.2퍼센트 나빴고 주말이 다가오자 현금 그룹은 생산성이 6.5퍼센트 하락하면서 회사에 비용 부담만 안겨주었다. 일이 끝났을 때 관리자한테서 듣기 어려운 칭찬을 약속받은 그룹이 가장 실적이 좋았다. 개인적으로 인정받는 것이 분명히 중요했다. 그것도 피자보다 더!

맥킨지의 최근 연구도 비슷한 결론을 내렸다. 직속 상사로부터의 칭찬이나 리더의 주목, 프로젝트를 주도적으로 이끌 기회 같은 비금전적 우대가 봉급 인상, 현금 보너스, 스톡옵션 같은 금전적 우대보다 더 효과적으로 업무 성과를 높였다.[11] 경영진, 관리자, 일반 직원의 67퍼센트는 경영진의 칭찬은 매우 또는 극히 효과적이라고 답했고, 기본 급여의 인상이 같은 효과를 낸다고 대답한 비율은 52퍼센트였다. 버진 펄스의 연구에서 우리는 직원들에게 무엇이 직장에서 더 열심히 일하게 만드느냐고 물었는데, 3분의 1 이상이 "더 많이 인정받는 것"이라고 대답했다.[12] 캐나다의 연구자들은 같은 질문을 하고 훨씬 더 강한 대답을 얻어냈다. 58퍼센트는 "그저 인정만 해달라"고 말했다.[13]

돈이 동기 유발에 효과가 없는 이유를 추측하자면, 너무 많은 관리자가 임금 인상과 보너스를 실적에 대한 보상이 아니라 그저 직원들의 퇴사를 막으려는 방편으로 사용했기 때문일 수도 있다. 실적에 근거한 보너스를 자주 지급하는 것이 더 효과적일 수도 있다. 특히 직원이 새로 바뀌면 돈, 자원, 훈련 시간 등의 이유로 훨씬 큰 비용이 필요한 걸 고려하면 더욱 그렇다.

동기 유발을 위해 돈을 사용할 때 발생하는 또 다른 문제가 있다. 처음 현금 보너스를 받았을 때 직원들은 충격적으로 흥분하겠지만, 돈을 다 써버리면 흥분은 사라지고 더 많은 돈을 원하게 된다는 점이다. 현금 보너스를 더 많이 줄수록 직원들의 기대는 커진다. 도저히 따라갈 수가 없게 된다. 그것 역시 또 다른 유형의 중독

칭찬을 하는 다섯 가지 상황

상황	어떻게 다룰 것인가
바로 그 순간	직원을 칭찬할 때 늘 계획을 할 필요는 없으니 즉흥적인 칭찬에 겁먹을 건 없다. 바로 그 순간에 칭찬하면 더 진짜처럼 느껴질 것이다.
회의 중에	회의 전에 어떤 말을 할지 어떻게 언제 칭찬할지 생각하라. 일단 전체 팀을 칭찬하는 것으로 시작하기를 추천한다. 그런 다음 한 사람을 지목해 그 사람이 왜 소중한 공헌을 했는지 설명한다. 이렇게 하면 팀의 나머지 사람들이 화를 낼 가능성이 작다.
지나다 만났을 때	걷다가 칭찬할 대상인 직원과 우연히 마주친다면 그를 한쪽으로 데려가 칭찬하라. 하지만 짧게 끝내야 한다(진지하게 해야 하는 건 당연하다). 이유는 두 사람 모두 어딘가 중요한 일로 이동 중이었을 수도 있기 때문이다.
멀리 떨어져 있을 때	재택근무자를 칭찬하고 싶다면 전화를 걸거나 화상통화를 할 것. 문자나 이메일보다 훨씬 더 개인적이다.
근무 성적을 평가할 때	칭찬하기에 가장 쉬울 때는 정식으로 근무 성적을 평가할 때이다. 그러나 그냥 칭찬에 멈춰서는 안 된다. 왜 그런 칭찬을 받아야 하는지 직원에게 시간을 들여서 설명하라.

이다. 그러니 너무 늦기 전에 실적을 개선하려 애쓸 때 돈에 의지하는 걸 멈추고 더 많은 칭찬을 하기 시작하라.

하루를 보내는 동안 팀 동료를 칭찬할 기회는 수도 없이 많으며, 칭찬을 통해 직원들의 업무 경험과 만족도에 대단한 차이를 만들 수 있다. 아래 표에서는 팀 동료를 칭찬하기에 적절한 가장 일반적 상황을 보여주고 있다.

팀원들에게 어떻게 (그리고 언제)

칭찬받고 싶은지 물어라

　　　　　　　이미 논의한 것처럼 직원을 칭찬하는 방식은 다양하다. 당연하게도 모든 방식이 누구에게나 맞지는 않는다. 퓨마의 여성 의류 상품 매니저인 케이티 베숑 같은 일부는 동료들 앞에서(또는 더 많은 사람 앞에서) 공개적으로 칭찬받는 걸 선호하지만, MGM 내셔널 하버의 마케팅 광고 담당 이사인 크리스 구미엘라 같은 사람은 개인적으로 등을 두드려 주는 걸 더 좋아한다. "과장되게 굴거나 혼자 튀는 건 필요하지 않습니다. 간단한 감사의 글이 제일 의미 있는 것 같습니다."

　일부는 현금에 동기 유발이 되지만 다른 사람은 만질 수 없는 뭔가를 더 선호한다. "모호하게 말할 것 없습니다. 저는 인정을 받으면 만족을 느낍니다. 아마도 열심히 일한 걸 누군가 인정해주는 편이 더 높은 연봉이나 보너스를 제안받았을 때보다 더 만족스러운 것 같습니다." 스콜라스틱의 기술 임원인 스테파니 빅슬러는 말한다. "컨설팅 업무를 맡은 리더가 우리 팀의 노력을 자랑스럽게 여기고 열심히 했다면서 여러 차례 인정을 해주었습니다. 이런 칭찬과 인정은 제가 세상에서 뭔가 변화를 만들어냈다는 기분을 느끼게 해줍니다."

　칭찬의 효과를 극대화하는 법 즉 어떤 접근법이 가장 잘 먹힐 것인지 알아내는 최고의 방법은 그냥 물어보는 것이다. 하지만 내가 MSL그룹에서 사업개발 담당 이사로 일하는 샘 하우에게서 들었던 것처럼 너무 솔직한 대답에 대해서도 대비를 해야 한다. "나이 든 세대 사람들은 밀레니엄 세대를 마치 유치원생 다루듯 하는 경향이 있습니다. 그들은 우리에게 아이스크림을 먹으면서 담소를 나누자고 하거나 열심히 일했으니 피자를 사주겠다고 해요." 그는 말했다. "지금은 저도 아이스크림과 피자를 그 누구보다 즐기긴 합니다. 하지만 저는 직장에서 일로 인정받기를 원하고, 직책이 좀 올라갔으면 좋겠고(관련한 보상도 있어야겠죠) 책임과 영향력도 커지기를 바랍니다. 본질적으로 우리는 힘을 발휘할 수 있는 자리에서 목소리를 낼 수 있는 방식으로 보상을 받아야 합니다. 그리고 회유를 당하는 '트로피 세대'가 아니라 제대로 어른 대접을 받아야 해요."

좀 재미있게 하는 걸 두려워하지 말 것. 버라이즌의 고객 경험 담당 매니저 질 작셰프스키는 최근 리더십 회의 전 팀원들을 장난감 가게에 데려갔던 일을 말해주었다. "트로피나 상장을 주는 대신, 직원 중에 가장 체계적이었던 사람에게는 루빅큐브를, 가장 헌신적이었던 사람에게 지워지는 문신을, 가장 융통성 있던 사람에게는 트랜스포머를, 냉정함을 가장 잘 지켰던 사람에게는 올라프 인형을 선물했어요." 그녀는 말한다. "아주 즐거운 시상식이 된 것은 물론이고 모두가 상품을 받아 가족에게 돌아가 아이들에게 다시 선물하며 기뻐했습니다."

직원들을 칭찬하면서 늘 생각하게 되는 큰 문제 가운데 하나는 칭찬의 빈도이다. 딱 알맞은 횟수는 존재하지 않겠지만, 내가 보장할 수 있는 것은 현재 당신이 하는 것보다는 더 자주 해줄 필요가 있다는 점이다. 월드앳워크가 진행한 연구에 따르면 회사에서 상을 주는 경우로 가장 일반적인 것은 재직 기간이며[14] 내 경험에 따르면 대개 5년 단위로 끊어 포상한다. 그런 방식은 나이 든 직원 들에게는 먹힐 수도 있다. (나이 55세에서 64세 사이의 직원들은 대부 분 10년 이상 근속한 사람들이다.[15]) 그러나 젊은 세대 노동자들은 한 회사에서 대개 3년을 넘겨 근무하지 않는다. 그래서 대부분 오래 근무한 업적을 축하해주기도 전에 다른 회사로 옮겨가 버리고 만 다.[16]

CNBC의 〈클로징 벨〉에서 라인 프로듀서로 일하는 로라 페티처 럼 젊은 직원들은 매일 피드백을 받고 그걸 고맙게 생각한다. "매 일 프로그램 방송이 끝나면 마무리 회의를 해서 방송이 잘된 점과 잘못된 점을 논의합니다." 그녀는 말한다. "이런 식으로 매일 피드 백을 받으니까 계속 스스로 노력하게 되고, 매일 할 수 있는 최선 보다 못한 수준에서는 만족할 수가 없게 되는 겁니다." 다른 사람 들에게는 일주일에 한 번도 충분하다(그것도 당신에게는 너무 많게 느 껴질 것이다). 치폴레 멕시칸 그릴의 교육 담당 임원인 샘 워로백은 일 년이 넘어가지 않는 한 피드백의 간격은 아무래도 좋다고 말한 다. "분기에 한 번, 또는 6개월에 한 번도 괜찮습니다. 상관없어요. 고과 성적을 매기는 것보다 자주 해주기만 하면 됩니다." 그는 말 한다. "어떤 직원이든 자신이 점수를 어떻게 받게 될지 알지 못한 채 인사고과 행사에 참석하면 안 됩니다. 특히 고위급 리더인 경우 엔 더 그렇죠."

직원들을 어떻게, 얼마나 자주 인정할 것인지 생각할 때 잊지 말아야 할 한 가지 중요한 요소가 하나 더 있다. 모든 직원이 공개적인 칭찬을 달가워하는 건 아니지만, 젊은 직원 다수는 동기 부여가 된다고 여긴다. 많은 사람 앞에서 팀원을 칭찬하는 행동은 당신과 해당 직원 모두를 좋은 사람으로 보이게 만든다. 직원 다섯 명 가운데 네 명은 다른 누군가가 실적으로 인정받으면 그들도 열심히 일하고 싶어진다고 말하는데, 그 이유 가운데 하나는 자신도 같은 종류의 인정을 받고 싶은 마음이 있기 때문이다.[17]

'구경꾼 효과'는 칭찬받는 직원의 성공에 도움을 준 사람들에게서 특별히 강하다. "제가 이룬 실적으로 칭찬을 받는 것도 뿌듯할 수 있지만, 팀 동료가 잘해서 상을 받는 걸 보면 성취감이 더 크기도 합니다." 엔터프라이즈에서 임원으로 일하는 브라이언 테일러는 말한다. "끈질기게 일해 목표를 이룬 사람들을 볼 때, 그리고 내가 그 과정에서 힘든 일을 도와 그들이 성공할 수 있도록 했을 때 가장 성취감이 크고 인정받은 것 같습니다."

마지막으로 개인적 접촉의 가치를 과소평가하지 말 것. 우리는 인터넷을 하면서 오랜 시간을 보내기 때문에 트윗을 하나 보내거나 페이스북이나 회사 웹사이트, 뉴스레터에 뭔가 글을 올리는 것 또는 이메일을 잔뜩 보내기는 너무나 쉽다. 물론 그런 식의 칭찬도 좋지만, 직접 만나 얼굴을 맞대는 소통은 훨씬 더 효과적이다.

칭찬에 실수가 있었다면

빨리 해결하라

인정과 칭찬은 그걸 받는 사람들에게는 멋진 혜택이지만, 그들이 인정과 칭찬받는 걸 지켜보면서 속으로 자격도 없이 상을 받는다고 생각하는 사람들에게는 의도와 달리 질투나 다른 부정적 감정을 불러일으킬 수도 있다. 그런 사람들은 자신이 하는 일은 대접을 받지 못해 씁쓸해하거나 화가 날 수도 있고, 당신으로부터 칭찬을 받는 사람들이 그럴 자격이 없다고 생각할 수도 있다. 그리고 만일 그들이 특별히 오랜 기간(이번에도 그들의 생각이다) 인정을 받지 못했다면, 그들은 불안감을 느끼거나 절대 당신으로부터 존중받거나 칭찬받을 수 없고 진급도 할 수 없으리라 생각할 것이다. 이런 상황에서 만일 그들이 회사를 그만두면 당신과 당신 팀은 일손이 부족해질 것이고, 빈자리를 어떻게 채울지 고민해야 할 것이다. 그만두지 않는다고 해도 그들은 생산성이 떨어질 것이고 팀 내 다른 모두의 태도에 악영향을 미칠 거라고 나는 단언할 수 있다.

다른 사람을 인정하는 일이 의도치 않은 결과를 가져오는 두 가지 상황을 예를 들어 설명하고 최선의 관리 방법을 알아보았다.

상황 1 : 당신이 직원 한 명을 칭찬하고 다른 직원은 질투한다

당신이 직원 한 명을 팀원들 앞에서 칭찬하는데 다른 직원 한 명이 자신도 똑같이 인정받아야 한다고 느낀다고 하자. 만일 사무실에 도는 소문에 (아니면 당사자에게서 직접 듣거나) 해당 직원이 기분이 나쁜 상태라면 그를 따로 불러 왜 어떤 직원은 인정하고 그는 인정해주지 않았는지 설명하라. 예를 들어 만일 칭찬을 받은 직원이 중대한 실적을 이루었다면 불만을 품은 사람에게 그 중대한 실적이 전체 회사에 어떻게 영향을 주었는지 설명하라. 이런 식으로 해당 직원의 삶이 다른 직원의 성공으로 간접적 영향을 받아서라도 개선되었다고 소통한다. 그런 다음 그에게 당신이 칭찬할 가치가 있다고 느끼는 수준을 구체적으로 말함으로써 기대치를 설정하라. 마지막으로 해당 직원이 일하고 있는 프로젝트 가운데 하나를 골라 만일 그 일을 잘 해내면 마찬가지로 칭찬을 들을 거라고 말해주어라. 다시 말하지만 "성공"이 어때야 하는지 명확하게 설명하고, 직원이 목적을 이루기 위해 당신이 도울 수 있는 것은 없는지 물어라.

상황 2 : 당신은 칭찬받을 자격이 없는 직원을 칭찬하고 있다

직원 한 명이 행복하지 않거나 많은 사랑을 받지 못하고 있다고 당신은 느끼고 있다. 그 직원에게 뭔가를 해주어 회사를 그만두지 않도록 하고 싶다. 다음에 그 직원을 볼 때 어쩌면 기운을 차리게 해주려는 의도로 칭찬을 해줄 수도 있다. 그러나 혹시 다른 직원이–당신으로부터 많은 칭찬을 받는 직원이다–지나가다 듣고 불만이 생기고 혼란스러워한다면? 그 직원은 최고의 실적을 내고 있고, 그가 볼 때 가짜로 칭찬을 받은 직원은 게으르거나 필요한 기술을 갖추지 못하고 있거나 그 두 가지 전부일 것이다.

이런 상황이 폭발하거나 팀 내에서 문제가 되지 않도록 하려면 직원들이 당신의 의도를 이해할 수 있어야 한다. 그래야 그들이 버려졌거나 대접을 받지 못한다고 느낌을 받지 않고 당신이 실적이 저조한 직원을 보살피는 중이라고 생각할 것이다.

다음에는 진짜가 아니라면 칭찬하지 않도록 한다. 만일 당신이 칭찬한 사람이 알고 보니 무능력해 해고를 당해야 했다면, 당신은 왜 그를 칭찬했는지 감사 부서에 설명하느라 힘겨운 시간을 보내게 될 것이다.

팀 실적을
인정하라

칭찬할 때 팀 전체를 인정할 수 있는데(인정해야 하는 상황이기도 하고) 왜 특정 팀원을 칭찬하는 방식으로 한계를 두려 하는가? 전원을 칭찬하면 사람들은 버려졌다는 생각을 하지도 질투하지도 않을 것이다. 팀 전체를 칭찬하면 소속감을 만들어내고 직원들 사이의 관계를 강화할 수도 있다. 당신은 팀 전체를 주마다, 월마다 또는 프로젝트를 끝낼 때마다 칭찬할 수 있다. 그 방법은 아래와 같다.

1. 각 팀원이 이바지한 바를 지적하고 특정한 행동과 강점, 성과가 목표를 현실로 만들었다는 점을 이야기하는 등 팀이 어떻게 목표를 달성하게 되었는지 구체적 이야기를 공유하라. 예

를 들면 팀의 한 사람이 판매 프레젠테이션을 준비했고 다른 팀원이 새 거래를 성사시켰다면 두 가지 성과 모두를 언급할 것. 프레젠테이션이 없었다면 영업사원은 거래를 성사시킬 준비가 되지 못했을 것이며, 영업사원이 없었다면 프레젠테이션은 그냥 어디 처박혀서 새로운 사업 기회로 탈바꿈하지 못했을 것이다. 팀에 부진한 사람이 속해 있다면 따로 불러내 어떤 점을 바꿔야 하는지 이야기를 해야 한다. 명확하고 구체적인 피드백과 달성 가능한 목표 그리고 측정이 가능한 개선된 상황을 언제 보고 싶은지 최종 기한을 제시한다. 만일 직원이 따르지 않으면 다른 사람으로 교체할 방안을 찾기 시작할 때일 수도 있다.

2. 동료들끼리 칭찬을 독려하라. 당신의 칭찬, 팀 리더의 칭찬도 훌륭하지만, 팀원들은 함께 일하는 사람들이 고마워하는지 알 필요가 있다. 회의를 시작할 때 또는 끝낼 때 시간을 따로 정해 팀원들이 한 명씩 나와 다른 팀원에게 감사하는 내용을 말하도록 하라. 360도 평가를 시행해 팀원들이 서로 피드백을 주고받을 수 있도록 해서 혼자만 발전하는 게 아니라 다른 사람 성공에 공헌하는 걸 습관으로 만들 수 있도록 하라.

3. 팀 실적을 평가하라. 당연히 하고 있을 개인 평가에 더해 주기적으로 팀을 평가하되 전체적 성과와 개선이 필요한 부분에 주목하라. 매 분기(6개월이나 일 년 또는 당신에게 가장 알맞은 빈도) 회의를 열어 현재 상황과 어떻게 현재에 이르렀는

지 어디로 어떻게 나아갈 것인지, 팀은 이미 효과적인 현재보다 더 효과적이려면 무엇이 필요한지 논의한다. 이상적으로는 당신 혼자만의 평가가 되어서는 안 된다. 모든 팀원이 참여하고 그들의 진전을 공유하고 그들이 맞서고 있는 장애물에 관해 이야기해야 한다. 이런 자리는 팀원들이 힘겹게 노력하고 있는 동료를 더 잘 지원할 수 있도록 도울 것이다.

감사하는 문화를
만들어라

리더로서 직원들을 칭찬하는 것에 더해서 그들에게 고마움을 표현하는 것이 중요하다. 칭찬과 감사의 차이는 크지 않지만 중요하다. 간단히 말하자면 칭찬은 상대방을 자신에 대해 기분 좋게 만드는 것이고, 감사는 당신이 상대방 노력에 얼마나 고마워하고 있는지 표현하는 것이다. 조금 다르게 표현하자면 칭찬은 잘하고 있다고 말해주는 것이고 감사는 고맙다고 성심성의껏 말하는 것이다. 다시 말하지만 다른 점은 알기 어렵지만 중요하다. 우리 중 절반 정도가 주기적으로 주변 사람들에게 고맙다고 말하지만, 직장에서 고맙다고 말하는 사람은 겨우 15퍼센트이다. 그리고 최근 연구에 따르면 그 가운데 3분의 1 이상은 관리자들은 절대로 고맙다고 말하는 법이 없다고 한다.[18] 또 다른 연구를 보면 직장은 감사 인사가 가장 오가지 않는 곳이며, 60퍼센트는 직장에서는 전혀 감사를 표현하지 않는다고 한다.[19] 에스터 로더의 글로벌 탤런트 매니저인 에이미 린다는 멋지게 요약한다. "고마움을 표현하는 일은 전혀 힘들지 않지만, 사람들은 거의 하지 않아요." 정말 우울한 말 아닌가?

엄청나게 아이러니한 것은 감사 표현은 생산성을 높이는 데 믿을 수 없을 정도로 효과적인(그리고 마찬가지로 비용이 적게 든다) 방법이라는 점이다. 어떤 연구에서 한 대학은 기부금 모금 담당자들을 두 그룹으로 나누었다. 첫 번째 그룹은 늘 하던 방식으로 졸업생에게 연락했다. 수화기를 들고 전화를 걸어 기부를 부탁했다. 두 번째 그룹은 연간 기부 부서 관리자로부터 동기 유발이 될만한 이야기를 들었다. 그들이 하게 될 일에 미리 감사를 표현하는 말이었다. 일주일 뒤 두 번째 그룹은 첫 번째 그룹보다 50퍼센트 더 많은 전화를 걸었다.[20]

진정한 감사 인사는 받는 쪽에서는 상당히 동기 유발이 된다. 하지만 감사 인사를 하는 쪽에서도 그렇다. 감사한다는 건 당신과 당신 팀이 비생산적이고 사기가 떨어지는 말다툼에 빠지지 않도록 막아주는 강력한 힘이다. 만일 당신이 팀 동료의 고된 업무와 지원에 감사한다면 말다툼은 발생하기 전에 막아줄 수 있다. 켄터키대학의 연구에 따르면 실험 참가자들 가운데 감사하는 마음이 많은 사람은 부정적인 피드백을 받았을 때 다른 사람들에게 보복할 가능성이 작았고, 더 잘 공감하고 앙심을 품지 않았다.[21] 고마워하는 마음은 직장 내 갈등을 방지하는 것 외에도 사회적 비교와 불필요한 경쟁을 줄이는 효과가 있다. 감사하는 마음은 사람들 사이를 벌려놓기보다는 함께 모아주기 때문이다.

당신이 고마워한다는 사실을 주기적으로 인정하는 간단한 행동은 너무 강력해서 다른 사람들에게 이야기하지 않아도 대단한 결과를 만들어낼 수 있다. 하버드 경영대학원 프란체스카 지노 교수에 따르면 만사에 고마워하는 사람들은 일반적으로 살면서 더 배려하고 기민하고 활기차고 행복한 생활을 하며, 체육관에 다니는 등 건강을 증진하는 행동을 하기가 더 쉽다.[22] 다른 연구에서는 감사하는 사람이 더 잘 자고 병에 걸릴 확률도 적고 혈압도 낮고 다른 사람들과 더 연결되어 있다고 느끼고 남을 더 잘 도왔다.

감사하는 문화를 만드는 것은 관련된 모든 사람이 진정으로 서로 도움이 되는 길이다. 직원들에게 당신이 무엇에 감사하는지 말하고 모두가 지지받고 있다는 느낌이 들도록 직장 환경을 만들면 직원들은 다시 다른 사람들의 프로젝트를 돕거나 그들이 잘 해낸 일을 인정함으로써 긍정적인 느낌을 그들에게 퍼뜨릴 것이다. 다른 말로 하면 감사는 전염성이 있다. 감사를 받은 사람들은 다른 사람을 "감염시킬" 가능성이 크다. 감사하는 사람들은 스트레스를 더 잘 관리하고 시기하거나 분해하는 파괴적 감정을 느낄 가능성이 작다. 그들은 또 직업과 관련해 더 행복해한다. 누구도 의심할 것 없이 행복한 직원들은 더 열심히 일하고 고객들을 더 행복하게 만든다. 그리고 행복한 고객은 행복한 주주를 만든다.

다음은 당신이 주변 사람들에게 얼마나 감사하는지에 관한 통찰력을 줄 연습이다.

앞으로 한 시간 정도 머릿속에 떠오르는, 직장 내외에서 감사한 모든 걸 적는다. 예를 들어 집에서 일해야 가장 성과가 좋은 내향적인 사람인 나는 풀타임으로 집에서 일해야 한다는 내 요구를 이해하고 인정하는 사업 동반자들과 일할 수 있다는 점이 감사하다. 또 내가 이 직업을 갖게 된 이후 겪은 실패와 저지른 실수에도 불구하고 나를 지지해주는 부모님께 감사한다. 나는 거의 매일 큰 장애물 그리고 도전과 마주하면서 부모님의 너그러움과 인내를 되새기곤 한다. 최소한 개인적인 내용 세 가지, 업무와 관련된 감사해야 할 것 세 가지를 작성해본다.

개별 연습을 끝낸 뒤에 전체 팀원과 회의를 열어 다음 연습을 진행한다. 이런 방식으로 당신은 팀원들이 함께 일하는 사람들에게 무엇에 감사해하는지 듣기 전에 자신을 돌아볼 수 있을 것이다. 당신이 스스로 무엇에 감사한지 알지 못한다면 다른 사람들의 기여에 어떻게 감사할 수 있겠는가? 나는 당신이 누군가에게 감사하는 사람이 되라고 독려하기 전에 스스로 먼저 감사하는 사람이 되어야 한다고 믿는다. 설교하는 내용을 실천하라!

2016년 나는 찰스와 린 슈스터만 가족 재단의 리얼리티 계획에서 진행하는 이스라엘 여행에 참여했다. 다른 작가들 49명도 참석했는데, 영화감독, 기자는 물론 브로드웨이 뮤지컬 〈해밀턴〉의 최초 출연진도 포함되어 있었다. 여행 첫날 전체 참가자는 소규모 그룹으로 조를 짰다. 그리고 마지막 날 우리는 종이 한 장을 받아 맨 위에 각자 이름을 쓰고 오른쪽으로 넘겨주었다. 왼쪽에서 종이를 받으면 맨 위에 이름을 적은 사람에 관해 뭔가 좋은 말을 써야 했다. 예를 들자면 내 경험에 긍정적 영향을 준 사람이 있었는데, 나는 이렇게 썼다. "이번 여행에서 나를 많이 지지해준 점에 감사합니다. 내게는 의미가 컸고 그래서 여행이 더 의미 깊은 경험이 될 수 있었습니다." 글을 쓰고 나면 계속 옆으로 넘기면서 우리는 같은 그룹에 속한 모든 사람에게 자신의 감정을 전할 기회를 가질 수 있었다.

한 시간짜리 회의를 계획하고 모두에게 펜과 종이를 나누어준다. 회의실에서 할 수도 있고 사무실이 아닌 외부 공간도 좋고, 어디든 따로 떨어진 조용한 곳이면서 직원들이 서로에 대해 진짜로 어떻게 느끼는지 편하게 느낌을 공유할 수 있는 곳이면 된다. 이 연습은 당신을 포함한 모두가 서로 연결되어 있고 감사한다는 깊은 감정을 느끼게 해줄 것이다. 이상적으로는 팀원 모두가 서로 편안하게 느껴서 각자 쓴 내용을 소리 내 읽을 수 있으면 좋다. 그러나 그렇지 않다면 편한 쪽으로 한다.

감사를 표현하는 것은 큰 노력이 필요하지 않지만, 업무 관계와 전체적인 행복에 큰 영향을 끼칠 수 있다. 여기 팀 동료에게 감사를 표현하는 세 가지 방법을 정리했다.

1. **팀원에게 문자나 이메일을 보내 칭찬하는 대신 모든 사람 앞에서 직접 인정한다.** 이렇게 하면 팀원들이 비슷한 칭찬을 받기 위해 더 열심히 일할 것이며, 열심히 일하는 것이 조직에서 가치가 있다는 걸 보여줄 것이다.

2. **팀원을 놀라게 하고 기쁘게 만들 수 있는 작은 행동을 보여준다.** 예를 들어 열심히 일해주어 고맙다는 문자를 보내는 대신 종이에 직접 쓴 편지를 보낸다. 이런 방식은 전자기기를 이용한 메시지보다 더 노력이 들지만, 신경 쓰고 있다는 걸 보여준다. 직원을 데리고 점심을 먹으러 나가거나 책상에 그 직원이 좋아하는 식당의 사용권이나 머그잔 같은 선물을 놓아두는 것도 좋다.

3. **감사를 표현할 때는 명확해야 한다.** 팀원이 구체적으로 어떤 일을 했고 그것이 어떻게 당신 삶에 차이를 만들어주었는지 실례를 들어 설명한다. 예를 들어 직원이 다른 동료를 도와 문제를 해결했던 순간을 말하고, 그런 행동이 팀 목표를 달성하는데 어떻게 도움을 주었는지 설명한다. 이렇게 하면 해당 팀원은 그들이 했던 일을 재빨리 되돌아볼 수 있고, 왜 그 일이 팀에 중요했는지 이해할 수 있게 된다.

인정을 통한 보상의 요점 정리

1. 감사의 예술을 훈련하라

첫째, 당신이 무엇에 감사하는지 파악하라. 둘째, 팀원들에게 당신이 그들의 노고에 얼마나 감사하는지 말하라. 당신이 팀 전체에 감사를 표현하고 얼마나 고마워하고 있는지 말하면 팀원들도 같은 행동을 할 것이다. 결과적으로 팀원 모두가 서로 고마워하는 팀이 될 것이고, 모두를 위한 건강한 문화에 이바지하게 될 것이다.

2. 당신이 칭찬하는 대상과 이유를 의식하라

당신의 행동이 팀 내에서 질투와 억울함을 불러낼 수 있다는 점을 알아둘 것. 최대한 진실하고 정직하게 감사하고, 혹시 잘못된 이유로 누군가를 칭찬하고 있다는 걸 발견하면(예를 들어 상대방이 퇴직할까 봐 칭찬하는 것) 상황을 개선하기 위해 중요한 논의를 위한 시간을 따로 가질 것.

3. 개인적 실적 외에도 팀 전체의 실적을 인식하라

이렇게 하면 더 강한 문화를 만들고 팀원들의 업무 관계가 더 강화될 것이고 서로 감사하게 될 것이다. 사업은 팀 스포츠이며 모든 직원은 목적을 달성하기 위해 힘을 합쳐 기여할 필요가 있다. 개인에게 집중하는 대신 팀의 능력을 강화함으로써 당신은 장기적 성공에 필요한 시너지와 연결을 만들어내는 걸 도울 수 있다.

3부

조직 내 연결을 구축하라

07

성격을 고려해 채용하라

·

이력서보다는 성격이다. 관련 분야에 학위를 여러 개 가진 사람이
폭넓은 경험과 멋진 성격을 가진 사람보다 늘 더 뛰어나지는 않다
– 리처드 브랜슨[1]

지난 10년 동안 채용 상황은 호전되는 동시에 악화하기도 했다.
그러나 여전히 그대로 남아있는 한 가지는 제대로 된 채용을 하면
팀과 회사가 발전하고 당신의 경력도 좋아진다는 사실이다. 하지
만 비즈니스의 속도가 꾸준히 빨라지고 있으며 회사들은 늘 비용
절감을 위해 노력하고 있어, 많은 사람은 채용 관련 비용을 낮추고
그들이 채용 과정에서 만날 사람의 수를 늘리기 위해 신기술로 눈
을 돌리고 있다.

이런 회사들은 면접을 전화나 화상통화로 진행하면서 비용이 얼
마나 주는지 장점을 내세우고 있지만, 그들은 그 두 가지 방식으로
는 직접 대면 면접을 대체할 수 없다는 사실을 깨닫지 못하고 있는
것 같다. 직접 면접을 해야 실제로 사람을 만나고 그들의 보디랭귀

지를 보고 어떻게 행동하는지 관찰할 수 있다. 간단히 말해 신기술을 이용한 접근 방식에는 중요한 정서적 연관성과 성격 특성이 빠져 있다. 그 두 가지는 당신이 가장 가능성이 큰 후보자, 회사에서 오래 근무할 후보자를 채용하는 일을 도울 수 있다. 이것은 큰 문제다. 당신의 회사 문화에 맞지 않거나 나머지 팀원들과 함께 일하지 못할 사람을 채용한다면 경쟁하고 고객을 행복하게 하며 변화에 적응하는 당신의 능력에 측정 가능한 부정적 영향을 미칠 것이다. 그리고 또한 당신이 이끄는 팀 전체에 파급효과를 끼치고 다른 팀원들은 그들의 전체적인 책무에 의문을 품게 될 것이다.

일부 구직자들은 신기술이 면접 과정을 더 효율적으로 만든다고 믿지만, 대부분은 그런 방식은 불만스럽고 투명성이 부족하며 덜 개인적이고 그들이 원하는 중요한 피드백을 제공하지 못한다고 느낀다.[2] 구직자들은 신기술이 경험에서 인간성을 제거했을 때가 아니라 온라인 평가와 자동화를 통해 개인 면접관과 만났을 때 훨씬 더 잘 해낼 수 있다. 구직자들이 일자리를 찾아내는 데 신기술이 도움을 주지만, 제대로 고용 결정을 내리기 위해서는 인간적 상호작용이 필요하다. 함께 일하는 사람은 일하는 곳이나 하는 일보다 더 중요하지는 않아도 그만큼 중요하다.

요점은 채용 과정에서 신기술을 사용함으로써 아무리 비용을 절감하더라도 잘못된 후보자를 채용함으로써 발생할 수 있는 추가 비용이나 다른 손실이 그것을 상쇄하고도 남을 수 있다는 것이다.

직원을 잘못 채용하면
결과가 따른다

　　　　　　회사가 작을수록 직원을 잘못 채용했을 때 팀과 회사에 고통이 더 크다. 만일 스타트업을 운영하는데 두 번째로 채용한 직원이 제대로 일하지 못한다면 그로 인한 좌절은 회사를 망하게 하기에 충분할 정도로 심각할 것이다. 재포스의 CEO 토니 셰이는 채용 실패가 회사에 1억 달러 넘는 비용을 추가했다고 말했다.[3] 한 연구에서는 채용 실패의 비용은 해당 직원의 임금의 두세 배라는 걸 확인했으며,[4] Beyond.com과 함께 수백 명의 고용주를 인터뷰했을 때 우리는 신입사원을 다른 사람으로 대체할 때 약 2만 달러의 비용이 필요했다는 사실을 알게 되었다.[5] 다른 연구들을 보면 채용 실패의 직접 비용은 한 사람에 2만 5천 달러에서 5만 달러라고 한다.[6] 렌트 더 런웨이의 공동창업자이자 사업개발 부서장인 제니퍼 플레이스도 같은 의견이다. "제대로 된 채용은 생산성에 가장 중요한 열쇠입니다. 특히 채용이 한 번 잘못되면 어마어마하게 시간을 잡아먹습니다." 그녀는 말한다.

　다음 표에 잘못된 직원 채용과 관련해 발생하는 가장 큰 직접 또는 간접(가끔은 직접 비용보다 훨씬 더 중요하다) 비용을 정리했다.

　내가 직장 생활을 시작하던 때, 커뮤니케이션 부서장은 내게 엄청나게 재주가 많지만, 그의 팀에는 독이 되는 한 직원 이야기를 들려주었다. 그는 지각을 반복했고 불평하고 동료에 대한 나쁜 소문을 퍼뜨리고 전체적으로 업무 태도가 엉망이었다. 회사에서는

직접 비용	간접 비용
• 모집 • 구인광고 • 면접 • 훈련 • 해고 • 신원조사 • 신입 직원 교육 • 소송	• 제대로 생산적인 직원을 채용할 때까지 3주에서 7주 동안 다른 직원들의 스트레스가 증가 • 생산성 손실 • 사기 저하 • 지식 손실 • 작업 품질 감소 • 고객 만족도 감소 • 회사 평판 손상

그를 즉시 해고하지 않았는데, 일을 워낙 잘했기 때문이었다. 하지만 그의 팀 동료들이 회사를 그만둬 버렸고, 결국 회사는 그를 해고했다. 요점은 재주가 좋은 사람이라고 해서 반드시 채용해야 할 사람은 아니라는 것이다. 솜씨는 좋지만 독이 되는 직원은 그들이 가진 가치보다 더한 비용을 떠안기는 것으로 끝나고 만다.

신기술 대
인간성

인간관계가 건강한 직장의 초석이라면 새로 직원을 채용할 때 성격을 더 강조해야 하지 않겠는가? 좋아하지 않는 사람과 함께 일하는 건 쉽지 않지만, 우리와 잘 어울리는 아주 성격 좋은 사람과 일하는 건 즐거운 일이다. 하드스킬은 중요하지만 일하면서 배울 수도 있다. 잘 굴러가는 팀을 만들어내는 데 아주 유용한 것은 파악하기 어려운 소프트스킬이다. 소프트스킬은 또한 신기술로 평가해내기가 어렵다.

많은 회사는 채용에 기계와 예측 알고리즘, 봇, 인공지능을 이용하는 실험을 하고 있는데, 한 걸음 뒤로 물러서서 우리의 목적을 진정으로 다시 생각해볼 필요가 있다. 본질적으로 채용은 개인의 재능을 그에 어울리는 업무와 팀에 연결하는 데 초점을 맞춰야 한다. 기계에 더 많은 투자를 계속하면서 우리는 성공적인 채용과 직장 내 우정을 가능하게 해주던 실제 인간관계를 놓치고 있다. 회사들은 기계를 사용해 편견을 없애고, 성격 같은 인간적 자질을 평가하고, 이력서를 자세히 검토해 단어의 선택을 식별 및 분석하고 소셜미디어에 올린 글들을 조사해 후보자의 몸짓과 감정을 파악한다. 이런 방식으로 수백 명 또는 심지어 수천 명이나 되는 지원자를 걸러낼 수 있지만, 결국 마지막에 채용할 것인지 판단해야 하는 건 인간이며, 그런 결정을 대신 내려달라고 기계와 도구에 의존할 수는 없다. 버진 펄스 연구에서 93퍼센트가 그런 생각에 동의했다.[7] 그러나 동의하지 않은 나머지 7퍼센트와 기술 기반 방식이 많이 등장하면서 채용 과정에서 점점 인간이 배제되고 있는 것이 아닌가 하는 의심은 여전히 걱정스럽다.[8]

우선 신기술을 이용한 면접은 이것저것 복잡하다. 예를 들어 후보자는 인터넷 연결이 양호해야 하는데, 놀랍게도 안정적인 인터넷 연결은 항상 보장되지 않는다. 나도 한 번은 면접 중에 연결이 끊기는 바람에 자격이 충분한데도 즉시 불합격으로 처리되고 말았다. 인터넷 연결이 좋지 않으면 신호가 지연되기도 하는데, 그런 상황에서는 후보자들이 경쟁력이 약해지거나 서로 오해가 생길 수도 있다(다른 나라에 있는 기자가 미국에 있는 앵커의 질문에 엉뚱한 순간에 고개를 끄덕이거나 제때 대답하지 못하는 모습을 뉴스에서 자주 봤을 것이다). 완벽한 면접을 위해 최적의 상황을 만들 조명, 방음, 배경에 화장 전문가를 집에 갖추고 있는 후보자는 없을 것이다. 또 카메라 앞에서 수줍어하는 내향적인 후보자나 직접 만났을 때와 달리 비디오를 촬영할 때는 제 솜씨를 보여주지 못하는 후보자들도 잊지 말도록 하자. 대개 신기술을 사용하면 과정이 쉬워질 수 있지만 그런 식으로 채용되는 건 간단히 말해 별로 유쾌하지 않으며 그런 식으로 최종 결정을 내린다는 건 끔찍한 일이다.

그렇다고 해서 기술적으로 연결이 완벽하다고 해도 모든 걸 보장할 수는 없다. 치폴레 멕시칸 그릴의 교육 담당 임원인 샘 워로백은 다시는 채용 면접에서 비디오를 사용하지 않겠다는 이유를 내게 설명했다. "카메라로 볼 때 대단하게 보이는 사람을 뽑았습니다. 대답도 전부 제대로 했고, 성격도 좋고, 자기 재능을 보여주는 영상을 찍었는데 아주 훌륭했습니다. 대면 면접도 간단하게 진행했고 팀원 모두가 그 친구를 아주 좋아했습니다. 그렇지만 이주일 뒤 그 친구를 내보내야 했어요." 샘은 말한다. "자기 잇속만 차리고 건방지더라고요. 카리스마가 넘쳐나긴 했지만, 팀에서는 암 덩어리였어요." 조언이 있다면? "대면 면접을 할 때 누가 우리 팀에 딱 맞는지 알고 싶고 진정으로 파악하고 싶다면 깊이 파고 들어가야 합니다. 비디오 면접은 그냥 우선 걸러내는 과정이라고 보면 됩니다."

바이오젠의 인재 획득 담당인 마이크 슈넬러도 샘과 같은 생각이다. "직접 만나 면접을 하는 동안 당신은 상대방이 진정으로 어떤 사람인지 파악할 기회를 얻게 되는 겁니다. 후보자는 휴대전화나 화상회의, 이메일 같은 신기술 뒤에 몸을 숨길 수가 없습니다. 오직 당신과 후보자 두 사람이 인생을 바꿔놓을 수도 있는 결정을 앞에 두고 논의를 하는 거죠." 마이크는 신기술이 개입하는 순간 잘못된 채용 결정을 내릴 수도 있다고 믿는다. 사람들은 진정으로 봐야 할 것, 즉 진실을 보지 못하게 하는 잘못된 자신감을 품게 되기 때문이다. "면접 과정에서 우리 사이에 유일하게 남은 진정한 연결은 인간 대 인간으로서의 상호작용뿐입니다. 악수의 가치를 간과하지 않도록 해야 합니다."

면접이 양방향 도로라는 사실을 머릿속에 담아두는 것 역시 중요하다. 물론 후보자는 당신에게 좋은 인상을 주려 할 것이다. 하지만 당신도 그들에게 좋은 인상을 줘야 한다. 직접 만나 면접을 할 때, 당신은 후보자에게 당신을 만나고, 사무실 분위기를 확인하고, 기업 문화를 맛보고, 일부 예비 동료를 파악할 중요한 기회를 제공하게 된다.

신기술 대

호감도

첨단 기술과 선별 도구를 이용한 채용 과정에서 가장 큰 난관 가운데 하나는 사람 사이에서 가장 중요하고 파악하기 어려운 성향, 바로 호감도를 알아내는 것이다.

캐나다 온타리오의 맥매스터대학에서 진행한 한 연구에서 교수들은 비디오를 통해 면접을 진행한 지원자들은 호감도가 낮고, 직접 만나 면접을 한 사람들에 비해 채용 추천을 받을 확률이 낮다는 걸 확인했다. 동시에 지원자들은 면접관들을 매력적이라거나 신뢰감이나 경쟁력이 있다고 보지 않았다.[9] 다른 여러 연구에서도 비슷한 결론이 나왔고[10] 결론은 피할 수 없었다(그런데도 정말 많은 회사가 두 가지 사실을 연결 지어 생각하지 않는다.) (a) 신기술을 사용해 면접을 진행하면 면접관이나 지원자 양쪽에 모두 좋지 않다. (b) 엄청나게 많은 지원자를 처음 걸러내는 과정이 필요할 때 기술 기반 면접이 귀중한 목적을 달성할 수 있지만, 최종 채용 결정을 내릴 때 직접 면담 면접은 반드시 필요하다.

월마트 행동과학 부서의 글로벌 책임자인 옴 마르와는 자신의 리더십 경험에 근거해 비슷한 결론을 내렸다. 그는 화상통화나 전화 통화를 할 때는 비언어 소통을 놓치게 된다고 믿는다. 공감하고 아이디어를 흡수하는 능력은 직접 만날 때 커지기 때문에 만나지 못할 때는 대화에서 찾아낼 수 있는 것들의 일부만 얻을 수 있다. "많은 사람이 이런 이유로 그러는 것처럼 저도 단지 직접 만나 이야기해야 한다는 생각 때문에 비행기를 타고 다른 지역으로 이동하는 일이 가끔 있습니다." 옴은 말한다.

긍정적 직장 문화 독려를 위해
성격을 보고 채용하라

당신이 채용하려는 자리를 맡아 일할 수 있을 정도로 똑똑하고 기량을 갖춘 사람은 매우 많지만, 나머지 팀원과 잘 맞는 독특한 조합의 성격 특성이 있는 사람은 그리 많지 않다. 그리고 기술은 가르칠 수 있지만, 성격은 그럴 수 없다는 면에서 나는 늘 관리자들에게 성격을 보고 채용해 기술을 훈련하라고 추천한다. 새로 뽑은 사람과 당신이 잘 어울리지 못하거나 당사자가 제대로 된 태도나 직업관을 갖고 있지 않다면 전체 팀에 부정적 영향을 미치게 된다. 많은(하지만 절대 전부가 그렇지는 않다) 회사들은 이미 깨닫고 있다. 우리가 Beyond.com과 함께 진행한 연구에서 고용주들은 경험이나 수업 활동, 학점, 학벌이 아니라 문화 적합성이 유일하고도 가장 중요한 채용 기준이라고 말했다. 그리고 고용주들이 찾고 있는 가장 필요한 세 가지 기술은 모두 소프트스킬로 긍정적 태도, 의사소통 그리고 팀워크였다.[11]

다음 표는 유명 CEO들이 성격을 기준으로 채용하는 이유다.

유명 CEO들이 성격을 보고 채용하는 이유

에르메스 미국 CEO 로버트 차베즈	채용을 위해 우리가 찾는 사람은 유머 감 각이 있고 웃을 수 있는 사람이다.[12]
테슬라와 스페이스X CEO 일론 머스크	내가 저지른 가장 큰 실수는 아마도 누군 가를 평가할 때 재능은 너무 크게, 성격은 너무 적게 포함한 것이 아닌가 싶다. 중요 한 것은 좋은 마음을 가졌느냐 여부라고 생각한다.[13]
스타벅스 회장 겸 CEO 하워드 슐츠	사람을 채용하는 건 과학이 아니라 예술이 며, 이력서는 그 사람이 회사 문화에 잘 맞 을지 말해줄 수 없다.[14]

문화적 적합성 대
다양한 아이디어

노스웨스턴대학의 켈로그 경영대학 교수 로런 리베라는 최고의 전문 서비스 기업들을 대상으로 구직자와 고용주 사이의 문화적 유사성의 영향을 연구했다.[15] 고용주들은 문화, 경험, 목표, 일하는 유형의 관점에서 그들과 비슷한 구직자를 찾고 있었는데 놀라운 일은 아니었다.

4장에서 나는 다양한 아이디어와 다양한 배경과 경험, 문화 및 그 외 다른 걸 가진 사람을 팀에 합류시켜 의도적으로 창의적인 팀을 만드는 것이 왜 중요한지 설명했다. 여기서 문화적 적합성에 관해 말하고자 하는 건 내가 앞서 말한 다양한 아이디어와 결코 모순이 아니니 가능한 한 최대로 다양한 팀을 만들 것을 권장한다. 그렇긴 하지만 직장 문화에 적응한다는 건 전체 문화보다 정의하기보다 조금 더 어렵다. 중요한 문제는 사람들이 어떻게 서로 어울릴 것인가 하는 점이다. 보수적인 투자은행 면접에 청바지와 티셔츠를 입고 나타난 여성은 잘 어울리지 못할 것이다. 혈기가 왕성해야 할 영업직에 눈도 제대로 마주치지 못하는 수줍어하는 젊은 남성이 지원했다면 마찬가지로 잘 맞지 않을 것이다. 꼼꼼하지 못한 의류 디자이너나 살이 잔뜩 찐 개인 트레이너 또는 불안해하는 외과의는 누구도 채용하지 않을 것이다.

베스트바이에서 홍보팀을 맡아 일하는 칼리 찰슨은 문화 적응과 다양성 문제를 깔끔하게 요약한다. "채용할 때는 저와 같은 가치를 가진 사람을 찾아요. 저랑 비슷해야 할 필요는 없습니다. 다른 배경이나 스타일, 경험은 팀에 엄청난 자산이 될 수 있어요." 그녀는 말한다. "하지만 저와 핵심 가치를 직장에서 공유할 수 있는 사람을 찾죠. 열린 의사소통, 배우려는 의지, 팀을 우선시하는 태도 같은 것들이 차이를 만들어냅니다." 업무와 관련한 문제를 묻는 것 말고도 칼리는 지원자에게 일하지 않는 시간에 뭘 하는지 묻는다. "쓸데없는 질문처럼 들리지만 그 질문이 지원자에 대해 그들이 누군지, 뭘 좋아하는지, 팀원들 사이에서 어떻게 적응하게 될 것인지 등 뭔가 더 깊은 걸 말해줄 때가 많다는 사실에 저는 늘 놀라곤 합니다."

새로 채용할 때 찾아야 할

다섯 가지 성격적 특징

팀원을 새로 채용할 때 찾아야 할 다섯 가지 성격 특성이 있다. 중요하고 전략적인 질문을 많이 해서 얻어낼 수 있는 대답들에 세심한 주의를 기울이면 그런 특성을 확인할 수 있다. 찾아낸 특성이 어떻게 좋은 직원의 자질이 되는지, 지원자가 그런 자질을 가졌는지 어떻게 결정할 것인지 좀 더 자세히 살펴보기로 하자.

⊕ 자신감

내가 대화를 나눈 많은 고용인과 채용 관리자들은 자신감이 없는 지원자가 너무 많다고 말했다. 자신감이 없다면 새로운 아이디어를 공유하고, 자신이 믿는 바를 주장하며, 최고의 기량을 발휘할 가능성이 작다. 추측으로 말하게 되고 실제보다 경쟁력이 없는 사람처럼 보인다. 자신감이 넘치면 스스로 하는 일을 알고 자기 지식을 남에게 어떻게 전달할 것인지 안다. 한 사람의 자신감이 떨어지면 나머지 팀원들에게도 그런 분위기가 스며들고 모두의 전체적 성과에 손해를 끼친다. 면접관이 되면 누구든 눈길을 맞추지 못하는 사람, 악수할 때 손을 꽉 쥐지 못하는 사람, 명확하고 일관되게 말하지 못하거나 "업토크"(말할 때 질문처럼 말끝을 올리는 것)를 하는 사람에게는 자연스레 흥미를 잃는다. 그런 모습은 대개 자신감이 없거나 자신이 하는 말에 확신이 없다는 신호이기 때문이다. 자신감

넘치는 직원은 가르치거나 다른 사람을 도울 때 훨씬 효과적이고, 스트레스를 받거나 산만해지지 않고 업무를 완수한다. 가끔 수줍어하거나 말을 더듬는 사람을 면접해야 할 때도 있는데, 그런 사람들은 자신감이 없어 그럴 수도 있다. 그렇다고 바로 상대방을 단정하지 말고 그들이 어떤 분야에 전문성이 있는지, 무슨 질문을 하는지, 옷차림은 어떤지 살펴볼 것. 지원자들이 편안하고 안전하게 느낄 수 있도록 노력하라. 그렇다면 그들도 당신에게 마음을 터놓을 가능성이 크다.

➔ 태도

당신은 긍정적 태도를 보이는 직원을 채용하고 싶을 것이다. 그런 사람들은 주변 모든 사람의 사기를 올리는 경향이 있고 팀 동료를 격려하고 동기를 주어 더 나은 성과를 올리도록 한다. 반대로 부정적 태도를 보이는 직원들은 주변에 있으면 대개 끔찍하다. 팀 전체의 성능과 회사 전체의 문화를 망가뜨릴 수 있고, 다른 사람들이 팀을 떠나거나 아예 회사를 그만두게 만들기도 한다. "물론 가장 똑똑하고 재주가 있는 사람을 찾고 싶겠죠." 멀티포스팅의 CEO인 시몽 부셰는 내게 말했다. "하지만 저는 누군가 회사 제품과 사업, 팀 전체에 긍정적 태도를 가져오는 사람은 똑똑하지만 열심히 노력하지 않는 사람에 비해 훨씬 많은 부가가치를 창조한다는 사실을 금세 깨달았습니다."

컨설턴트 마크 머피는 2만 건의 신규 채용을 추적해 경력 궤도

면접 질문 2

**본인의 잘못을 팀 동료들에게 인정했을 때가 언제인지,
그리고 어떻게 상황을 정리했나?**

이 질문은 지원자들이 직장에서 실수를 저질렀을 때 어떻게 그 문제를 다루는지 들어보려는 것이다. 태도가 긍정적인 사람들은 대개 팀원들에게 사과했다고 말할 것이고, 그다음에 비슷한 상황에서는 어떻게 했는지 설명할 것이다. 부정적 태도인 사람들은 대개 전에 함께 일했던 팀원들을 험담하거나 그런 내용을 담은 어조나 보디랭귀지를 사용할 것이다. 내용은 자기 잘못이 아니라 다른 모두의 잘못이라는 것. 긍정적 태도의 지원자들은 자신에게 책임을 돌리면서 핑계를 대거나 다른 사람을 비난하지는 않을 것이다.

에 태도가 미치는 영향을 살펴보았다. 마크는 신규 채용이 실패했을 때, 89퍼센트의 경우 태도가 문제였고 겨우 11퍼센트만 기량 부족이 문제였다고 말했다. 부정적 태도를 보인 사람은 지도하기가 더 어려웠고, 감성 지능, 동기 부여, 문화에 대한 적응 수준이 낮았다. 기본적으로 부정적 태도는 제대로 일을 해내거나 동료들과 어울리거나 회사에 만족하는 능력에 방해가 되었다.[16] 직장 내에서 불가피한 변화나 도전이 생겼을 때 긍정적 태도를 보이는 팀원들은 공황 상태에 빠지는 대신 쉽게 대응하면서 분별 있게 행동했다.

⊕ 전문성

전문성을 가장 확실하게 보여주는 신호는 면접 시간에 정확히 도착하는 것과(또는 더 일찍 오거나) 지원자의 기본적 예의이다. 지원자가 면접장에 들어서는 순간 당신은 그들이 주는 인상에 대해, 그리고 그들이 조직에 잘 적응할 것인지 재빨리 평가할 수 있을 것이다. 그들이 옷 입는 방식은 그들이 스스로 어떻게 느끼는지, 어떻게 능력을 발휘할 것인지에 큰 영향을 미친다. 한 흥미로운 연구에 따르면[17] 참가자들은 정장과 격식 없는 옷차림을 한 상태로 각각 인지 검사를 보도록 했다. 정장 차림일 때 더 창의적이었고 문제를 더 잘 해결할 수 있었다. 정장을 입고 있으면 더 강해진 느낌과 안정적인 느낌이 들고 자신을 더 심각하게 받아들인다. 지원자가 면접 시간에 지각했는데 티셔츠 바람이라면 그는 면접을 심각하게 팀원과 갈등이 있었던 상황의 예를 들고 어떻게 해결했는지 설명해주세요 대답을 잘 들어야 한다. 이 질문에 대한 대답은 당신에게 지원자가 불쾌한 상황에서 감정을 어떻게 다루는지 감을 잡을 수 있게 해준다. 머지않아 업무상 갈등이 발생할 텐데, 당신은 당사자와 나머지 팀원들이 전문가답게 갈등을 해결하기 위해 팀에 손해를 입히지 않는, 가능한 모든 방법을 동원하기를 원할 것이다.

생각하지 않은 것이 분명하다. 당신도 마찬가지 생각이 들게 될 것이다.

⊙ 호감도

내게는 확실한 호감 요인이 있는 친구 두 명이 있다. 두 친구는 긍정적 에너지를 발산하기 때문에 같이 있으면 즐겁다. 직장에서 호감이 가는 사람들은 어떻게든 당신을 최고의 상태로 만들어 준다. 또 그들은 놀라운 경쟁적 우위를 갖고 있다. 더 빠르게 진급하고(관리자들은 싫어하는 사람이 아니라 좋아하는 사람들을 진급시키는 경향이 있다) 다른 직원들과 단단한 관계를 맺는데, 그러면 새로운 기회를 가질 수 있기 때문이다. 1960년 이후 갤럽은 미국에 선거가 있을 때마다 사전에 성격 요인 조사 결과를 발표했다. 그 결과를 보

면 호감도는 최종 선거 결과를 예측할 수 있는 세 가지 일관된 요
소 가운데 하나였다. 사람들은 그들이 좋아하지 않는 후보에게는
공감하지 못하며 그들에게 표를 던지지 않을 것이다. 미국 심리학
회에서 발표한 연구에서는 호감도와 자기 홍보를 비교했다.[18] 호
감이 가는 지원자들은 더 잘 적응할 사람으로 여겨졌고 면접관으
로부터 추천을 받거나 직접 채용될 확률이 높았다. 자기 홍보를 잘
하는 지원자의 경우에는 반대로 중립적이거나 부정적인 채용 결과
가 나왔다.

⊙ 호기심

당신은 당신의 배경, 상사, 제품, 회사, 일하는 산업 분야를 궁금해하는 지원자를 원할 것이다. 자신의 가능성을 궁금해하고 새로운 업무와 역할을 시도해보려는 의지가 있는 사람들은 변화에 적응하고 스스로 도전하고 새 팀원으로 성장할 능력이 더 크다. 이런 특성은 문제 해결 능력으로 정의할 수 있는데, 계속 익혀야 할 필

면접 질문 5

직책이나 회사에 대해 질문이 있습니까?

이 질문에 대한 지원자의 대답을 보면 지원자가 면접 준비를 얼마나 했는지, 그들이 당신과 회사에 얼마나 관심이 있는지 알아볼 수 있다. 만일 지원자가 아무것도 궁금해하지 않는다면(생각보다 자주 이런 일이 발생한다) 대부분 정보를 휴대전화로 찾아볼 수 있음에도 회사나 제품 또는 당신에 대해 별로 알아보지 않은 것이다. 지원자들은 회사의 비전, 당신의 배경, 제품 관련 계획, 회사의 문화, 그리고 만일 회사에서 일하게 되면 일과가 어떻게 될 것인지 등에 관해 질문이 있어야 마땅하다. 호기심 많은 사람은 질문이 많고, 면접은 쌍방향 행위이다. 지원자들은 당신에게 깊은 인상을 남겨야 할 필요가 있고, 마찬가지로 당신도 그들에게 좋은 인상을 줘야 한다. 좋은 질문을 하지 않는 사람들(또는 전혀 하지 않는 사람들)은 당신이 원하는 유형의 직원이 되지 않을 것이다. 그들은 자신의 범위를 넓히거나 현재 상황에 대해 도전하지 않을 것이기 때문이다.

성격을 보고 채용할 때 면접 질문 예제

질문	이 질문이 지원자에 대해 말해주는 것
자신을 어떻게 설명할 수 있습니까?	지원자들이 자신을 어떻게 보고 있는지 생각하게 만들어 준다.
과거 동료 또는 고객과의 갈등을 어떻게 해결했습니까?	지원자들이 어려운 상황을 어떻게 다루었는지 알아볼 수 있게 해준다.
가장 친한 친구는 당신을 어떻게 설명할 수 있습니까?	지원자들이 다른 사람들을 어떻게 대하는지 말하게 한다. 특히 그들이 진심으로 염려하는 사람들을 대하는 방식을 알려준다.
어떤 모임에 참여하고 있습니까?	지원자들이 중요하게 생각하는 것, 직장 밖 삶에 대해 알려준다.
처음에 불가능한 것으로 보이는 업무를 어떻게 처리하겠습니까?	지원자들이 곤란해 보이는 문제를 어떻게 해결할 수 있는지 더 잘 이해할 수 있도록 해준다.
팀 소속으로 또는 혼자서 일하는 것 중에 어떤 쪽을 선호합니까? 이유는?	지원자들의 업무 습성을 알 수 있도록 해주며, 팀에서 협업을 성공적으로 해낼 수 있는지 알려준다.
살면서 가장 만족했던 때는 언제입니까?	지원자를 채용할 경우 어떻게 해야 가장 잘 지원할 수 있는지 알려준다.
일하면서 하기 싫은 일은 무엇입니까?	지원자들이 하기 싫어하는 일과 속으로 어떤 생각을 하고 있는지 알 수 있다.
일하면서 신났던 때는 언제입니까?	무엇이 지원자에게 동기를 유발하는지 알려준다.
직장 밖에서 즐기는 활동이나 취미는 무엇입니까?	어떤 모임에 참여하고 있는지 외에도 이런 질문을 통해 지원자들이 어떤 일에 시간을 투자하는지 알려준다.

요가 있으며 팀에 대한 강한 헌신이 된다. 호기심 있는 사람은 다른 사람들로부터 배우기 원할 가능성이 더 크고 팀의 다양성에도 마음이 열려 있다. 한 연구에 따르면 회사의 57퍼센트가 지적 호기심을 가진 지원자를 찾고 있었다.[19] 멀티포스팅의 시몽 부셰는 가끔 지원자들에게 직설적으로 회사의 웹사이트를 본 적이 있는지, 뭘 바꾸고 싶은지 묻는다고 말했다.

채용하지 말아야 할
지원자가 보내는 신호

요즘은 면접에서 팀이나 회사에 잘 적응하지 못할 것 같다는 사실을 깨닫게 해주는 행동을 하는 지원자가 있을 가능성도 있다. 눈을 마주치지 못한다든지, 악수를 제대로 하지 못한다든지 지각한다든지 너무 많이 웃는다든지 외에 다른 행동들이 있다. 또는 당신이나 조직과 함께 일할 열정이 부족한 예도 있다. 또 다른 위험 신호에는 넘치는 힘이나 태도, 면접에서 하는 너무 많은 질문도 있다. 만일 지원자에게 업무나 프로젝트를 가장 성공적으로 수행한 경험이 언제냐고 물었는데 대답하지 못한다면 많은 걸 말해준다고 할 수 있다. 물론 아주 안 좋은 신호이다. 대개 그런 지원자들은 자부심이 부족하거나 경험이 적거나 과거 업무 경험에서 좋은 결과가 없었다는 뜻이다.

만일 지원자가 자신의 성과를 과장하는 듯하면 주의 깊게 살펴라. 그들이 하는 말이 이력서나 온라인 자기소개서 또는 당신이 사실로 알고 있는 내용과 차이가 크다면 조심하라. 그들은 긴장했거나 당신에게 깊은 인상을 주려고 윤색하는 것일 수도 있다. 그렇지 않다면 그들은 정직하지 않거나 팀 플레이어가 아니라는 사실을 드러내는 것이다. 팀이 힘들게 이룬 공을 독차지하는 사람들은 대개 이기적이며, 그런 사람을 채용하면 다른 팀원들과 성공적으로 협업을 하지 못할 수 있다.

주의해야 할 또 다른 신호는 지원자에게 직장 밖 생활에 관해 물었는데 계속 업무 얘기만 한다면 일 중독자일 가능성이 있다. 팀에 일만 하는 사람이 있는 건 괜찮을 것 같기도 하지만 휴식을 취하지 않는 사람들은 결국 번아웃 상태가 되거나 불행해지기도 한다. 어느 쪽이든 개인과 팀의 생산성을 떨어뜨린다. 마지막으로 당신이 과거 면접에서 수없이 들었던 뻔한 대답만 한다면 그들은 창의력이 부족할 수 있다. 면접을 미리 준비하는 건 당연히 중요하지만, 당신은 재빨리 대응해 답을 찾거나 자연스럽고 자신감 넘치는 대답을 하는 사람을 원할 것이다.

면접 대화

예제

팀에서 디지털 마케팅 담당자를 채용하는 중이고 소프트스킬과 하드스킬 모두를 갖춘 지원자를 찾고 있다고 하자. 면접에서 드러날 수 있는 성격 특징과 그것이 의미하는 바를 좀 더 알아볼 수 있도록 예제 대화를 준비했다.

당신 : 전에 다니던 회사에서 우위를 차지하기 위해 사용한 디지털 도구 경험에 관해 말해주세요.

지원자 : 저는 디지털 마케팅 분야에서 5년 동안 일한 경험이 있고, 이메일 마케팅, 소셜미디어, 모바일 도구를 사용했습니다. 온라인 마케팅 기획을 한 적이 있는데, 다양한 소셜미디어 사이트를 이용해 백만 개의 호응을 끌어냈고, 신제품 매출 50만 달러를 달성했습니다.

지원자는 당신 질문에 간결한 대답을 해냈을 뿐 아니라 다양한 도구를 사용해 진짜 사업 결과를 이뤄냈다는 사실을 보여주었다. 그런 대답은 지원자가 경쟁력이 있고 당신을 위해 일하면서도 비슷한 결과를 낼 수 있다는 걸 보여준다.

당신 : 일하다 실수했을 때가 언제인지, 그 상황을 바로잡기 위해 어떻게 했는지 말씀해주세요.

지원자 : 최근 직장에서 일이 너무 많은 데다 우선순위를 제대로 조절하지 못해 프로젝트 마감일을 지키지 못했습니다. 문제를 해결하기 위해 가장 먼저 팀 동료들을 모아 제가 실수했다는 걸 알렸습니다. 그런 다음 며칠 마감을 미뤄달라고 했습니다. 결국, 팀에 크게 부정적인 영향을 미치지 않고 프로젝트를 마무리할 수 있었습니다.

처음에 당신은 이 지원자가 믿음직하지 않다고 생각했을 수도 있다. 그러나 지원자는 솔직했고 전문가답게 상황을 해결했다고 설명했다. 지원자 대부분은 자기 잘못을 인정하지 않는다. 실패한 사람이라는 인상을 주기 싫고 지원한 자리에 부적당한 사람으로 보이기 싫기 때문이다. 그러나 사람은 누구나 실수를 하며 다른 누군가와 신뢰 관계를 구축하는 데 가장 중요한 것은 솔직함이다.

> 당신 : 우리 조직에 잘 적응할 수 있을 것 같습니까?
>
> 지원자 : 이 회사의 마케팅 역량이 발전할 수 있도록 새로운 기술을 사용할 계획입니다. 그리고 나중에는 마케팅 책임자가 되고 싶습니다. 저는 유능한 팀과 일하며 그들에게 배우고 협업을 통해 위대한 결과를 얻고 싶은 열정이 있습니다.

이런 대답은 지원자의 포부와 동기를 말해주고 그들이 오직 자신의 이익에만 초점을 맞추는 대신 팀의 성과를 염두에 두고 있다는 걸 보여준다. 만일 제대로 된 기술과 기량을 가졌고 의욕이 있으며 팀 플레이어인 사람을 보고 있다면 더 찾아볼 이유가 있겠는가?

> 당신 : 제게 묻고 싶은 게 있나요?
>
> 지원자 : 제가 만일 채용된다면 매일 어떤 업무를 맡게 될까요?

이런 질문이 대단한 이유는 직무 해설서를 통해서는 사실 현재 진행 중인 업무라든지 실제로 조직에서 일이 어떻게 이루어지는지 제대로 알기가 어렵기 때문이다. 이 지원자는 호기심이 있으며 일자리 제안을 받아들이기 전에 스스로 어떤 상황에 부닥치게 될지 알고 싶어 한다. 내가 생각하기에 누구든 지금 하는 일을 시작하기 전에 비슷한 질문을 했더라면 좋았을 거라고 한두 번은 생각해봤을 것이다.

독특한 면접 경험을
만들어라

전통적인 면접 형식이나 설정에 스스로 제한을 둘 필요는 없다. 지원자를 유별나거나 기대와 다른 환경에 처하게 하면 대개 성격을 더 잘 파악할 수 있고 그들의 문제 해결 기술도 더 잘 재볼 수 있다. 또 지원자들의 말하는 방식, 자세, 즉흥적으로 생각하는 능력들도 볼 수 있다. 아래 예제 세 가지는 면접 상황을 더 효과적이고 독특하고 지원자와 면접관 양측에 모두 유용하도록 만드는 방법이다.

⊙ 카페 면접

학교를 졸업하고 처음 면접을 보러 다닐 때 한 면접관은 나를 사무실이 아닌 카페로 불렀다. 전에 그런 식으로 면접을 본 적이 없었지만, 내가 합격한 뒤에 면접관이었던 그는 일반적이지 않은 장소에서 면접을 보면 지원자를 더 잘 알 수 있고, 그들이 다른 환경에서 어떻게 행동하는지 볼 수 있다고 말했다. 나는 그때도 면접임을 잊지 않았고 카페에서도 최선을 다했다. 다음에 면접을 볼 때는 지원자에게 사무실로 오라고 한 다음 사무실 밖 어딘가로 데려가 그들이 어떻게 적응하는지 살피고 격식을 덜 차린 환경에서 그들이 마음을 열고 긴장을 푸는지 살펴라.

⊕ 업무 과제 면접

지원자에게 면접관이 여러 질문을 하는 전통적 면접 대신 실제 업무 과제를 현장에서 시켜보는 면접이다. 과제는 현재 팀에서 진행 중이거나 과거 당신이 진행했던 내용으로 한다. 이런 형식의 면접은 만일 채용했을 때(그리고 지원자의 채용 여부와 관계없이 팀이 부딪힌 문제 해결에 도움이 될 수도 있다) 지원자가 어떻게 능력을 발휘할 것인지 알 수 있게 해준다. 핏빗의 브랜드 마케팅 담당 임원인 멜라니 체이스는 채용할 때 이런 방식을 사용한다. "새로운 사용자 그룹을 추적 범주에 포함하는 것에 대한 의견을 물어볼 수도 있고, 우리 회사의 국제 시장에 대한 접근 방식을 함께 논의해볼 수도 있습니다. 지원자들이 어떤 의견을 어떻게 낼 것인지는 그들에게, 각자의 방식에 달렸죠. 지원자들이 의견을 내는 모습을 보는 건 그들의 문제 해결 능력과 창의력을 보는 것 말고도 그들이 어떻게 소통하고 어려운 질문에 어떻게 답하는지 볼 수 있게 해줍니다. 최고의 지원자는 제가 뭔가 새로운 걸 배울 수 있는 사람들이죠. 저는 우리가 생각하는 방식에 도전하고 흥미로운 토론을 유발하거나 독특한 분야의 전문성을 드러내는 사람들을 아주 좋아합니다. 옳은 대답을 구하는 것이 아니라 그들이 어떻게 대답을 만들어내는지 보여주는 겁니다."

◉ 장시간 면접

필요한 자리를 채울 진짜 인재를 심각하게 찾고 있다면 시간을 투자할 필요가 있을 수도 있다. 월마트 행동과학 부서의 글로벌 책임자인 옴 마르와는 단 한 명의 지원자를 위해 여러 시간을 들여서 지원자의 체력을 살펴보고 신중히 생각해볼 의향이 있었다. 그는 4시간 이상 면접을 하기도 했는데, 가끔은 저녁 식사까지 이어가며 지원자들이 견딜 수 있는지 평가했다. "저를 지치게 만든 지원자도 있었습니다." 그는 말했다. "계속해서 끝내주는 아이디어를 내는데 에너지가 끝이 없었습니다. 그래서 그 자리에서 채용했어요. 지금까지 채용한 사람들 가운데 최고 인재입니다." 체력을 보여주기도 했지만 일하는 방식이 옴과 완벽하게 맞았고 두 사람은 서로 매우 적합한 상대였다.

◉ 첫 면접

만일 첫 면접이 잘 진행되지 않는다면 당신은 지원자에게 다시 와서 팀원들을 만나 면접을 해달라고 말하지 않을 것이다. 지원자와 면접관이 서로 잘 맞는다면 일을 할 때도 관계가 원활하게 돌아갈 것이라는 지표가 된다.

그 말은 당신이 팀원이 될 가망이 있는 사람에게서 찾는 성격 특성과 하드스킬을 아주 잘 알고 있어야 한다는 뜻이다. 마찬가지로 지원자를 채용하지 못하게 하거나, 심지어 면접을 중단시킬 수 있는 장애 요인 역시 잘(아니면 더 훌륭하게) 파악할 수 있어야만 한다. 지원자의 어떤 장점을 찾고 있는지 또는 어떤 점이 있으면 포기한다든지 목록으로 정리하는 것도 좋은 생각이지만, 직감을 따르는 것 역시 중요하다. 겉으로 보이는 위험 신호가 있음에도 다른 장점이 너무 좋아서 일부러 무시했던 일도 많았다는 걸 기억할 수 있을 것이다.

신규 입사자의
조직 적응

조직 적응은 멋지게 들리지 않을 수도 있지만, 신규 입사자의 장기적 성공에 엄청나게 중요한 기간이다. 신규 입사자가 업무에 투입되고 초기 몇 주는 당신에게는 기대치와 목표를 설정할 수 있게 해주고, 신규 입사자 본인에게는 함께 일하게 된 중요한 사람들과 연결을 설정하고 또한 당신이 무엇을 기대하는지 알아차려 능력을 발휘할 기회가 된다. 최초 몇 주 동안의 업무 적응에 더 투자할수록 장기적 수익은 더 커질 것이다. 좀 더 정확히 말하면 성공적인 적응 프로그램은 신규 입사자가 떠나지 않고 회사에 남을 확률을 25퍼센트 높여주고, 업무 수행 능력은 10

퍼센트 이상 좋아진다.[20] 신규 입사자가 출근한 첫 번째 주에 그들은 현장 직무 교육을 받고 새 회사의 규정을 훑어보고 회사를 구경하고 멘토(당신 또는 다른 누군가)를 찾고 싶어 한다.[21] 그들이 당신을 따라다니도록 해서 당신이 매일 뭘 하는지 보게 하고, 그들을 다른 팀원들 또 그들과 주기적으로 일하게 될 다른 사람들에게 소개하는 시간을 갖도록 하라(하지만 지나치게 굴지는 말아야 한다. 너무 많은 사람을 소개하면 압도당할 염려가 있다.). 사무실 규칙과 회의실 예약법을 가르쳐주고 혹시 회사에 직원용 안내서가 있다면 지급한다. 처

조직 적응 체크리스트

☐	신규 입사자 제출 자료 확인
☐	직원 안내 책자 지급
☐	팀이 사용하는 기술 소개
☐	사무실 설비 안내
☐	당신을 따라다니도록 허락
☐	업무를 따라잡을 수 있도록 주간 회의 시행
☐	직무 훈련 시행
☐	전 팀원이 모인 자리에서 소개
☐	당신의 기대와 목표를 서로 소통
☐	신규 입사자의 직장 내 목표를 물어본다
☐	당신이 제공하는 적응 프로그램을 평가받는다

음에 멘토 역할을 해서 팀에서 편하게 자리를 잡을 수 있도록 한다. 결국 그들은 자신을 지지해줄 다른 사람을 찾으면서 조직에서 적응을 시작하게 될 것이다.

조직 적응 기간에 신규 입사자에게 너무 많은 정보를 제공해 부담을 주지 말 것. 그들은 정보를 모두 받아들이지도 못한 채 스트레스만 받게 된다. 경력자니까 무조건 잘 해낼 거로 추측하지 말 것. 적응 경험을 쌓는 동안 신규 입사자를 효율적으로 회사 문화 속으로 끌어들이기 위해 신기술을 사용하되 의존하지는 말 것. 예를 들어 책자 대신 모바일로 접할 수 있는 안내 책자와 신규 입사자들의 일반적 질문에 대답하는 인공지능 서비스, 가상현실 방식을 이용한 직무 훈련 등이 가능하면 제공하고, 기존 직원들 주소록을 제공해 신규 입사자가 조직의 구조에 익숙해질 수 있도록 한다. 신기술은 유용할 수는 있지만, 인간의 마무리를 대체할 수 있는 것은 없으며, 신규 입사자가 적응하는 면에서는 특히 그렇다. 당신은 그들을 만나고 팀원들에게 소개하고 점심을 함께 먹고 멘토로서 조력을 제안해야 한다. 그들과 매일 소통하고 그들이 앞으로 몇 달 동안 완벽히 생산적인 직원이 되는 데 필요한 모든 걸 갖추고 있는지 확인해야 한다. 마지막으로 그들의 달력이 회의로 가득 차지 않도록 하고, 그들이 스스로 시간을 많이 할애해 새로운 역할을 배우고 동료 팀원들을 알아가기 시작하도록 해야 한다.

성격을 고려한 채용의 요점 정리

1. 채용할 때는 필요한 질문을 하라

당신 회사 문화에 잘 어울리고 장기적으로 실력을 발휘할 누군가를 확실히 찾아내는 데 도움을 줄 수 있는 주요 특징 다섯 가지를 확인하라. 하드 스킬은 중요하지만, 팀을 진정으로 묶어주고 사람들이 좀 더 효과적으로 협업할 수 있도록 해주는 건 성격이다.

2. 사무실 외부의 다른 환경에서 지원자와 면접하라

그들이 어떻게 행동하는지 보게 될 것이고, 그들에 대해 좀 더 개인적으로 알 수 있다. 그들이 능력이 없거나 업무 수행에 필요한 기술을 갖고 있지 않았다면 면접 자체가 없었을 것이다. 당신이 직접 대상자를 만나 진정으로 평가하는 것은 "적합성", 즉 당신과 당신 팀이 지원자와 잘 지낼 수 있는지 여부이다.

3. 신규 입사자가 적응하는 데 필요한 시간을 갖도록 하라

그들이 소속감을 느끼도록 해주고 당신이 그들의 경력에 모든 걸 투자하고 그들이 성공하길 원하는 것처럼 느끼도록 하라. 그들의 성공 여부는 신규 입사자가 시작부터 팀에 어떻게 적응하느냐에 달렸다. 그들에게 동료와 조직의 주요 인사들을 소개해 상호작용을 하도록 만들고, 당신을 따라다니도록 해서 당신이 볼 때 그들이 하는 일이 어떤 모습인지 알 수 있도록 하라.

08

관계 유지를 위한 집중력 높이기

·

그저 관계를 형성하기 위해서가 아니라 최고 상태인 관계를 유지하고
지속하고 성장시키기 위해 시간과 노력을 기울여라.

– 톰 래스[1]

풀타임 노동자 4명 가운데 3명 이상은 적극적으로 일자리를 알아보고 있거나 언제든 회사를 옮길 생각을 하고 있다. 반대로 회사의 거의 50퍼센트는 직원들의 빈자리를 채우지 못하고 있다.[2] 그 결과 우리는 내가 "끊임없는 구직"이라 부르는 상태에 처해 있으며, 오늘날 모든 노동자는 열 걸음 떨어진 사무실에 앉아 있어도 언제든 다음 직장을 찾아 면접장에 줄을 설 수 있는 상황이다. 팀 동료를 바꾸려면 비용이 많이 들고 생산성이 크게 떨어질 수 있다. 최고 인재들을 회사에서 붙잡을 방법은 그들을 지원하고 일에 집중하게 만들고 그들에게 긍정적 업무 경험을 제공하는 것이다. 업무에 전념하는 노동자 가운데 일 년 내 현재 직장을 떠나는 비율은 4퍼센트에 불과했다. 그러나 업무에 몰두하지 못하는 노동자들은

3분의 1이 언제든 회사를 떠날 준비를 하고 있었다.[3]

우리는 업무 집중도, 생산성, 성과를 북돋을 수 있도록 고안한 수많은 협업 기술이 특징인 세상에서 일하고 있다. 하지만 십 년 이상 일자리의 경향과 직장인들의 행동을 연구한 내가 볼 때는 업무 집중도는 엉망인 상황이 분명하다. 나만 그렇게 진단하고 있는 것이 아니다. 갤럽에 따르면 직장인의 3분의 2 정도가 직장에서 업무에 집중하지 못하는 상태이다.[4] 그 많은 신기술이(우리를 팀 동료들과 이어주어야 하는 바로 그것) 가끔 우리를 더욱 외롭게 느끼도록 한다는 점이 원인의 일부이다. 또 다른 문제는 재택근무가 늘면서 좋은 의도와 상관없이 직장인들이 문화적, 사회적으로 고립되고 있다는 것이다. 그리고 사회적 고립 속에서 튼튼한 개인 관계와 기업 문화는 병들고 있다.

거의 3분의 1이나 되는 회사들은 재택근무가 가능하고,[5] 프리랜서나 재택근무자들 관리는 모든 리더에 큰 도전이 되고 있다. 사무실 환경에서 일하지 않아 가장 불편한 것이 뭐냐고 직장인들에게 물었을 때, 3분의 1은 동료와의 소통이라고 말했다. 재택근무를 한 번이라도 해본 사람이나 재택근무를 하는 동료와 일해본 사람들은 주기적으로 자주 얼굴을 보고 목소리를 듣지 않는 사람들과 연결을 유지하기는 힘들다는 사실을 알고 있다. 내 경우에도 그건 확실한 사실이다. 집에서 일할 때도 생산성을 많이 높일 수 있음에도 나는 가끔 팀에서 고립되어 외롭다고 느낀다. 나나 집에서 일하는 다른 대부분 사람에게 휴대전화로 문자나 이메일, 메신저 메시지가 쏟아져도 달라질 건 없다. 만일 사업 상대와 최소한 일 년에 한 번 이상 얼굴을 보지 않았다면 나는 우리 조직의 미래를 믿지 못했을 것이다. 함께 사업을 운영하는 사람들과 만나거나 목소리를 듣지 못하면 스스로 회사의 일부라고 느껴지지 않는다. 내가 그 회사의 공동 경영자라고 해도 말이다!

버진 펄스와 퓨처 워크플레이스가 진행한 연구는 재택근무자의 직장에 대한 충성도에 관해 정말 흥미로운 내용을 알아냈다.[6] 예를 들어 자주 또는 매우 자주 재택근무를 한다고 대답한 사람들 가운데 겨우 5퍼센트가 현재 고용주와 직장 생활을 끝까지 할 것 같다고 대답했다. 재택근무를 거의 또는 전혀 하지 않는 사람들은 같은 질문에 거의 3분의 1이 그렇다고 대답한 것과 비교가 된다.

재택근무에
대한 반발

리더로서 집에서 일하는 건 대단히 어려울 수 있다. 직원들이 뭘 하는지 묻기 전에는 확실히 알 수 없고, 다른 사람들과 협업을 할 때도 마치 한 팀으로 일하는 느낌을 받기 때문이다. 당신의 직원들은 당신이 신경 쓰지 않는다고 생각할 수 있고, 스스로 뭔가 더 큰 조직에 속한 일부가 아니라고 생각할 수도 있다.

많은 회사가 직원들의 집중력 부족이 회사 문화를 어떻게 손상했는지 목격했고, 몇몇 경우에는 재정적 실적 부진으로 이어지는 걸 확인했다. 결과적으로 그들은 과거로 되돌아갈 것이다. 2013년 야후와 베스트바이, HP는 재택근무 정책을 재검토했다. 더 최근에는 허니웰, 레딧, IBM이 그 뒤를 따랐다. 이들은 재택근무를 누구보다 적극적으로 시행했던 회사들이지만, 지금은 기업 문화를 재구축하고, 직원들의 충성도를 높이고, 모든 직원의 사업 이해도를 높이고 같은 목적을 향해 집중하도록 노력을 기울이고 있다.

"몇 달 전 우리 회사가 재택근무 제도를 없앴는데, 애초에 재택근무자로 입사한 일부 직원에게 관리자로서 그걸 설명하는 건 실망스럽고 즐겁지 않은 일이었습니다." 허니웰의 임원인 키어 얼릭은 말한다. "하지만 인간적 소통에 목말랐던 리더로서 이번 조치는 아주 훌륭한 일이었습니다. 이제 사람들은 실제로 사무실에서 일합니다. 한때 고통스럽던 화상회의는 이제 화이트보드를 둘러싸고 모이는 협업의 현장이 되었습니다. 사람들은 이제 이메일을 연달아 보내는 대신 의자에서 일어나 제 사무실로 걸어옵니다. 아름다운 광경일뿐더러 생산성을 높여줄 뿐 아니라 팀을 가까이 묶어줍니다."

키어가 하는 말은 이해하지만, 내가 보기에 재택근무를 금지하는 것은 극단적인 해결책이다. 모든 직원이 재택근무를 하는 직장도 마찬가지다. 우리가 필요한 것은 두 가지가 적절히 섞인 모습으로, 관리자들이 모든 직원의 독특한 기호와 우선순위, 요구를 고려하는 그런 직장이다.

회사들이 재택근무 정책을 바꾸는 이유

허니웰	"직원들이 일하러 사무실로 나오면 팀워크와 아이디어를 공유하는 분위기가 더 조성됩니다. 또 함께 일하는 동료들이 변화하는 세계 시장에 대처할 때 더 빨리 그리고 기민하게 의사결정을 할 수 있도록 도움을 줄 수 있습니다." [7]
야후	"야후 직원이 된다는 건 그저 하루하루 업무를 한다는 게 아닙니다. 우리 사무실에서만 가능한 소통과 경험에 관한 겁니다." [8]
HP	"이제 우리는 더 강한 참여와 협업 문화를 만들어야 합니다. 그리고 더 많은 직원이 사무실에 모일수록 회사는 더 좋아질 겁니다." [9]
레딧	"재택근무가 일부 직원들에게는 좋지만, 거시적 계획을 세우다 보면 회사가 효과적으로 협업하고 조정을 할 수가 없습니다." [10]

집중하는 직원이
팀에 미치는 영향

재택근무 직원들 외에도 고립되었다고 느끼거나 팀원들과 어울리지 못하는 사람들이 있다. 지난 십 년 동안 직장은 대규모 상업 사무실 건물 속에 자리를 잡은 여러 팀의 집합체에서 분리된 프로젝트를 개별적으로 수행하다가 전체 팀이 힘을 합쳐 마무리를 해내는 작은 팀들로 진화했다. 그 결과 재택근무자가 아닌 직원들은 대개 혼자 책상에 앉아 점심도 거른 채 집에서 일할 때와 다를 것도 없이 다른 사람들과 거의 아무 접촉도 없이 들리는 소리라고는 지나가는 자동차 소음이나 개 짖는 소리밖에 들리지 않는 환경에서 일하고 있다. 팀의 규모나 기능, 소속 부서 또는 작업 장소와 관계없이 적어도 구성원 중 한 명은 아마도 연결되어 있지 않아서 외롭고 조금 더 업무에 집중할 필요가 있다는 기분일 것이다.

직원의 집중 여부는 고객 만족부터 제휴 관계 강화, 신규 직원 채용에 이르기까지 회사의 모든 면에 영향을 준다. 집중이 부족하면 생산성에 엄청난 장애가 될 수 있으며, 회사의 성장을 늦출 수도 있다. 집중력이 강한 팀은 결근이 41퍼센트 적었고 생산성은 17퍼센트 더 높았으며 집중력이 낮은 팀에 비해 퇴직률이 24퍼센트 낮았다.[11] 헤이그룹은 직원 집중력의 수준이 높은 회사들은 집중력이 낮은 회사들에 비해 해당 수익이 2.5배 많다는 사실을 발견했다.[12]

리더로서 당신은 직원들이 정서적으로 팀과 조직의 목표를 이루기 위해 전념하기를 원한다. 집중하는 직원들은 업무와 직장 내 인간관계에 더 많은 시간과 노력을 투자한다. 그들은 직장에서 목적을 갖게 되고, 매일 수행하는 활동에 의욕과 열정, 에너지를 쏟아붓는다. 타워스 페린은 집중력이 강한 직장인들 가운데 84퍼센트가 스스로 회사의 제품과 서비스의 질에 긍정적 영향을 끼칠 능력이 있다고 느낀다는 걸 알아냈다. 그에 비해 집중력이 약한 직장인들은 31퍼센트만이 그렇다고 생각했다.[13]

모습을 보이는 일이
팀에 미치는 영향

서로 얼굴을 보는 건 목소리를 듣는 것만큼 중요하다. 다른 사람과 얼굴을 마주 보는 일은 심리적으로 더 호감을 주며, 더 연결되어 있다고 느끼도록 만들어 준다. 사무실에서 일하는 전문직 노동자들을 대상으로 한 연구에서는 수동적으로 얼굴을 보는 일(일상적인 근무시간이나 근무 외 시간에 직장에서 얼굴을 보는)이 사람들이 직장에서 인식되는 방식에 어떻게 영향을 미치는지 조사했다.[14] 결과는 서로 얼굴을 보면 직원들을 신뢰할 수 있다거나 헌신적인 것으로 인식했다. 그렇게 인식한 사람들은 스스로 그런 결정을 내렸다는 사실을 전혀 알지 못했다.

리더들이 사무실에 있으면 신뢰감이 올라가고 헌신적으로 보인다. 또 실제로 쉽게 다가갈 수 있고 공감도 쉬워진다. 월풀의 키친에이드 국제 분야 팀장인 마이크 맥스웰은 사무실에서 늘 분주하게 움직이며 얼굴을 보여주는 행동의 힘을 믿고 있다. "저는 아침이면 일어서서 팀원들을 보고 다른 사람들도 확인합니다. 직원들과 업무에 관해 협의하고 업무가 아닌 일도 이야기합니다. 그러면 저는 접근하기 쉬운 존재가 되고 제가 알아야 할 최신 정보를 얻게 됩니다. 서로 얼굴을 보며 소통하는 것이 중요합니다." 팀원들은 그의 노력과 관심을 고맙게 받아들이고 있는데, 그 이유는 그의 그런 행동은 팀원들에게 자신을 돌이켜보고 마음을 열고 서로 연결할 시간을 주기 때문이다.

물리적으로 얼굴을 보여주지 않으면 팀원들의 충성심뿐 아니라 자신의 경력 전망에도 영향을 미칠 수 있다. 당신의 모습이 안 보이면 새로운 프로젝트나 승진, 보너스를 지급할 때도 당신은 상사의 머릿속에 처음 떠오르는 존재가 될 수 없다. 모습을 자주 보이는 사람이 관심을 더 받고 더 열심히 일하는 사람으로 인식되는데, 그 이유는 그들의 노력은 직접 볼 수 있는 데 반해 재택근무자들은 (아무리 실력이 엄청난 직원이라고 해도) 대개 잘 눈에 보이지 않기 때문이다. GE의 전 CEO인 잭 웰치는 이렇게 말하기도 했다. "회사에서 꾸준히 모습을 드러내면서 평가를 받았던 사람이 아니면 지도자의 역할을 맡도록 승진할 일은 거의 없다."[15] 모습을 보이는 일은 다른 사람들에게 당신이 회사 일에 열성적이며 앞에서 이끌고 싶어 한다는 강력한 메시지를 보낸다. 모습을 보여주는 일의 중요성과 그에 따르는 온갖 엄청난 혜택을 이해하는 건 직원들에게 도움이 된다.

팀원들과 신뢰 관계를 구축하고 싶다면 그들과 성공적으로 관계를 맺을 필요가 있는데, 그렇게 하는 가장 좋은 방법은 모습을 보여주는 것이다. 〈프레즌스〉의 저자 에이미 커디는 전에 내게 이렇게 말했다. "모습을 보여주면 그런 신뢰를 쌓을 수가 있습니다. 그건 당신이 '내가 여기 있고, 당신에게 관심을 두고 있어. 나는 듣고 있고, 내가 하라고 말하는 건 그저 내 개인 의견에 불과하고 나는 당신을 관찰하며 귀 기울이고 있어.'라고 말하는 것이기 때문이

페이스북의 CEO 마크 저커버그와 COO인 셰릴 샌드버그는 우리 사회에서 가장 강력한 팀을 이루고 있다. 두 사람은 노력을 결합해 수십억 명의 사람들에게 영향을 미치는 의사결정을 해왔다. 가상현실에서의 상호작용을 장려하는 회사인 페이스북을 이끌고 있음에도 그들은 효과적인 리더와 팀 동료가 되기 위해 직접 얼굴을 맞대는 회의에 의존하고 있다.

두 사람은 2주에 한 번 사전에 의제를 정하지 않고 단둘이 만나 회사에서 새롭게 개발하고 있는 내용을 점검한다. 저커버그는 이 만남에 대해 이렇게 말했다. "정보와 피드백을 공유하고 모든 일이 전진할 수 있도록 하는 정말 중요한 방식입니다." 샌드버그의 시각에서 보면 그런 만남은 "우리가 늘 다양한 이야기를 나눌 것이며 그렇게 해서 상황을 공유할 수 있다는 걸 알기 때문에" 중요하다. 두 사람은 페이스북 그룹 기능을 사용하거나 페이스북 메시지 서비스를 이용해 대화할 수도 있다는 걸 알지만, 이렇게 정기적으로 인간적 소통을 하면 관계를 강화하는 데 도움이 되고 두 사람 모두 더 효과적으로 일할 수 있다.[17]

죠."[16] 만일 당신이 팀원들과 관계를 맺는데 신기술에 지나치게 의존하고 있다면 이와 같은 수준의 상호 작용(또는 신뢰)을 할 수는 없을 것이다.

오래된 리더십은 가고
새 리더십이 온다

과거의 리더들은 대개 독재적이고 직원들에게 지시하거나 행동을 통제하는데 많은 시간을 보냈다. 그들은 규칙과 훈련 그리고 업무를 해내는 데 필요한 규정을 신봉했다. 독재자 리더들은 오늘날에도 모든 업계에 여전히 존재하며, 여러분도 그 가운데 한 명일 수 있다. NBC의 새터데이 나이트 라이브를 제작한 론 마이클스의 예를 들어보겠다. 마이클스는 1975년부터 가장 오래 방영하고 가장 인기가 좋은 프로그램 가운데 하나를 제작하고 있다. 독재자 리더로서 그는 여전히 모든 출연자에게 최고의 노력을 요구하고 있으며, 모든 기획안과 장면에 대한 마지막 승인을 직접 하고 있다. 강하게 이끄는 방식인 그의 리더십 덕분에 마이클스는 사람들이 코미디와 관련해 위대한 경력을 쌓을 수 있도록 도왔다. 그 가운데는 빌 머리, 에디 머피, 에이미 폴러도 있다. 마이클스는 이런 말을 했다. "제가 볼 때 경계 없는 창의력은 존재하지 않습니다." 그리고 그런 경계는 그가 이끄는 작가들 그리고 연예인들로 이루어진 팀이 놀라운 창의력을 발휘하는 데 도움을 주었다.[18]

스티브 잡스 역시 비슷한 유형이었다. 세계에서 가장 큰 회사들 가운데 하나를 건설했지만, 직원들에게 자주 호되게 굴었고 자기 마음에 들지 않는 말을 들으면 공개적으로 직원들을 망신 주는데 거침이 없었다. 그런 확고한 스타일에도 직원들은 엄청나게 충성을 다했는데, 직원들이 스스로 보지 못하는 뭔가를 볼 수 있는 사람이었기 때문이다. 잡스와 마이클스는 모두 크게 성공했지만(마이클스는 지금도 여전히 그렇다) 요즘이었다면 그들은 회사를 이끌기 매우 힘들었으리라 생각한다. 조직들이 전보다 수평적이고 협업이 필요하고 더 사회적이고 규칙 지향적이지 않고 훨씬 더 자유롭게 정보가 흐르도록 용인하고 있기 때문이다.

오늘날 변신하는 리더들은 변화와 새로운 환경에 변화하는 능력이 있으며, 자신이 이끄는 팀이 마찬가지로 능력을 갖춰 새로운 장애물을 자신감을 가지고 헤쳐나갈 수 있도록 준비한다. 그들은 비전을 만들고 팀원들이 견뎌내도록 격려한다. 그들은 다른 사람들

상충하는 리더십 스타일

나이 든 리더 : 우리는 모든 직원이 따라야 하는 절차가 있고 모든 프로젝트는 임원급 이상의 결재가 필요합니다. 새로운 아이디어가 있어도 허가 없이 진행하면 안 됩니다. 새로운 아이디어가 우리 지침에 맞는지, 접근 방식이 과거에 통했던 것인지 직접 확인해야 합니다.

젊은 리더 : 우리는 정해둔 절차가 있지만, 융통성이 있습니다. 저는 아이디어나 업무를 해내는 새로운 방식을 공유하는 걸 권장합니다. 기본적인 지침은 존재하지만, 협업하고 가능한 한 가장 효과적 방식으로 목표를 향해 일하는 것이 중요하다고 생각합니다.

이 최선을 다하도록 독려하고 협업을 촉진하며 독재자 아닌 치어 리더가 된다. 변신하는 리더로서 당신은 필요한 희생을 감수하고 예상하지 못한 난관을 뚫고 팀을 뒷받침할 수 있는 의지를 가져야 한다. 당신은 아이디어를 소통할 수 있는 능력이 있어야 하며 팀원들 사이에서 신뢰를 만들어낼 수 있어야 한다. 그들과 관계를 맺고 강한 공감 능력을 갖춰야 한다. 그리고 당신은 성공을 축하하는 문화를 만들어야 한다. 수백 명의 젊은 직장인과 인터뷰를 했는데, 60퍼센트 이상이 스스로 그렇게 팀을 이끌고 있다고 믿었다.[19]

매력 있는 문화를 만들어내려면 직원들이 맡은 업무 수행 방식에 관해 그들에게 권한을 주고 신뢰해야 한다. 늘 꼬치꼬치 간섭하고 동료 앞에서 굴욕을 안겨준다면, 절대 날개를 펴지 못하게 한다면 그들은 절망감에 화를 낼 것이고, 결국 더 대접받고 그들을 육성해주는 곳에서 일할 기회를 찾아 나서게 될 것이다. 가끔 최고의 리더십 유형은 그냥 일하도록 두는 것이다.

뉴욕타임스의 한 통찰력 있는 기사에서 링크드인 CEO 제프 위너는 리더십의 정의에 대한 질문을 받았다. 그의 대답은 변화하는 리더십을 반영하고 있다. 그는 말했다. "간단히 말해 리더십은 다른 사람을 격려해 공동의 목표를 달성하게 하는 능력입니다."[20] 그런 다음 그는 리더와 팀에게 사업과 제품이 어디로 가고 있는지 명확하게 알려주는 비전에 관해 이야기했다. 위너는 젊은 직원은 아니지만 유명한 기술 회사인 링크드인과 야후에서 경영진으로 일했기에 많은 경험과 통찰력을 갖고 있다. 드롭박스의 젊은 CEO이자 공동창업자인 드루 휴스턴과 대화 중에 이런 말을 들었다. "실력은 좋지만, 팀 플레이어가 아니라면 우리 회사에서 성공하기는 힘들 겁니다." 휴스턴은 그의 회사에서 일하는 귀도 반 로섬이라는, 변화에 강한 리더에 관해 이야기했다. 그는 유명한 프로그래밍 언어인 파이썬을 개발한 사람이다. 로섬은 인턴들이 찾아와 파이썬이 왜 다른 프로그래밍 언어와 비교해 열등하다고 생각하는지 말해도 그들에게 등을 돌리는 대신 진지한 토론을 할 의지를 갖고 있었다고 말했다. 로섬은 자신만의 생각에 빠져 있지 않았다. 심지어 듣고 싶지 않은 내용이라고 해도 피드백을 환영하는 사람이었기에 진정한 변화가 가능한 리더라는 것이다.[21]

몇 년 전 나는 트위터의 공동창업자 세 명 가운데 한 사람인 비즈 스톤과 그의 진로 결정과 영향력에 대해 인터뷰를 했다. 나는 함께 일했던 공동창업자들의 리더십 그리고 그들이 트위터를 오늘날의 거대 기업으로 발전시키면서 맺었던 관계에 관해 물었다. "잭과 에브는 제가 더 좋은 사람으로 자랄 수 있도록 다양한 방식으로 계속 절 돕고 있습니다. 잭은 제가 현재 경영하는 스타트업에 대해 많은 지원을 해주고 있고, 에브는 제게 과분할 정도로 인내력을 발휘해주고 있습니다."[22] 성공하는 기업가들도 지지해주는 시스템이 필요하고 서로의 강점을 활용해야만 한다. 변화하는 지도자들은 회사의 다음 세대에 힘을 주고 직장 환경을 모두에게 더 좋은 곳으로 만들 것이다.

직원들의 집중력을 강화하는

네 가지 방법

수없이 많은 연구와 다양한 업계 리더들과의 대화를 통해 나는 직원들의 집중력을 네 가지 요인으로 정리할 수 있었다. 바로 행복, 소속감, 목적의식, 신뢰다. 리더로서 이 네 가지 요소를 키울 수 있다면 당신은 팀 동료들을 계속 생산적이고 성취감 높고 목표에 헌신하는 상태로 유지할 수 있을 것이다. 제대로 된 자리에 제대로 된 사람을 채용하고 그들에게 필요한 자원과 감정적 지지를 제공하며 권한을 줄 때 그들은 성공할 것이다. 이런 요소들을 더 자세히 확인해보도록 하자.

⊙ 더 많은 행복을 퍼뜨려라

산업의 종류나 회사 규모에 상관없이 행복한 직원의 힘을 무시하는 건 불가능하다. 행복한 직원은 새로운 직원을 소개하고 인터넷에서 회사를 자랑하고 더 열심히 일하고 어려운 시간이 와도 남아서 함께 극복할 가능성이 더 크다. 내 친구이자 〈행복의 특권〉의 저자인 숀 아처는 행복한 직원들이 평균 31퍼센트 생산성이 더 높고 판매량이 37퍼센트 많았으며 3배 더 창의적이라는 사실을 알아냈다.[23] 조금 진부하게 들릴 거라는 사실은 알지만, 당신과 일하는 직원 한 명이 행복할 때 그 감정은 팀원들에게, 조직 나머지 전체로 퍼져나갈 것이다.

1. 직원들에게 그들의 업무 실적만이 아닌 개인적 삶을 염려하고 있다는 걸 보여주기 위해 일과 삶의 균형에 관한 심각한 대화를 나눌 것.
2. 금요일이 아닌 날에 모두를 위해 점심을 사는 것처럼 모두를 염려하고 있음을 보여주기 위해 무작위로 친절한 행동을 할 것.
3. 직원들과 시간을 보내며 그들을 더 잘 파악하고 어떻게 하면 그들에게 더 좋은 업무 경험을 만들어 줄 수 있는지 물을 것.

⊙ 소속감을 만들어내라

인간인 우리는 다른 사람들로부터 받아들여지기를 바라는 자연적 욕구가 있다. 직장에서 그 "다른 사람들"은 팀 동료다. 나는 어릴 때 사람들과 잘 어울리지 못했고, 친구 사귈 때 문제가 있었다. 소속감도 친한 친구도 없던 나는 공부를 잘하지 못했고 행복하지 않았다. 대학에 입학한 뒤 사교 모임에 가입했는데, 즉시 동지애와 받아들여지는 기분을 느꼈다. 왜냐하면, 모두 똑같이 6주에 걸쳐 고생스럽게 맹세를 해야 했기 때문이다. 모임 선배들이 이미 날 받아들인 뒤였고 미래의 내 사교 생활은 이미 정해져 있었기에 걱정할 필요가 없었다. 그 결과 나는 더 많은 시간과 에너지를 인턴 생활과 수업에 투자할 수 있게 되었고 결과는 무척 긍정적이었다.

직장에서 직원들은 팀에 속해 있다는 느낌을 원한다. 그래서 많은 리더가 처음부터 문화 적합성을 보고 채용하는 것이다. 그들은

관계 유지를 위한 집중력 높이기

251

첫날부터 잘 적응할 사람을 원한다. 직원들이 소속감이 있으면 경계심이 떨어지고 성과는 올라간다. 소속감은 직장에서 간과하기 쉬운데, 모두가 목표에만 너무 집중하고 있어 우리 주위를 둘러싼 사람들이 어떻게 느끼는지 충분한 관심을 기울이지 않기 때문이다.

소속감을 만들어내기 위해서는 직원들이 하루하루 공동체의 일원이라는 기분을 느끼도록 만들어 주어야 한다. 직원들이 그들이 포부를 이루도록 돕고, 그들의 행복을 지지하고, 그들이 존중받는다고 느끼게 해주는 그런 공동체. UCLA의 교수들이 진행한 연구를 보면 소속감에 대한 위협은 신체적 고통과 비슷한 경험을 준다.[24] 그리고 그건 시작에 불과하다. 다른 연구들을 보면 소속감이 없거나 받아들여지지 않는 느낌은 우울한 감정으로 이어지며, 결

더 많은 소속감을 만드는 요령

1. 사교 행사를 기획하거나 팀원 전체가 함께 점심을 먹고, 직원들이 안심하고 각자의 사생활에 대한 정보를 서로 나눌 수 있는 환경을 만들어 소속감을 고취한다.
2. 팀원 전체가 모이는 회의를 더 많이 열어서 모두가 자신의 목소리를 낼 수 있으며 요구사항이 받아들여지는 기분을 느끼게 한다.
3. 인정받지 못했거나 팀 활동에 포함되지 못한 팀원을 보면 특별히 손을 내미는 노력을 기울여 해당 팀원이 환영받는 느낌이 들도록 한다.

국 문제 해결 기술이 감소하고 업무 효율성이 떨어진다.

"사무실 밖에서 쌓인 팀원들의 상호작용이 업무에 대한 집중과 퇴사 방지에 가장 중요합니다." 버라이즌의 고객 경험 담당 매니저 질 작셰프스키는 말한다. "우리들의 결속력은 스프레드시트나 이메일로 다져진 것이 아니라 회식과 팀 바비큐, 탁구장에서 보낸 시간에서 만들어진 겁니다. 우리는 사무실 밖에서 진정한 관계가 맺고 있기에 사무실에서 서로 재빠르게 지원할 수 있습니다."

⊙ 목표를 업무에 연결하라

목표를 갖고 있으면 중요한 사람이 된 것 같고 어디로 가야 할지 방향이 있는 것 같은 기분이 든다. 오랜 세월 나는 내 목표가 같은 세대를 경력 전체의 궤적을 따라 학생에서 CEO가 될 때까지 그들을 돕는 일이라는 걸 깨달았다. 여러 해 동안 글을 쓰고 회사에서 일하는 경험을 쌓고 젊은 전문가들에게 조언하고 난 뒤에야 내 목표는 명확해졌다. 이제 내가 사업상 또는 사적으로 의사결정을 할 때는 언제나 그 결정이 내 목표와 들어맞는지 고민한다. 만일 그렇지 않다면 무시한다. 이런 방식은 늘 내가 집중할 수 있게 하고 내 동년배들이 성공하는 걸 돕는 일이 아니라면 쓸데없는 행동에 시간을 낭비하지 않도록 해준다. 살아오면서 내린 대부분 결정이 그 쪽을 향하고 있어, 나는 내 목표가 무엇인지 안다. 그리고 그 목표를 이룰 수 있는 가능성을 생각할 때마다 나는 아주 신이 난다.

나는 우리 세대가 노동 인력에 미치는 영향을 두고 "포터의 다섯 가지 힘" 분석으로 유명한 하버드 경영대학원 교수 마이클 포터와 이야기를 나누었다. 그는 오늘날의 젊은 노동자들은 "예전 세대와 비교해 사회의 많은 난관을 더 잘 인식하고 있으며, 주주의 가치 극대화를 그들이 해야 할 일의 충분한 목표로 받아들일 의지가 크지 않습니다. 그들은 좀 더 폭넓은 사회적 목표를 찾고 있으며, 그런 목표를 가진 곳에서 일하고 싶어 합니다."[25]라고 말했다. 〈나는 왜 이 일을 하는가〉의 저자이며 어찌 보면 목적의식을 품고 일해야 한다고 가장 열렬하게 주장하는 사람인 사이먼 사이넥은 포터의 언급을 확장해 내게 설명했다. "위대하고 영감을 주는 리더들과 조직들은 어느 업계에 속했는지 어떤 규모인지 상관없이 모두 그들이 일하는 이유를 알고 있습니다. 바로 그 이유가 그들과 주변

목표를 만들어내는 요령

1. 팀의 업무에 개인적으로 영향을 받아온 고객을 한 명 초청해 직원들이 그들의 노력이 미치는 영향을 듣고 볼 수 있게 한다.
2. 그냥 업무를 배분하지 않는다. 팀원들이 왜 맡은 일을 하는지 잘 알게 하고 그 업무가 어떻게 조직과 고객 더 나아가 세계를 유지하는 데 쓰이게 되는지 알게 한다.
3. 매일 직원들이 일하러 오면 성과와 목적의식을 공유하도록 한다. 이렇게 하면 공유된 목표와 목적을 파악하는 데 도움을 준다.

사람들에게 영감을 주는 거죠. 그 이유가 충성심을 끌어냅니다. 그리고 그 이유가 계속해 그들의 성공을 가져옵니다."[26] 목표는 중요하지 않았던 적이 없지만, 이전 세대들은 간과한 적도 많았다. 이제 목표는 진로를 정하는 특징 중 하나이며 누구든 회사를 떠날 것인지 머물 것인지를 결정짓는 주요 요인 가운데 하나이다.

⊙ 신뢰를 형성하고 유지하라

신뢰는 업무든 사적이든 모든 좋은 관계의 특징이다. 직원들이 당신을 신뢰할 때 그들은 당신이 듣기 원하지 않지만, 반드시 들어야만 하는 것들을 말해줄 것이다. 그들은 당신에게 좀 더 마음을 열 것이고 피드백을 제공할 것이며 평가를 받는다는 스트레스 없이 또는 스스로 바보가 된다는 느낌 없이 문제를 제기할 수 있을 것이다. 캘리포니아 클레어몬트 대학원의 연구원인 폴 잭은 시민들 사이의 신뢰 수준이 높은 국가들이 경제적으로 더 성공하고 있다는 사실을 확인했다. 한 연구에서 그는 실험 대상자들의 옥시토신 수치를 관찰했다. 옥시토신은 사회적 결합, 사회적 상호작용 조절에 작용한다. 잭은 사람들이 신뢰받고 있다고 느끼면 뇌에서 옥시토신이 만들어진다는 사실을 알아냈다. 더 신뢰받고 있다고 느낄수록 더 많은 옥시토신이 만들어졌다. 그밖에도 신뢰받고 있다고 느끼는 사람들은 다른 사람들을 더 신뢰했다. 직장에서 동료들로부터 많은 신뢰를 받는 직원들은 스트레스를 74퍼센트 덜 느꼈고, 106퍼센트 더 에너지가 있고, 생산성이 50퍼센트 더 높고, 아파서 결근하는 날이 13퍼센트 적고, 76퍼센트 더 집중력이 강했고, 삶에 29퍼센트 더 만족감을 느꼈고, 번아웃에 빠질 확률도 40퍼센트 낮았다.[27] 직원들은 신뢰 없이는 당신에게 주요 사안을 제기할 수 없다고 느꼈고, 그들이 업무를 완수할 수 있도록 도와주는 다른 사람들에게 의존하지도 못한다고 느꼈다. 결국, 다른 사람을 신뢰하지 않거나 믿을 수 없는 직원들은 팀에서 오래 견디지 못할 것이다.

항상 휴대전화에만 매달려 있고 직접 사람들과는 대화하지 않는다면, 내가 말하는 종류의 신뢰를 형성하기는 어렵다. 문자, 메신저, 이메일은 기술적 소통 수단이지만 단단한 관계를 만들어내는 데는 거의 아무 소용이 없다. 바로 눈앞에서 얼굴을 맞대고 이야기하는 사람을 신뢰하는 편이 훨씬 더 쉽다.

미 공군의 야전 훈련 감독관 조 로런스는 말한다. "저는 신뢰가 가장 중요하다고 생각합니다. 제가 신뢰를 얻는 방식은 보여주고 흥미를 갖고 참여하는 겁니다. 한 시간 동안 교실에서 강의하면서 그 점을 강조하죠. 질문이 생기거나 피드백을 원하면 사무실로 찾아갑니다. 제가 저의 시간을 소중히 여기는 만큼 상대방의 시간도 소중히 여기고 있다는 걸 그들이 알게 하려고 모든 노력을 기울입니다. 그리고 나서 상대방의 진로를 방해하는 걸 치워줄 수 있는지, 그들의 삶을 더 쉽게 만들기 위해 더해줄 자원이 있는지 생각합니다."

> **직원들의 신뢰를 얻는 요령**
>
> 1. 팀 운영을 투명하게 하고, 속으로 무슨 생각을 하는지 직원들이 알 수 있도록 하되 장황한 말투는 최소한으로 줄여라.
> 2. 실수를 인정하라. 그러면 더 인간적이고 믿음직스럽게 보일 것이고 상대방도 그들의 실수를 인정하기가 더 쉽다.
> 3. 약속을 지켜 직원들이 늘 당신을 믿을 수 있도록 하라.

팀에서 당신 또는 누군가
고립되었다고 느낄 때 해야 할 일

기업가로서 내가 가장 두려워하는 것은 고립되어 외로움을 느끼는 일이다. 재택근무를 하거나 혼자서 프로젝트를 책임지고 있으면 진정으로 외로움을 느끼거나 팀이나 조직에 속해 있으면서도 그렇지 않다고 느끼기 쉽다. 직장 생활을 하던 중에 한 번이라도 이런 감정을 느껴본 적이 있다면 유일한 해결책은 다른 사람들에게 도움을 요청하는 손길을 내밀기 위해 온갖 노력을 다하는 것이다. 중요한 건 업무와 절차를 재조정해 당신이(또는 누구든 팀에서 고립감을 느끼는 사람) 주기적으로 팀원들과 더 많이 상호 작용할 수 있게 하는 것이다. 모든 사람이 혼자 일하게 두지 말고 프로젝트 하나에 두 사람을 배정할 수 있도록 애써라. 이렇게 하면 프로젝트의 진행이 느려질 수 있지만, 그래야 직원들의 정신적 건강에 더 좋다. 실리콘밸리의 많은 기업은 직원들이 회사 근처로 와서 사무실에서 가까운 곳에 살기를 강력하게 독려한다. 그들은 팀원 사이에 더 자주 상호작용이 있어야 새로운 관계와 아이디어가 만들어지고 더 쉽게 문제를 해결할 수 있다는 걸 발견했다. 버진 펄스 연구에서 응답자의 60퍼센트는 직장에 친구가 더 많다면 현재 근무하는 회사를 떠나지 않을 거라고 대답했다. 젊은 노동자들의 경우 더 두드러져서 Z세대는 74퍼센트, 밀레니엄 세대는 69퍼센트가 그렇다고 대답했다.[28]

결국은 직접 소통이 가장 중요하다. 팀 동료들과 충분히 얼굴을 보며 지내지 않는다고 느끼는 노동자들 가운데 48퍼센트는 업무에 집중이 되지 않는다고 말했고, 78퍼센트는 가끔 또는 늘 외로움을 느낀다고 대답했다. 추가로 직장 동료와 충분히 얼굴을 보며 지낸다고 느꼈던 사람들은 이메일을 주고받으며 보내는 시간이 줄었고 업무 학습 시간은 늘었으며 신뢰감과 생산성은 상승했고, 동료들과의 관계가 개선되고 조직에 더 헌신하게 되고 승진할 가능성이 더 커졌다.

위대한 리더들은
어떻게 직원들이 집중하게 하는가?

업무에 집중하는 일은 일주일이나 일 년에 한 번 하는 것이 아니다. 당신이 팀원들과 매일 종일 주고받는 상호작용이다. 오랜 세월 나는 직원들이 리더에게 원하는 관계 설정

방식을 조사해 왔다. 그런 방식으로 관계를 맺는다면 직원들은 최고 실적을 낼 수 있다.[29] 조사한 방법들 가운데 그 어느 것도 신기술과는 관련이 없었다(어떤 상황에서 도움이 될 수는 있었다). 위대한 리더들이 직원들을 업무에 집중시키는 8가지 방법을 소개한다.

1. **팀원들에게 귀 기울이고 그들의 의견을 소중히 여기고 존중하는 문화를 만들어라.** 당신의 직원들은 열 단계나 되는 관리자들의 층을 통하지 않고 그들의 생각을 당신과 공유하고 싶어 한다. 그들이 해야만 하는 이야기에 당신이 귀 기울이고 있으며 그에 바탕을 두고 행동에 나서리라는 걸(왜냐하면, 행동은 말보다 훨씬 목소리가 크기 때문이다) 안다면 그들은 당신을 심각하게 여길 것이며 계속 공유할 것이다. 직원들이 무시당한다고 느끼면 아이디어 공유를 시간과 노력의 낭비로 여길 것이다.

2. **직원들에게 의미 있는 프로젝트를 맡겨라.** 그들은 팀과 조직, 고객, 외부 세계에 영향을 미치는 프로젝트를 원한다. 아무 생각 없는 톱니가 되어 더 아무 생각 없는 바퀴 속에서 돌아가는 기분을 원할 사람은 없다. 그들은 수행하는 업무들이 합쳐져 어떻게 더 큰 프로젝트가 되는지, 그것들이 어떤 영향을 만들어내는지 보길 원한다. 리더로서 당신의 가장 큰 도전 가운데 하나는 직원들에게 그들이 매일 하는 업무가 어떻게 더 큰 그림을 완성하는지 완벽하게 이해할 수 있도록 설득력 넘

치는 이야기를 들려주는 것이다. 직원들이 인정하고 싶을지 모르겠지만, 그냥 2주 간격으로 지급되는 임금으로 집중력이 만들어지는 건 아니다. 사람들은 스스로 중요한 존재가 되고 싶어 한다. 제대로 된 프로젝트를 제대로 된 팀원에게 맡기고 싶으면 제대로 된 사람을 채용하고 기대치를 설정해야 한다. 그래야 직원들이 스스로 어떤 책임을 맡고 있는지 알게 되고, 성공할 때까지 도구와 지원이 이어짐을 알게 된다.

3. **직원들이 성공할 수 있도록 조언과 피드백을 해라.** 불행하게도 멘토라는 단어는 남용되고 오해를 받고 있다. 예를 들어 어떤 사람들은 뭔가 가르쳐주는 사람이면 멘토라고 부른다. 또 어떤 사람들은 직장 생활에서 멘토는 오직 한 사람뿐이라고 말한다. 사실 멘토링은 두 사람이 짝이 되어 서로 지원하고 성공을 만들어내는 관계이다. 많은 사람이 멘토로부터 조언을 받는 사람만 그 관계에서 보상을 받는다 생각하지만, 함께 성공하는 관점에서 보면 두 사람 모두 혜택을 얻는다. 힘들게 일하면서 의문이 있거나 안내가 필요한 사람들을 도울 시간을 따로 할애하는 건 물론 직원들을 위해 진정으로 투자에 나설 때 성공적인 멘토링을 해낼 수 있다.

4. **모두가 상황을 파악할 수 있도록 회사 정보에 무제한 접근을 제공하는 투명한 모델을 만들어라.** 주간회의를 열어 모든 팀원에게 가장 최근의 회사 소식을 전하고, 잘된 점과 그렇지 못한 점을 알려 모두가 무슨 일이 진행되고 회사가 어떤 위치

에 있는지 정확히 알게 한다. 성공과 실패의 상황을 모두 알게 되면 팀원들은 차질을 겪고 있는 상황에서 빠져나갈 방법을 찾을 수도 있다. 또 큰 승리의 영광을 공유하고 미래에도 대비할 수 있다.

5. **멘토 역할뿐 아니라 코치가 되라.** 코치 역할을 할 때는 실행 가능한 피드백과 조언을 주고 당신의 경험에서 특정한 예를 사용하여 상대방이 뭘 해야 할지 완전히 이해하도록 하라. 직원과 당신이 내용을 기억해 두어 서로 설정한 목표와 기대치를 비교해 진행 상황을 점검할 수 있도록 한다. 제너럴 밀스에서 올드 엘파소와 토티노의 사업을 담당하는 임원인 미셸 오들런드는 직원들과 매달 또는 분기마다 코칭 시간을 갖는다. 직원들 발전에도 도움이 되지만 그녀가 일을 더 잘하는 데도 도움이 되기 때문이다. "진정으로 뭔가를 배우려면 가르쳐 봐야 합니다. 그러니까 직원들에게 설명하고 그들과 함께 다른 개발 개념을 논의하는 과정은 제가 개념을 좀 더 깊이 받아들이고 이해할 수 있도록 해줍니다." 미셸에게 코칭 시간은 쌍방향 도로이자 대화이며, 그녀가 생각하는 직원들의 가치를 더 강화하고 중대한 피드백을 받는 기회이다. 또 직원들은 그들의 목소리와 관점이 중요하다는 걸 그녀에게 다시 일깨워준다. 이런 식의 코칭은 양측이 참여하고 서로 투자하도록 하며 서로의 발전을 촉진한다.

6. **늘 직원들 편에 서라.** 팀원과 다른 사람들 사이에 논쟁이 발

직원을 코치하는 법

1. 직원들이 행동에 책임을 지리라는 걸 당신이 기대하고 있음을 직원들에게 알려라. 하지만 해내야 할 업무를 그들이 완수할 능력이 있음을 확신하고 있음을 보여주어라. 이렇게 하면 그들은 그들이 문제를 해결하리라 당신이 믿고 있으며, 그들의 이룰 성과에 당신이 관심을 두고 있다는 느낌을 받을 수 있다.

2. 약점이나 성과 문제를 지적해 직원들이 저지른 실수나 더 필요한 기량에 대해 생각해보도록 만들어라. 개선이 필요한 문제나 행동에 초점을 맞추고, 그들이 더 좋은 방식으로 행동했거나 마무리했던 때를 꼭 집어 알려주도록 한다. 개선이 필요한 부분을 지적하고 싶을 때도 부끄럽게 생각하지 말고 그들이 잘했던 일을 먼저 칭찬한다. 사람들은 칭찬을 듣고 나면 비판을 받아들일 가능성이 크다.

3. 직원들과 함께 일해 협업을 통해 문제를 해결하라. 그러면 직원들은 스스로 문제의 일부가 아니라 해법의 일부라고 느끼게 만들 수 있다. 중요한 것은 실수가 다시 반복되지 않도록 확인하는 것과 당신이 이번 한 번만이 아니라 매일 발전하는 직원들을 돕는 데 헌신적이라는 걸 명확하게 보여주는 일이다.

4. 직원들이 문제가 존재하고 있음에 동의하도록 만든다. 가끔 직원들은 애초에 문제가 존재한다는 생각을 하지 못하며, 그들이 문제를 볼 수 있게끔 돕는 코칭이 필요하다.

5. 마지막으로 서로 합의된 해결책 내에서 문제를 해결하겠다는 직원들의 약속을 받아라. 해결책을 만들어내기 위해 함께 일하며 시간이 흐르면 당신은 직원들이 미래에 스스로 해결책을 만들어낼 때 필요한 기술을 익히는 걸 돕게 된다.

생할 수 있다. 직원들은 당신이 그들 편이고 가장 필요할 때 그들을 지지할 거라는 사실을 알 필요가 있다. 당신의 팀원 한 명이 여러 팀이 모인 팀에서 일하는데 정당한 대우를 받지 못하고 있다고 하자. 만일 그들이 스스로 상황을 다루지 못하는 경우라면 당신이 개입해 정리할 필요가 있다. 당신이 직원을 보호할 때 그들은 당신을 위해 결과를 보여줌으로써 더 헌신하고 충성을 바칠 것이다.

7. **직원들이 성장하고 발전할 기회를 제공하라.** 겨우 몇 년 전 그 자리에 있던 사람으로서 직원들과 처지를 바꿔 생각하는 일이 그리 어렵지는 않을 것이다. 당신이 경력 초반에 그랬던 것처럼 직원들은 자신이 보유한 기술을 확장하고 조직 내에서 계속 위로 올라가고 싶어 한다. 진급하거나 새로운 책임을 동반하는 도전이라는 새로운 길을 찾지 못한다면 직원들은 지루함을 느끼고 집중하지 못할 것이다. 그러니 그들과 함께 앉아 그들 각자의 경력 계획을 논의해 그들이 필요한 것, 바라는 것 그리고 그들의 장점과 능력을 생각해 기회와 도전을 조정하라. 만일 당신이 팀원들을 위해 새롭고 적절한 도전을 찾아낼 수 없다면, 다른 팀에서 새롭게 맡을 역할을 찾는 걸 도와야 할 수도 있다. 그렇게 해주지 못한다면 그들은 어차피 떠날 것이다.

8. **팀원들의 업적을 축하하고, 그들이 하는 일과 그들이 뭔가 특별한 것의 일부라는 사실에 기분이 좋아지도록 만들어라.** 누

군가 프레젠테이션을 멋지게 해내거나 승진하거나 아이를 낳았거나 생일이라면 그 직원과 주변 사람들에게 그 점에 관해 말하라는 뜻이다. 이 방법은 해당 직원이 중요한 사람이며 당신이 인간적인 면에서 신경을 쓰고 있다는 걸 보여주는 아주 좋은 방법이다. 이렇게 하면 당신은 즐겁고 서로 인정하는 문화를 만드는데 이바지하는 것이며 해당 팀원은 다른 사람들이 뭔가 대단한 일을 해내거나 특별한 상황을 맞았을 때 똑같이 인정해줄 것이다. 문자나 이메일을 보내는 것으로 대신할 수도 있지만 인간답게 실제 대화를 나누는 것이 좋다. 당신이 건네는 진정한 감정은 디지털을 이용한 그 어떤 방식보다 훨씬 더 강력하다.

재택근무자의 업무 집중력을
높이는 법

점점 더 많은 직장인이 유연한 근무 환경을 선택하면서 당신이 현재 한 명 또는 그 이상의 재택근무자를 관리하고 있거나 그리 머지않은 미래에 그렇게 될 가능성은 매우 크다. 거의 만나보지도 못한 사람을 관리하는 일이 쉽다고 생각할 사람도 있겠지만 사실은 많은 기술이 필요한 일이다. 협업 신기술은 재택근무자들과 연락을 유지하는 유용한 수단이 될 수 있지만, 당신에게는 전화 통화나 직접 만남 또는 화상회의로 그들과 좀 더 개인적인 관계를 만들어내야 하는 책임이 있다.

재택근무를 하는 팀이 업무 집중력이 떨어진다면 대부분 관리자의 잘못이다. 한 연구를 보면 따로 떨어져 일하는 팀 가운데 4분의 1은 잘못된 관리에 따라 비효율적으로 일하고 있다. 반대로 매우 효과적인 팀에는 책임, 동기, 목표의식, 절차 그리고 물론 관계를 장려하는 관리자들이 있다.[30] 가장 성공적인 팀의 관리자들은 지속해서 직원들과의 소통 수단을 열어두고 직원들이 조직 내에서 어떤 일이 벌어지고 있는지 알 수 있도록 확인해주며 직원들이 성공하는 데 필요한 도구들을 보유하고 있다.

멀리 떨어져서 일하는 직원들은 여러 독특한 과제에 앞에 두고 있다. 첫째, 그들은 다른 직원들에 비해 인간적 접촉이 적어 고립되고 외롭고 우울한 기분을 느낄 가능성이 훨씬 크다. 둘째, 커피숍의 시끄러운 사람들이나 집의 다른 방에서 비디오게임을 하는 자녀들처럼 정신을 산만하게 할 가능성이 있는 것들이 많다. 셋째, 멀리 떨어진 곳에서 근무하는 그들의 의도는 좀 더 유연한 근무를 하려는 것인데도 결국 시간의 흐름을 놓치고 종일 일하는 경우가 많다. 사무실에서 일할 때는 매일 비슷한 시간에 출근했다가 퇴근하는 사람들을 보기 때문에 정확히 근무시간을 지키게 된다.

당신이 이런 모든 문제를 극복할 수 없겠지만, 재택근무자들에게 주기적으로 관심을 보이면서 그들에게 도움을 줄 수 있다. 회사의 목표와 재택근무 정책을 명확히 해야 나중에 어떤 문제도 발생하지 않을 것이다. 전체 팀의 성공에 재택근무자들이 얼마나 중요한지 설명하고 주기적으로 최신 업무 현황을 요청해 재택근무자들이 당신과 연락하는 습관을 갖도록 하라. 그들과 연락하기 위해 오직 첨단 기술적 협업 도구에만 의존해서는 절대로 안 된다. 그 대신 적어도 일주일에 한 번 이상 전화 회의나 화상회의를 열어 감정적 연결을 유지하고 그들에게 혹시 프로젝트에 새로운 변화가 있는지 뭐든 도움이 필요한 건 없는지 물어야 한다. 빨리 해결되지 않는 문제들은 곪아서 금방 훨씬 큰 문제가 될 수도 있다.

"전체 재택근무자들에게 소통의 지연이 발생할 때마다 사람들은 그 공간을 무슨 일이 벌어지거나 벌어지지 않는다는 가정이나 소문으로 채우게 되는데, 그럴 때면 재택근무자들은 사업에서 뚝 떨어져 있는 느낌이나 아주 불편한 감정을 느끼게 됩니다." 버진 펄스의 사장 겸 의료 부문 담당 임원인 라지브 쿠마르는 말한다. "끊어지지 않는 소통(절대로 재택근무자들이 섬에 떨어져 있는 것처럼 느끼도록 버려두지 않아야 한다)이 아주 중대합니다." 그는 덧붙인다. "회사 전체가 모이든, 술집에서 만나든, 이메일을 사용하든, 파워포인트 프레젠테이션을 쓰든 사업 분위기에 대한 현황 변화 알림 또는 사적인 이메일이든, 성과를 발표하는 자료든 내용은 상관이 없습니다."

만일 상황을 한 단계 더 발전시키고 싶다면 재택근무자들을 사무실에 매년 몇 번씩 오도록 하는 걸 고려하라. 이런 조치가 가혹한 것 같기도 하지만 추가로 얼굴을 보는 시간이 있으면 더 깊은 관계를 형성할 수 있어 모두에게 도움이 된다. 벤 앤드 제리스에서 수석 행복감 임원인 안토니오 맥브룸은 재택근무자들에게 "사업의 기본적인 장소에 분기에 한 번씩 가서 우리 팀의 역동성과 우리가 하는 일의 중요성을 재확인하도록 하라"고 요구한다고 내게 말했다. 추가로 "본사 사무실에서 경력 발전이나 업무 외 기회가 있다면 재택근무자들에게도 똑같은 상황을 제공하려고 애쓰죠."라고 말하기도 했다.

재택근무자들이 진행하는 프로젝트에 많은 자율성과 통제권을 부여해 그들에게 권한을 주어라. 세세히 관리하는 것이 계속 업무 집중도를 강화하는 좋은 방법처럼 보이지만, 많은 사람이 자유 그리고 독립적으로 프로젝트를 진행할 기회를 위해 재택근무를 택한다. 훌륭하게 맡은 일을 해낸다면 그들 방식으로 업무를 진행할 수 있는 유연성을 주어라. 조금 반직관적으로 들리겠지만 이렇게 해야 재택근무자들이 스스로 더 조직에 포함된 것처럼 느낄 것이고, 팀의 나머지 구성원들에게는 재택근무자들과 더 많은 관계를 맺으며 일할 수 있도록 독려하는 일이 될 것이다.

알다시피 이 책에서 내 목표는 독자 여러분이 팀원들과 맺고 있는 인간 연결의 수준을 높이는 것이다. 하지만 의사소통과 협업을 촉진하는데 강력한 역할을 할 수 있는 신기술을 무시하는 건 불합리한 일이다. 재택근무자를 관리할 때 제대로 사용하기만 한다면 신기술은 매우 중요한 자산이 될 수 있다. 제대로 된 도구를 선택하고 직원들에게 어떻게 사용할지 교육하고 협업할 때 사용한다면 더 성공적으로 일할 수 있다. 당신이 어떤 도구에 도전했지만 사용하는 데 실패한다면 팀 전체가 결국 그 도구를 사용하지 않게 될 것이다. 매일 사용하는 이메일은 자주 흘러넘치기도 하는데, 어떤 도구들은 그런 이메일의 수를 제한하고 우리가 좀 더 빠르고 효과적으로 멀리 떨어져 있는 사람들과 소통할 수 있도록 해주기도 한다. 이런 도구를 사용해 실시간으로 대화하고 전통적 방식으로 근무하는 직원들과 재택근무자 직원들 양쪽을 위해 주간 직원회의를 활발하게 유지하라.

마지막으로 재택근무자들을 전통적인 직원들과 다르게 대하려 애쓰지 마라. 많은 리더가 특별히 아끼는 직원을 갖게 되면(대개는 그들이 매일 만나는 직원이다) 재택근무자들은 성공할 수 없다거나 똑같이 많은 관심을 받지 못한다고 느끼게 된다. 그래서 공감을 보여주고 재택근무자들의 행복에 관심을 쏟고 그들이 단순히 당신이 그들에게 팀 목표로 설정해준 것뿐 아니라 개인적인 또 직업적인 목표를 달성할 수 있도록 보장하는 것이 무척 중요하다. 링크드인의 교육 및 직원 경험 관리자인 나왈 파쿠리는 이런 메시지를 심각하게 받아들인다. "재택근무자들을 관리하는 건 보통 팀 관리와 비슷하지만, 신뢰 구축과 소통 촉진, 팀 운영 절차 구현에 훨씬 더 중점을 두어야 합니다." 그녀는 내게 말했다. 그녀의 해결책은? "저는 옆에 앉은 팀원보다 두 배의 시간을 재택근무자 직원에게 사용합니다. 정기적으로 일대일 면담을 하면서 사무실 밖에서 그들 삶에 어떤 일이 있는지에 초점을 맞추고 그들의 근무 환경을 파악하고 늘 이렇게 묻습니다. '당신을 지원하려면 뭘 해주면 되나요?' 모든 면담은 화상회의로 이루어지고, 우리는 서로 눈을 맞추고 보디랭귀지를 보면서 이야기하기 때문에 저는 재택근무자들이 실제로 어떻게 일하고 있는지 확인할 수 있습니다. 제가 직접 그 사람들 처지가 될 수는 없지만 말이죠."

재택근무는 혜택이자 선택일 수도 있고 어쩔 수 없는 상황으로 강제로 받아들일 수밖에 없었던 일일 수도 있다. 그러니 시간을 좀 들여서 정확히 왜 재택근무자들이 그렇게 근무하게 되었는지 이해하고 그들에게 긍정적인 직원 경험을 만들어 줄 수 있도록 모든 노력을 다하라. 동시에 재택근무자가 선호하는 소통 방식은 뭔지 이해하는 것 역시 중요하다. 페이스북의 성과관리 책임자 비벡 라발은 재택근무자들에 관해 항상 이렇게 묻는다. "화상 대화를 좋아하나? 정해진 회의나 업무에만 얽매이지 않고 비공식적 통화를 즐기는 그런 사람인가? 그들이 팀에 소속감을 느끼게 하려면 어떻게 해야 하나? 내가 헌신하고 있음을 보여주기 위해 그들이 있는 곳에 찾아가 뭔가 중요한 내용으로 직접 면담 시간을 가져도 될까?" 이런 질문을 함으로써(그리고 더 중요한 건 그들의 대답을 듣는 것이다) 당신은 각 개인의 기호에 맞는 제대로 된 소통 수단을 선택할 수 있다.

관계 유지를 위한 집중력 높이기 요점 정리

1. 팀원들을 위한 지원 시스템이 되어라.

팀원들을 대상으로 정책을 밀어붙이려 하지 말고 그들이 새로운 도전을 할 수 있도록 권한을 부여하라. 그들이 최고의 모습을 끌어낼 수 있도록 격려하고 포부를 이룰 수 있도록 지원하라.

2. 문제를 어떻게 해결할지 팀원들을 코치하라.

그들이 함께 해결책을 만들어낼 수 있도록 당신의 경험을 사용하라. 그들은 당신이 그들의 목소리를 들어준다고, 그들을 신뢰한다고 느낄 것이다.

3. 재택근무자들에게 관심을 기울여라.

전통적인 직원들과 똑같이 대하면 그들은 스스로 가치가 있다고, 전체 팀의 성공에 중요한 역할을 했다고 느낄 것이다.

09

공감하는 리더가 되라

·

주위 사람들에게 친절해라. 팀원과 직장 동료는 가족이며 인생에서 많은 시간을
함께 보내는 사람들이니 존중하고 직장에서 긍정적 분위기를 만들어낼 수 있도록 하라.
– 데이비드 오티즈[1]

우리는 정신없고 스트레스투성이에 예측 불가능한 세상에 살고
있으며, 매일 살인, 탐욕, 학대, 테러, 성희롱, 열악한 환경에서의
노동, 비윤리적 상황에 폭격을 당하고 있다. 이런 부정적이고 불안
한 이야기들을 읽으면 희생자들에 대한 안타까운 생각이 든다. 하
지만 만일 희생자였던 경험이 있다면 전혀 다른–그리고 훨씬 강
렬한–감정을 경험할 것이다. 바로 공감이다.

공감이라는 단어를 들으면 많은 사람은 무슨 뜻인지 완전히 이
해하지 못한 채 그냥 고개를 끄덕이거나 동정심과 혼동하곤 한다.
두 단어는 가끔 바꾸어 사용할 수도 있지만, 전혀 다른 뜻이다. 동
정은 희생자를 향해 느끼는 슬픔이나 불쌍하다는 감정이고, 공감
은 마치 그들의 감정이 내 것인 것처럼(많은 경우에 우리도 실제 그런

감정을 느껴봤기 때문에) 누군가의 감정을 느낄 수 있는 능력이다.

공감은 팀 동료, 가족 그리고 친구들과의 성공적이고 장기적인 관계의 가장 중요한 요소이다.

신기술과 미디어가
어떻게 공감을 죽이는가?

모든 세대는 부모 세대보다 더 많은 신기술과 정보에 접근한다. 요즘 태어난 아이는 아마도 두 살만 돼도 내가 겨우 몇 년 전에 알게 된 가상현실이 뭔지 알 것이다. 내가 대학생 때 사용했던 휴대전화는 사진을 거의 찍을 수가 없었다. 요즘은 휴대전화로 고화질 비디오를 찍어서 클라우드 서비스에 업로드할 수 있다.

신기술의 진보가 멋지다고 생각할 수도 있지만, 그런 진보들은 우리 공감 능력에 영향을 미치고 우리가 리더로 성장하는 데 필요한 깊은 관계를 발전시킬 수 있는 능력을 방해한다. 그 과정은 청소년기 동안(또는 그 전에) 시작한다. UCLA에서 정신과학 및 노화를 연구하는 게리 스몰 박사는 말했다. "디지털 세계는 청소년들의 뇌를 재정의해서 그들이 행복, 슬픔, 분노의 감정을 인식하고 공유하는 능력을 줄였습니다."[2]

MIT 셰리 터클 교수는 신기술이 우리가 공감하는 걸 배우지 못하게 막는다고 설명한다. "문자를 보낸다고 해서 공감하지 못한다는 식의 바보 같은 인과관계를 말하는 것이 아니라 그럴 때마다 공감할 수 있는 상황을 연습하지 못한다는 겁니다."[3] 터클은 사람이 얼굴을 보면서 사과를 할 때는 상대방의 보디랭귀지와 쏟아질 것 같은 눈물을 보고 상대방이 얼마나 화가 났는지 알 수 있다고 말한다. 상대방이 볼 수 있는 건 당신의 보디랭귀지 그리고 표정인데, 그것으로 진짜 동정심과 진정으로 미안한 마음을 알게 된다. "미안해"라고 문자를 보낸다고 해도 감정적 연결은 전혀 일어나지 않는다. 사실 일은 오히려 더 악화할 수도 있다. 내가 사귀던 여자는 내가 수천 명을 대상으로 매우 중요한 발표 강연을 한 시간 앞둔 상황에서 문자로 이별을 고했는데, 텅 비고 혼란스러운 느낌이라고 말했다. 그녀는 날 만나러 오거나 전화라도 걸 수도 있었다. 하지만 그녀는 문자를 보내는 편이 더 쉬웠다. 더 쉽다고 항상 더 좋은 방법은 아니다. 적어도 상황에 관련된 모두에게 그렇지는 않다. 적극적으로 그런 관계들을 방해하는 행동을 하면서 다른 사람들과 더 깊은 관계를 발전시키는 일은 쉽지 않다.

십 대였을 때 나는 스마트폰은 없었지만, 비디오게임에 미쳐 있었다. 하지만 내가 잘하는 게임은 격투게임과 전략게임뿐이었다. 인정하기는 정말 싫지만 그런 비디오게임을 하며 놀았던 일이 어쩌면 오늘날까지도 좋든 나쁘든 세상을 보는 내 눈을 바꿔놓았을 것이다. 내 생각에 나는 문제 해결 능력은 좋지만, 공감 능력은 조금 부족한 것도 같은데, 그 이유는 내가 너무 많은 폭력에 익숙해져서 그런 것 같다. 적어도 내가 했던 게임 속에서는 그렇다. 그리고 그런 사람이 나만은 아니다.

그렇다고 해서 내가 전화나 다른 기기들에 절대 집중해서는 안 된다는 말을 하는 것이 아니다. 그것들이 중요한 소통 도구임은 의문의 여지가 없다. 그러나 신기술이 우리가 다른 사람과 눈길을 마주치는 능력이나 비언어적인 신호를 알아차리고 동료 인간들과의 사회활동을 방해한다면 진짜 문제가 있는 것이다.

언론도 힘을 보태고 있다. 매일 세계에서 죽어가는 사람들을 지켜보면서 우리는 가끔 "동정심 피로 현상"을 겪게 되고 "뉴노멀"에 익숙해지는데, 그것이야말로 진짜 우리를 소름 끼치게 만든다. 매 순간마다 새로운 비극이 벌어진다면 공감하기는 어렵다. 내일 더 끔찍한 뭔가 일이 벌어질 것을 알고 있는 우리가 오늘 누구에게 공감할 것인지 어떻게 선택할 수 있는가? 우리는 나쁜 일이 벌어지는 상황에 너무 익숙해진 나머지 다른 사람을 위해 느끼는 걸 잊고 있다. 그리고 다른 사람을 위해 느끼는 능력이 없어지면 효과적인 리더가 되기 어렵다.

사람들과의 상호작용의 수가 줄면 다른 사람들과 공감하는 우리 능력이 줄어든다. 우리가 가장 개인적인 수준에서 전통적으로 서로 묶일 수 있는 종류의 감정을 경험할 능력을 잃기 때문이다. 대화와 회의, 회식은 감정이나 취약한 부분을 드러낼 수 있고 다른 사람들에게 동정심을 표현할 기회가 된다. 그런 상호작용, 그리고 그런 감정들을 내보일 기회들은 우리의 직장 생활에 어마어마한 영향을 미칠 수 있다. 기억해야 할 것은 공감이 엄청난 재난을 겪는 사람에게 느끼는, 나쁜 감정이 아니라는 점이다. 공감은 사람들이 매일 일하면서 안정감을 느끼게 해주는 표현과 몸짓이다. 나이키의 내러티브 및 혁신과 경영 팀에서 일하는 대니 게이너는 말한다. "신기술은 더 많은 정보를 소화할 능력을 확장해 우리가 더 공감할 수 있도록 해주어야 하죠. 하지만 직장에서 신기술은 대개 공감을 줄입니다. 사람들은 직접 얼굴을 볼 때만 피드백을 해주고, 공감하는 대신 너무나도 자주 감정의 요새 뒤에서 모질게 쓴 이메일로 냉정한 소식을 전합니다. 사람들은 함께 모여 인간적인 면을 총동원해 자신의 열정을 전달하는 대신 함께 모여 앉아 있으면서도 채팅이나 원격 접속을 통해 검토합니다. 우리는 인간들만의 신호가 있다는 걸 인식할 필요가 있습니다. 보디랭귀지, 눈빛, 어조. 그런 것들은 소통의 기초가 됩니다. 신기술은 아직 그런 신호를 대체할 것을 제공하지 못했습니다. 그러니 가능하다면 사람들을 사람처럼 대하도록 해야 합니다."

공정하게 보자면 신기술이 그렇게 나쁘기만 한 것은 아니다. 톰슨 로이터의 초기 경력자 재능계발 담당 임원인 일로나 유르키에 비치는 여러 예를 들며 말한다. "사람들은 매일 데이트 앱을 사용해 매우 깊고 강력한 관계를 만듭니다. 다른 예를 보면 사람들은 틴더 같은 앱에서 한 번에 여러 주 동안 이야기를 나누고, 오직 문자만을 통해 깊고 의미 있는 관계를 만들어냅니다." 그녀는 말한다. "제가 십 대일 때는 전화 통화나, 온라인 메시지, 손으로 쓴 편지로 누군가와 아주 깊은 개인적 관계를 맺기도 했습니다. 여러 해가 지나도 진짜 만나지는 않았지만, 사실 이런 식의 소통(얼굴을 보지 않는!)으로 우리는 믿을 수 없을 정도로 깊은 관계를 맺었고, 그 관계는 거의 18년 동안이나 이어졌습니다. 그러니까 만일 우리가 데이트 앱에서 문자를 이용하거나 굼벵이 같은 편지나 문자로 관계를 만들어낼 수 있다면, 직장에서 전화나 화상통화로 똑같은 일을 해내지 못할 이유는 뭐죠? 저는 충분히 해낼 수 있다고 봅니다. 그리고 실제로 그런 상황을 많이 보고 있어요. 단지 노력과 시간이 필요할 뿐이죠." 그렇겠죠, 일로나. 하지만 이번 장 뒷부분에서 보겠지만, 그녀조차 공감 능력을 만드는 데는 직접 만나 소통하는 것이 중요하다고 믿고 있다.

나는 살면서 여러 번 괴롭힘의 희생자가 되었다. 중학생 때는 사물함에 몸이 처박히기도 했고, 십 년 전에는 내 블로그에 개인 의견을 올렸다가 사이버 폭력을 당하기도 했다. 어렸을 때 내가 속한 무리에서 끊임없이 놀림감이 되었던 경험은 이후에도 내가 누구를 신뢰할 것인지, 어떻게 관계를 맺을 것인지에 계속 영향을 미쳤다. 실패, 상처, 가족의 사망, 학대, 괴롭힘, 그 밖의 뭔가를 견뎌냈을 때 우리는 다른 사람의 좌절과 위기를 더 잘 이해할 수 있는 능력을 갖추게 된다. 비극이 다른 사람들을 덮칠 때, 그 사람들의 입장이 되고 그들이 어떤 감정일지 이해할 수 있는 능력이 있다고 해서 문제가 즉시 해결되지는 않는다. 하지만 그런 능력은 사람들과의 거리를 좁혀준다. 마야 안젤루가 한 유명한 말이 있다. "사람들은 당신이 한 말을 잊을 것이고, 당신이 한 행동도 잊을 것이다. 하지만 사람들은 당신이 그들에게 안겨준 기분은 절대로 잊지 않을 것이다."[4]

불행하게도 비극과 고난에 대한 끝없는 뉴스 세례와 신기술 중독은 우리를 동료 인간들에게서 너무 자주 멀어지게 하고, 결국 우리가 다른 사람들에 공감하는 능력을 잃게 만든다. 2006년 당시 상원의원이던 버락 오바마는 노스웨스턴대학 졸업식에서 지금은 유명해진 연설을 통해 이렇게 말했다. "우리는 공감을 억누르는 문화 속에 살고 있습니다. 인생의 가장 중요한 목표는 부자가 되고 날씬하고 젊어지고 유명해지고 안정적이고 재미를 느끼는 것이라고 너무나도 자주 우리에게 말하는, 그런 문화입니다. 권력을 가진 사람들이 너무 자주 우리의 가장 이기적인 충동을 격려하는 그런 문화입니다."[5] 우리는 소셜미디어 업데이트와 스포츠, 영화에 너무 정신을 뺏긴 나머지 우리의 장기적 행복과 성공에 무엇이 진정으로 중요한지 모른 채 갈 길을 잃어버리고 말았다. 가족, 친구 그리고 함께 일하는 동료와의 유익한 관계는 없다. 멋진 자동차, 금시계, 좋은 집, 그리고 다른 물질들이 당신에게 동기를 줄 수도 있지만, 그것들은 또한 당신에게 충족감을 안겨줄 관계를 맺지 못하게 만들기도 한다.

우리의 공감 나침반이 얼마나 많이 망가졌는지 많은 아이가 보면서 자란 세서미 스트리트에서는 배우 마크 러펄로를 기용해 아이들을 대상으로 다양한 시나리오에 따라 설명을 하도록 만들기도 했다. "공감은 다른 사람이 느끼는 기분을 여러분이 이해하고 신경 쓸 때 사용하는 말이랍니다." 그는 말했다. 우리 문화 속에서 유행하고 있는 공감 능력 부족은 직장에서나 가정에서 우리의 관계를 해치고 있다.

리더가 공감 능력이 부족하면
직원들의 성과는 감소한다

개인주의를 장려하는 문화 속에서는(우리처럼) 공감을 약점이나 결함, 열등함 또는 무능력의 징후로 보고 싶은 유혹이 생긴다. 공감은 그런 것들이 아니다. 그리고 공감을 무엇이든 긍정적 특징이 아닌 것으로 보는 리더는 스스로 위험하게 하는 것이다.

불행하게도 어디를 봐도 우리는 공감하는 리더들의 정반대 모습을 보고 있다. 진정으로 염려하고 자신이 이끄는 사람들과 관계를 맺는 것이 아니라, 너무 많은 리더가 냉담하고 자기애적이며 자신만을 위하고 권력에 집착하고 완전히 엉뚱한 방향으로 나아가고 있다. 그들은 다정하고 풍요로운 문화를 만드는 대신 자신이 이끄는 팀을 사정없이 파괴하고(그리고 우리의 사회 전체도) 대개는 그들이 유발한 피해를 전혀 인식하지도(또는 신경 쓰지도) 않는다.

오늘날의 노동자들이 불안하고 스트레스받고 힘겨워하고 있다는 사실은 놀라울 것이 없다. 많은 노동자가 집세를 내고 식료품을 사느라 힘든 상황에서 CEO들은 그들을 위해 일하는 일반 직원의 평균 271배를 벌고 있으며 그 차이는 점점 더 벌어지고 있다.[6] 직장에서의 성희롱은 점점 커지는 문제로, 일반적인 상황은 남성이 여성 부하 직원을 괴롭히는 것이지만, 사실 성희롱은 권력의 문제이다. 힘이 많은 쪽(여성이든 남성이든)이 힘이 적은 쪽을 성별과 관계없이 먹이로 삼는 것이다. 수전 파울러는 우버의 성희롱을 당했다는 자신의 고발을 인사팀이 무시한 뒤에도 주장을 굽히지 않았고, 결국 직원 20명이 해고당했다.[7] 해고당한 직원들이 나쁜 짓을 한 것은 의심할 바가 없고 책임을 져야 마땅하지만, 더 큰 문제는 CEO가 만들어낸 성차별적 문화였다. 성희롱은 그냥 어쩌다 사무실에서 발생하는 문제가 아니다. 퓨 리서치는 사람들 가운데 41퍼센트가 개인적으로 온라인에서 성희롱을 받은 적이 있으며, 3의 2는 다른 사람이 당하는 광경을 본 적 있다는 사실을 밝혀냈다.[8]

직장 내 괴롭힘 역시 엄청난 문제지만 우리는 잘 알지 못하고 있다. 직장 내 괴롭힘 연구소에 따르면 미국의 6천만 명 이상의 노동자들이 회사에서 괴롭힘 문제에 영향을 받고 있다고 한다. 그것만으로도 아주 끔찍한데 더 끔찍한 것은 고용주의 반응이다. 25퍼센트는 아무런 조치도 하지 않고, 46퍼센트는 "엉터리"로 조사했다. 겨우 23퍼센트만이 희생자에게 도움을 주고 고작 6퍼센트가 가해자를 처벌한다.[9] 노동자를 괴롭히거나 성적으로 희롱하거나 그런 일이 벌어지고도 처벌받지 않도록 내버려 둔 리더들은 노동자의 창의력 감소, 높은 이직률, 사기 저하, 결근 증가, 생산성 감소, 노동자 보상 보험료 증가, 노동자들의 육체적 정신적 건강 약화, 직장 내 사고, 회사 홍보에 대한 부정적 영향 등을 감수해야 하며 물론 소송과 재정적 보상 등으로 회사에 수십억에 달하는 비용을 떠안기게 된다. 이 모든 상황은 공감 능력이 없는 리더들 때문에 발생하는 것이다.

그리고 공감과 윤리가 부족한 사람들이 자주 드러내는 특징인 탐욕에 대해서도 잊지 않도록 하자. 이에 대한 정말 좋은 예는 세계에서 가장 큰 금융기관 가운데 하나인 웰스 파고 은행을 들 수 있다. 2002년부터 2017년까지 은행의 투자 자문역들은 고객의 이름으로 수백만 개의 가짜 계좌를 만들었다. 상상할 수 있겠지만, 개설하지도 않은 계좌에 대한 수수료 청구서를 받기 시작했을 때 고객들은 기분이 좋을 리가 전혀 없었다. 결국, 많은 자문역과 그들의 상사들은 해고당했고, 이사회는 CEO를 해임했으며 회사는 벌금을 142만 달러나 내야 했다. 그러나 그동안 CEO는 수백만 달러를 벌었고 은행 역시 수십억 달러의 수익을 올렸다.[10] 웰스 파고 은행이 어둠의 세계에 발을 담근 데에는 재정적 유인이 있었던 것이 분명하다. 그들이 번 돈은 그들이 내야 했던 벌금과 받은 처벌에 비해 훨씬 많았다. 1970년대에 비교적 가벼운 사고에서도 여러 대가 차체에서 불이 나면서 수십 명이 죽거나 다쳤던 핀토 자동차를 두고 어떻게 대응할 것인지 결정을 내릴 때 포드가 사용했던 논리와 근본적으로 다를 것이 없다. 회사 경영진은 백만 대가 넘는 차량을 리콜해 수리 비용을 쓰는 것보다 소송을 하는 편이 비용이 적다는 몰인정한 결정을 내렸다.

냉정한 리더들은 마찬가지로 직원들의 안전에도 신경을 쓰지 않을 가능성이 크다. 271배나 차이가 나는 임금 탓에 CEO가 노동자들을 이해하는 것이 힘들거나 그들을 그저 회사가 돈을 벌기 위해 존재하는 꿀벌 정도로 인식하고 있을 것이다. 안전하지 않거나 위생적이지 않아서 직원들이 다치거나 죽임을 당하는 직장에 관한 수많은 이야기를 누구나 읽어봤을 것이다. 공감하는 리더들은 직원들의 육체적 건강에 대해 신경을 쓴다.

다행스럽게도 모두가 윤리적 기준이 낮거나 아예 없는 리더들 또는 괴롭힘을 당하는 상황을 겪어야만 하는 것은 아니다. 하지만 누구나 어떤 시점에서는 직장의 정치와 맞닥뜨리지 않을 수 없다. 상사가 당신이 한 일의 공적을 가로챌 수도 있고, 나보다 일을 못하지만 상사와의 개인적인 관계가 더 좋아서 더 빨리 승진하는 꼴을 볼 수도 있다. 많은 리더는 성공하려면 직장 정치에 스스로 개입해야 할 필요가 있다고 느낀다. 그리고 로버트 하프의 연구에서도 노동자의 60퍼센트는 앞서 나가려면 직장 정치에 관여하는 것이 그래도 필요하다고 동의하고 있다.

물론 모든 직장 내 정치가 파괴적인 것은 아니다. 그리고 최소한의 정치도 없이 돌아가는 직장도 존재하지 않는다. 하지만 나는 소문, 편애 그리고 동료를 음해함으로써 앞서나가려는 책략 같은 정치에서는 멀리 떨어지라고 조언하고 싶다. 그 순간에는 그런 전략들이 좋다고 생각할 수 있지만, 결국은 자신의 발등을 찍는 행동이기 때문이다. 추가로 우리가 얼마나 자주 이직하는지 생각하면, 당신이 다음에는 누구와 또 누구 밑에서 일하게 될지 전혀 알 수가 없는 일이다. 다리를 불태우는 짓은 절대로 똑똑한 행동이 아니다.

나르시시스트인 우리는 자신에게 너무 집중하고
다른 이들에게는 너무 관심을 두지 않는다

미시간대학의 교수 사라 H. 코나스는 1980년대 이후 꾸준히 감소하는 대학생들의 자기 공감 점수를 기록해오고 있다. 샌디에이고 주립대학의 심리학자 진 M. 트웽이에 따르면 그와 동시에 나르시시즘 점수는 그 어느 때보다 높다고 한다.[12] 그녀는 대학생 만5천 명의 자료를 분석했는데, 태어난 해와 나르시시즘 점수 사이에 관계가 존재한다는 사실을 밝혀냈다. 더 최근에 태어난 사람이 나이 든 사람보다 나르시시즘을 더 드러내고 있었다. 트웽이는 또 사람들이 지역사회 봉사를 가치 있게 여긴다는 주장에도 불구하고, 우리 대부분은 다른 사람을 돕기보다 TV를 보거나 게임을 하거나, 또는 스스로 즐겁게 하는 뭔가를 한다는 사실을 밝혀냈다.

소셜미디어도 문제에 이바지하고 있다. 뷔르츠부르크 대학의 교수인 마르쿠스 아펠은 2만5천 명이 넘는 참가자를 포함하는 57편의 연구를 분석했는데, 소셜 네트워크에서 가진 친구의 수와 자신이 올린 사진의 수 그리고 나르시시즘 사이에 연관성이 있다는 걸 알아냈다. 소셜미디어에서 활동적인 사람일수록 자기집착이 강해지고 다른 사람들에게는 신경을 덜 썼다. 우리는 소셜미디어의 상태 업데이트와 좋아요, 댓글, 공유의 수에 너무 집착하고, 다른 사람들로부터 주목을 받거나 인정을 받는 데 집중하느라 공감하는 능력을 잃어버리고 있다.

헬리콥터 부모(자녀들 주위를 날아다니며 온갖 불편함으로부터 그들을 보호하는)와 넉가래 부모(자녀들의 앞날에 방해가 되는 장애물은 모두 치워버리는) 그리고 다른 비슷한 부모들은 자녀들이 실패하는 일이 없도록 나서면서 나르시시즘 역병에 도움을 주고 있다. 그들은 자녀들을 통제하고 그들의 삶에 계속 관여하는 데 초점을 맞추느라 자녀들의 감정적 상태나, 느낌, 장기적인 행동에 관해서는 별로 신경을 쓰지 않는다. 누구나 우주의 중심인 것 같은 대우를 오랫동안 받으면 그걸 믿게 되는데, 요즘 많은 전문직 젊은이들에게 그런 상황이 벌어졌다. 그것이 나르시시즘의 정의가 아니라면 뭘 말하는 건지 알 수가 없다.

다른 한편, 부모들은 나르시시즘으로부터 자녀들을 보호할 수도 있다. 예를 들어 우리 부모님은 내가 아는 그 누구보다 더 배려하고 남을 돕는 분들이었다. 두 분은 내가 수많은 역경을 견딜 수 있도록 해주었고, 내가 실패하고 나서 실수에서 배울 수 있도록 해주었다. 그러나 나는 언제나 부모님이 날 위해 존재한다는 걸 알았다. 부모님이 날 키운 방식이 내가 다른 사람들을 돕는 데 왜 이렇게 많은 시간을 들이는지 알 수 있는 이유 가운데 큰 부분을 차지한다고 나는 믿고 있다.

평가 : 공감 지수를 측정해보자

이제 공감이 얼마나 중요한지, 많은 사람이 공감과 관련해 고심한다는 걸 알았으니 당신의 공감 능력이 얼마나 되는지 알아보도록 하자. 좀 더 열린 마음을 갖고 다른 사람들을 이해하고 자신의 감정에 적응하는 첫 단계는 자기인식이다. 다음 질문에 "네" 또는 "아니오"로 대답한다. "아니오"가 세 개 이상이면 아마도 당신은 리더로서 더 공감을 표현하는 법을 배워야 할 필요가 있을 것이다.

1. 다른 사람의 감정을 다치게 했을 때 사과하고 내 잘못을 인정한다.

2. 주변 사람들이 화가 났을 때 나도 화가 난다.

3. 누군가 열악한 대접을 받는 걸 보면 화가 나고 돕고 싶다.

4. 의견 충돌이 있으면 모든 사람의 관점을 이해하려 애쓴다.

5. 내 팀의 누군가 멋진 일을 해내면 그 사람의 공을 인정한다.

6. 누군가 비난을 받으면 내가 그 사람이었다면 어떤 느낌일지 상상한다.

7. 사람들이 성공해 행복해하면 나도 그로 인해 행복하다고 느낀다.

8. 운이 없는 사람들을 보면 동정심이 생긴다.

9. 팀을 이끌고 일할 때는 진심으로 팀원들을 그냥 직원 이상으로 챙긴다.

10. 누군가 소리치면 본능적으로 돕고 싶어진다.

공감하고

행동하기

우리 사회에서의 공감 부족 경험은 동정심을 되찾으려 애쓰는 새로운 팀, 그룹, 회사들의 부흥기를 불러왔다. 2015년 이래 내 친구이자 동료 리더인 크리스 쉠브라는 친구들과 동료들을 위해 저녁 만찬을 대접해 왔다. 저녁 식사를 준비할 때 크리스는 주방에서 그만의 특별한 파스타 소스를 만드는데, 손님을 따로 한 명씩 불러 특별한 과정의 도움을 청한다. 이를테면 재료를 썰거나 요리를 하거나 음식을 나르는 일을 부탁하는 것이다. 그런 다음 식사를 하는 동안에는 참석자들이 돌아가면서 자신을 소개하는데, 그냥 이름과 소속 회사를 말하는 것이 아니라 자신의 삶에 긍정적 영향을 미친 사람들에 대해 다른 참석자들에게 말해야 한다. 저녁을 먹을 때마다 적어도 한 사람은 실제로 눈물을 흘리게 되는데, 매우 안전한 환경에 있기에 자신이 들려주는 이야기의 감정적 영향을 완전히 표현할 수 있기 때문이다. 나는 아버지에 관해 말했는데, 어렸을 때는 어떻게 아버지를 존경하지 않았는지, 아버지가 개인적으로나 직업적으로나 나를 지지한다는 걸 어떻게 이해할 수 있게 되었는지 이야기했다. "사람들이 주변에 있는 사람들의 느낌과 관점에 귀 기울이는 습관을 갖게 될 때, 그들은 주변 사람들이 살면서 필요한 모든 걸 가르쳐 줄 수 있다는 걸 이해하기 시작합니다." 크리스는 말한다. 이런 유형의 이해와 연결, 친밀감 그리고 공감은 덜 인간적인 상황이자 더욱 신기술 기기 기반인 형식에서는 가능하지 않다.

크리스가 저녁 식사에서 공감을 촉진하는 경험을 만들어냈다면, 우버 인재개발팀에서 일하는난디 샤리프는 어려운 상황에서 공감하며 리더 노릇을 해야 했다. 그녀의 팀원 한 명이 자신의 가치를 인식하려 애쓰면서 자신이 맡은 직책에 걸맞은 능력이 있는지 스스로 의심하기 시작했다. 난디가 그녀와 공감하는 방법은 그녀를 데리고 술집에 가서 시간을 함께 보내면서 왜 그녀가 그렇게 느끼는지 이해하는 거였다. 그 뒤 난디는 그녀가 팀을 위해 했던 일을 중심으로 사실을 통해 어떤 공헌을 했는지 확인해주었다. "그런 다음 그녀에게 집에 가서 자신을 행복하게 해주는 걸 떠올리라고 했어요. 즐거움을 주는 것, 그녀를 쓸모있는 존재로 만들어 주는 것, 상황이 제대로 돌아가든 엉망진창이 되든 그런 것들을 사용해 주기적으로 연습하라고 했습니다. 그 뒤로 그녀는 고개를 똑바로 들고 사무실에서 걷기 시작했고, 이런 변화가 그녀에게 도움이 되었다는 사실을 증명하는 결과들을 내놓았습니다."

난디는 분명히 공감하며 리더 역할을 하고 있지만, 가끔은 리더들도 힘든 상황을 헤쳐나가기 위해 공감해주는 팀원이 필요하다. 알렉스 앤드 애니에서 소셜미디어 관리를 맡고 있는 제시카 라티머는 이런 상황을 직접 느꼈다. 그녀는 이혼한 상황에서 아버지가 중병이 들었다. 제시카는 사적인 생활과 일을 분리하고 싶었고, 팀원들에게 개인적인 생활에 대해서는 최소한으로 공유하고 있었다. 몇 달이 지나고 그녀는 마침내 팀원 두 사람에게 자신의 삶에 무슨 일이 벌어졌는지 알렸다. "팀원 한 명은 정말 진지하게 대답을 해주었고, 다음날에는 카드와 목걸이를 가져왔는데, 제가 이런 상황을 잘 헤치고 나갈 거라는 내용을 담고 있었어요." 그녀는 말했다. "그 순간 저는 경계선을 유지하는 것도 중요하지만, 우리가 모두 인간이고 가끔은 사람들을 경계선 안으로 들이는 것도 필요하다는 걸 깨달았습니다." 공감에 관한 한 작은 행동과 마음을 열고 나누는 대화가 관계를 더 강하게 만들어 준다.

우리 사회의 가장 저명한 기업가들도(그들이 얼마나 유명하고 부자인지 상관없이)공감의 중요성을 이해하고 있다. 로버트 다우니 주니어의 〈아이언맨〉에 영감을 준 일론 머스크는 공감의 화신이다. 오랫동안 테슬라의 작업 환경은 업계의 평균 안전 수준에 미치지 못했다. 머스크는 안전이 회사에서 가장 중요하다고 말하고 지나친

일론 머스크가 직원들에게 쓴 공감의 편지

어떤 말로도 제가 얼마나 여러분의 안전과 복지를 염려하고 있는지 표현할 수 없습니다. 자동차를 만들거나 테슬라로 성공하기 위해 최선을 다하다가 누군가 다치면 가슴이 찢어집니다. 앞으로 누군가 다치면 예외 없이 직접 제게 보고하도록 했습니다. 저는 매주 안전팀과 회의를 할 것이고 사고를 당한 직원들의 몸 상태가 나아지는 대로 모든 부상자와 직접 만날 수 있기를 희망합니다. 그렇게 하면 저는 그들로부터 우리가 더 나아지기 위해 정확히 무엇이 필요한지 알 수 있을 겁니다. 그런 다음 저는 생산 현장으로 가서 그들이 수행했던 작업을 똑같이 해볼 겁니다. 이런 일은 테슬라의 관리자라면 누구나 마땅히 해야 할 것입니다. 테슬라에서 우리는 안전하고 편안한 상아탑이 아닌 최전선에서 여러분을 이끌고 있습니다. 관리자들은 언제나 자신의 안전보다 그들이 이끄는 팀의 안전을 먼저 생각해야만 합니다.[13]

야근을(높은 사고 확률과 연관이 있다) 줄이도록 한 다음 직원들에게 진심을 담은 편지를 보내는 행동에 나섰다. 편지에서 머스크는 안전 문제가 존재하고 있음을 인식하고 사고를 당한 모든 직원을 만나겠노라 제안한 것은 물론 직접 생산설비에 들어가 직원들과 똑같이 작업을 수행하겠다고 약속하기도 했다. 그 가운데서도 최고는 관리자들도 똑같이 행동하기를 주장했다는 점이다. 공감을 보여주고 본보기가 되는 리더의 모습을 보여주는 멋진 방법이 아닐 수 없다!

공감으로 행동에 나선 또 다른 리더십의 표본을 소개한다. 작은 기술 기업에서 엔지니어로 일하던 매들린 파커는 정신적 건강을 위해 휴가를 쓰기로 하고 전체 팀원에게 이메일을 보냈다. "팀원 여러분, 저는 오늘과 내일 정신 건강에 집중하기 위해 휴가를 사용할 생각입니다. 다음 주에는 새로운 마음으로 100퍼센트 기운을 차려 돌아올 수 있도록 하겠습니다."[14] 매들린의 관리자는 더할 나위 없이 긍정적으로 응답했다. "매들린에게, 개인적으로 이런 이메일을 보내주어 고맙다는 인사를 하고 싶습니다. 앞으로 당신이 이런 이메일을 보낼 때마다 정신 건강을 위해 병가를 사용하는 일의 중요성을 다시 새기는 기회로 삼겠습니다. 이런 휴가가 모든 회사에서 자리를 잡지 못하고 있다는 걸 믿을 수가 없습니다. 당신은 우리 모두에게 본보기가 되어 주었습니다. 이제 우리도 정신 건강을 챙기는 일이 부끄러운 일이 아님을 알고 일에 집중할 수 있습니다." 관리자는 직원이 무슨 일을 겪고 있는지 이해했을 뿐 아니라 정직하게 상황을 말해준 걸 칭찬했다.

공감하는 리더들은 직원들이 각자 필요로 하는 것들을 파악할 수 있으며, 그러면 팀원들은 결과적으로 직장에서 좀 더 안전하다고 느끼게 된다. 핀터레스트에서 다양성 프로그램 담당자로 일하는 제이슨 공은 관리자들이 그의 요구와 스타일, 전반적 건강을 챙겨주는 걸 고맙게 생각한다. "제 상사는 재택근무를 제대로 할 수 있도록 해주고, 정신적으로 문제가 있어 필요할 때는 휴가를 쓰도록 해줍니다. 제 업무는 감정적으로 아주 부담이 클 수도 있고, 스스로 몸을 챙기는 일이 지속 가능한 성공에 중요한 열쇠가 되고 제가 많은 업무에 영향을 미칠 수 있습니다." 만일 직원이 업무를 조금 늦추고 싶다거나 하루는 재택근무를 하고 싶다거나 일주일 동안 아픈 부모를 돌봐야 한다면, 우리는 상황을 이해하고 어떤 식으로든 합의를 해낼 수 있어야 한다. 팀이 높은 수준의 성공을 거두도록 도움을 주는 것만이 아니라 각 팀원의 요구를 보살피는 것 역시 리더로서 우리의 역할이다.

전혀 다른
두 리더 이야기

스티브 발머와 사티아 나델라는 마이크로소프트의 CEO로 십만 명 넘는 직원이 일하는 글로벌 조직을 이끌었거나 이끌고 있다. 두 사람은 같은 직책을 맡아 일했지만, 각자의 리더십 스타일은 전혀 달랐다. 발머는 사무실로 들어가 가능한 한 가장 직접적인 방식으로 팀원들에게 그들이 잘못하고 있는 모든 걸 말하곤 했다.

나델라는 현재 CEO이고 좀 더 공감하는 방식으로 회사를 이끌고 있으며, 인간들은 공감하도록 설계되어 있고, 일하면서 조화를 원한다고 믿고 있다. 발머가 많은 걸 요구한다면 나델라는 직원들의 출신 환경을 이해해서 그들에게 좀 더 나은 환경을 만들어 주고 싶어 한다. 나델라는 첫 아이가 심각한 뇌성마비를 안고 태어났을 때 공감에 대해 큰 가르침을 받았다. 그의 부인은 직장을 그만두고 아이를 돌봐야 했고, 그는 더 좋은 아버지와 남편이 되려면 스스로 아이의 감정을 이해할 수 있어야 한다는 점을 깨달았다.[15] 이런 개인적 경험이 마이크로소프트라는 회사와 그들이 만들어내는 제품에 좀 더 인간미를 보태고 있다.

공감은
진짜 사업 결과로 바뀐다

이쯤에서도 여러분 가운데 일부는 공감이라는 관념이 여전히 전체적으로 너무 감정적인 것 아닌가 하는 생각을 할 수도 있다. 자, 다시 생각해보라. 세상에서 가장 강인한 사람들인 네이비 실 대원들도 팀을 구성할 때 공감의 가치를 배운다. 전투에서 이기려면 신뢰에 바탕을 둔 강력한 지원 시스템이 있어야 하는데, 신뢰는 공감 없이는 존재할 수 없다. 광윙은 스물세 살에 특공대원으로 입대했는데 팀원들과의 감정적 연결 덕분에 모든 고난을 견뎌낼 수 있었다고 말한다. 만일 장애물을 만나면 그를 도와줄 다른 사람들이 있는 걸 안다는 사실만으로 계속 나아갈 수 있도록 해준다는 것이다. "물이 너무 차면 동료들이 들어갈 수 있도록 용기를 줍니다. 상황이 너무 거칠어지면 동료들은 말하죠. '금방 끝나. 그냥 계속해.'라고 말이죠." 웡은 말했다.[16] 회사 내부에서 당신이 마주치게 될 도전은 네이비 실 대원들이 매일 마주하는 생명의 위협보다는 덜 심각할 것이다. 중요한 것은 공감을 나누면 사람들은 무슨 일이든 견딜 수 있다는 것이다.

공감은 우리가 누구인지의 핵심이며 사업에서도 중대한 의미가 있다. 공감 지능 연구를 위한 컨소시엄은 감성과 매출 증대 사이의 관계가 있음을 밝혀냈다. 공감은 생산성을 크게 늘릴 수 있다.[17] 방사선 전문의들을 대상으로 한 연구를 보면 환자 자료에 환자의 사진이 포함된 경우 방사선 전문의들은 훨씬 정확하고 자세한 의견서를 제공했다.[19] 경영 연구 그룹에 따르면 공감 능력에서 높은 점수를 내는 리더들은 더 도덕적이고 더 효과적인 것처럼 보였다.[20] 불행하게도 공감을 잘하는 리더들은 수가 적다. "직장 내 공감 모니터"라는 보고서에서 비즈니스솔버는 미국인 가운데 겨우 24퍼센트만이 조직이 공감한다고 믿고 있으며, 31퍼센트의 직장인은 조직이 중요하게 생각하는 건 오직 수익이고 고용주는 그들에게 신경을 쓰지 않는다고 믿고 있고, 직장인 3분의 1은 임금이 같다고 해도 고용주가 지금보다 더 공감해준다면 직장을 옮길 의향이 있다고 했다.[21]

1. 팀원들과 직원들이 어느 곳 출신인지 이해하고 더 좋은 전략을 선택할 수 있게 된다.

2. 사람들을 더 잘 알고 읽을 수 있어서 주의와 연민을 품고 갈등을 해결할 수 있게 된다.

3. 당신이 팀원들의 처지를 이해하기에 그들에게 당신의 처지를 이해시킬 수 있다.

4. 다른 사람들이 어떤 일을 겪고 있는지 알기 때문에 그들의 행동과 반응을 예측할 수 있다.

5. 다른 사람들이 가장 염려하는 바를 이해하기 위해 시간을 보낼 것이기에 그들에게 동기를 부여할 수 있다.

공감하는
리더 되기

공감하는 리더가 되는 훈련을 위해 작은 단계들을 밟아라. 따로 시간을 내서 팀원 가운데 한 명과 대화를 하되, 대화를 시작할 때 그냥 기분이 어떤지 물어라. 쉽고 스트레스도 적고 직접 감정적 대화를 시작하는 방법이다. 그냥 "어떻게 지내요?"라고 묻는 것과 "기분이 어때요?"라고 묻는 것은 큰 차이가 있다. 기분이라는 단어는 감정을 끌어내지만 지낸다는 말은 행동이 바닥에 깔린 말이다. 당신의 목적은 신기술을 사용해 확인하는 것이 아니라 마음을 열기 위해 가까이 접근하는 것이다.

기분이라는 단어가 불편할 수도 있지만, 괜찮다. 질문하는 목적은 정직한 대답을 끌어내는 것이다. "잘 지내요."라는 식으로 대충 대답할 수 없는 질문이기 때문이다. 치폴레 멕시칸 그릴의 교육 담당 임원인 샘 워로백은 "프로젝트는 어떻게 되어가고 있나요?"라든지 "필요한 자원은 모두 확보하고 있나요?"라는 질문을 잘했다. 그러나 시간이 흐르면서 더 깊은 질문으로 바꾸었다. 이를테면 "업무 부하가 너무 큰가요?"라든지 "집안에 일이 많은 것으로 압니다. 잘 해결되고 있어요?"라는 식이다. 처음에는 너무 개인적인 질문인가 걱정했는데, 결과는 놀라웠다. "지금은 팀원들이 일하면서 집에서 무슨 일이 있었는지 공개적으로 얘기하고 있습니다. 살아가는 이야기를 지나치게 자세히 늘어놓는 것은 아니고, 모두 각자 무슨 일을 겪고 있는지 이해할 수 있는 정도에요." 그는 말한다. "'요새 집에서 좀 힘든 시간을 보내고 있어요.'라든지 '요새 집을 사려고 하는 중이어서, 일하다가 외출이 조금 잦아질 것 같습니다.' 같은 말을 하기가 훨씬 쉬워졌습니다. 전에는 가정사를 서로 비밀로 지켰고, 사람들이 사적인 일로 괴로워하거나 외출해서 눈에 보이지 않게 되면 서로 궁금증이 컸거든요. 이제 우리는 예전보다 진정으로 더 공감하고 위로하고 축하할 수 있습니다."

공감이 중요한 만큼 일과 개인적 삶 사이에 경계선은 여전히 중요하다. "직장에서 무제한적인 공감 관련 논의는 일반적으로 유용하다고 생각하지는 않습니다. 결국은 '일이 너무 힘들어'라든지 '해야 할 일이 너무 많아' 또는 '너무 바빠'라는 식이 되어버리거든요."

스콜라스틱의 기술 임원인 스테파니 빅슬러는 말한다. "저도 그런 기분이 들기도 하지만 그게 업무에 접근하는 생산적인 방식이라고 생각하지 않습니다. 자기연민에 빠져 봐야 해결책이 나오지 않거든요. 하지만 팀원들에게 영향을 미치는 개인 문제에 관해서라면 그렇게 감정적인 또는 공감에 관한 논의를 하는 것이 매우 영향이 크다고 생각합니다. 본인이 원해야만 하는 거지만요." 만일 대상 팀원이 공감하는 대화를 원하지 않는다면, 성희롱이나 가족의 죽음 같은 일이라고 해도 대화를 밀어붙여서는 안 된다. 그러나 만일 팀원이 당신에게 털어놓기로 한다면 진심으로 들어주어야 한다.

핵심은? 직원들을 잘 파악하고 그들이 보내는 신호를 포착하라는 것이다. "소프트웨어 엔지니어로 이루어진 팀을 관리하면서 티슈 상자가 필요해지는 대화를 나눌 가능성은 아주 낮아요." 농업협동조합 랜드 올레이크의 e커머스, 모바일, 신기술 담당 매니저인 샘 바이올렛은 말한다. "그렇긴 하지만 직장 밖에서 사람들 인생에 무슨 일이 벌어지고 있는지 대화를 나누는 일은 매우 도움이 됩니다. 만일 누군가의 아버지가 병원에 입원해 있다거나 집을 팔려고 내놓았고 그런 모든 일로 정신이 없는 상황이라면, 저는 해당 직원들의 업무 강도를 조금 낮춰야 할 필요가 있다는 걸 알겠죠. 최고의 직원이라면 다른 모든 것보다 업무를 우선하겠지만, 가끔은 관리자로서 그런 결정을 그들 손에서 가져오는 것도 당신이 해야 할 일입니다."

대화하면서 아래 세 가지를 실천해야 한다.

1. 전화기 알림을 끄고 옆으로 치워둠으로써 당신이 신경 쓰고 있다는 걸 보여주어라. 사소하게 들릴 수 있지만 버지니아테크의 연구원인 샬리니 미스라는 휴대전화를 테이블 위에 올려두거나 손에 들고 있는 것만으로 두 사람의 "상호연결"과 공감의 느낌이 줄어든다는 걸 알아냈다.[22] 당신이 휴대전화를 들여다보는 순간 당신은 앞에 앉은 사람과의 관계를 무너뜨릴 장벽을 치는 것이며, 상대방은 미래에 당신과 개인적인 일로 대화하고 싶을 가능성이 분명히 줄어들 것이다.

2. 끼어들지 말고 이야기를 들어라.

3. 들은 내용을 어떻게 생각하는지 요약해서 당신이 이해하고 있음을 보여주어라. 그러나 직원이 한 얘기를 앵무새처럼 따라 해서는 안 된다. 어쩌면 당신은 UCLA의 교수인 앨버트 머레이비언이 연구한 대로 우리가 소통하는 내용 가운데 우리가 주고받는 언어 속에 들어 있는 건 오직 7퍼센트밖에 안 된다는 걸 이미 알고 있을 수도 있다. 나머지 93퍼센트는 우리의 어조나 보디랭귀지에 섞여서 나온다.[23] 그러니 그런 내용에 더 주의를 기울이자. 그냥 말만 듣고 있으면 직원이 당신과 소통하려고 애쓰는 중요한 내용을 놓칠 가능성이 크다.

우리 조직의 리더들이 겸손하고 약한 모습을 보일 때 그들은 더 공감대를 형성할 수 있다. 창의적 리더십 센터에서 수행한 연구에서 저자들은 변혁을 원하는 리더들은 그들을 따를 사람들이 원하고 필요로 하는 것들을 보살필 수 있는 공감 능력이 필요하다는 사실을 밝혀냈다. 공감은 또한 업무 성과에 분명히 연결되어 있다. 팀원들이 괴로워하고 있을 때 연민과 돕겠다는 의지를 드러낼수록 그들은 당신을 위해 더 열심히 일할 것이고 헌신할 것이다.[24]

우리는 모두 스스로 중요하고 영향력이 있다는 기분을 느끼고 싶어 한다. 이런 걸 아는 리더들은 사람들을 중요한 인물처럼 대해야 하고, 모두에게 능력을 드러낼 공정한 기회를 주어야 하며, 그들이 실제로 누군지 드러내도록 해주어야 한다. 직원들에게 고정관념을 갖는 대신 그들을 전체로 끌어들이고 그들이 팀 공동체의 일부라고 느끼도록 만들어야 한다. 그러기 위해서는 많은 상황에서 얼굴을 마주 보고 이야기하면 된다. 제록스의 CP 기반시설 및 분석 담당자인 아미트 트리베디는 내게 자신의 경험을 말해주었다. "팀원 가운데 경영진의 전략에 회의적인 사람들이 있었습니다. 그들의 회의적 시각에 깔린 생각을 이해하기 위해 한 사람씩 따로 만나 이야기했습니다." 그는 말했다. "그렇게 소통하는 동안 저는 그들이 과거에 일을 해내고도 어떻게 대접을 제대로 받지 못했는지, 그들의 피드백을 경영진에서 어떻게 무시했는지, 그들이 그룹에 별로 가치를 더하지 못하고 있다는 느낌을 어떻게 받고 있는지 알 수 있었습니다. 저는 각 팀원에게 그들이 기울인 노력을 인식하고 있으며 피드백을 받아들여 고려할 것임과 동시에 프로젝트를 제때 끝내야 한다는 사실을 확실히 전달했습니다. 이 대화는 만일 이메일이나 전화 통화로 진행했다면 같은 경험이나 결과를 줄 수 없었을 겁니다."

　마지막으로 역시 중요한 것은 뭔가를 대가로 바라지 않으면서 팀원들에게 도움을 제공하고 그들을 이끌어야 한다는 점이다. 그런 모습이 공감하는 행동인 이유는 당신이 본인뿐 아니라 타인에게 투자하겠다는 의지를 보여주기 때문이다. 당신은 또한 뭔가 긍정적이고 장기적인 카르마를 만들어내는 것이다(그런 걸 믿는 사람이라면 말이다). 당신이 다른 사람을 위해 뭔가 욕심 없는 행동을 하면 그들의 자연스러운 반응은 그 대가로 당신을 위해 뭔가 하고 싶어지는 것이다.

　더 공감하는 리더가 되는 건 모두에게 쉬운 게 아니다(만일 그랬다면 훨씬 많은 사람이 그렇게 됐을 것이다). 그러나 노력하면 이룰 수 있다. 톰슨 로이터의 초기 경력자 재능계발 담당 임원인 일로나 유르키에비치에게 바로 그런 일이 일어났다. "처음 관리자가 되었을 때 팀원들과 의미 있는 관계를 쌓는 것이 힘들었습니다. 피상적이고 강요된 것 같은 느낌이었거든요. 그러다가 공감하는 질문법을 터득한 뒤에는 점점 더 아주 좋아하게 되었습니다." 그녀는 말했다. "그렇게 말하는 기술을 배우려고 한창 애쓸 때는 아예 시스템을 만들었습니다. 저는 회사에서 늘 노트북을 들고 다녔고 그걸 사용해 메모하곤 했습니다. 노트북 커버 안쪽에 일대일로 대화를 시작할 때 사용할 수 있는 질문 대여섯 개를 써두기로 했습니다. 전부 개인적인 질문으로, 다른 사람의 관점을 이해할 수 있고 좀 더 깊은 대화를 시작할 수 있는 질문들이었습니다. 그래서 일대일 대화를 할 때마다 그런 질문들 가운데 두세 개를 확실하게 했는지 확인하곤 했습니다. 억지로 그렇게 하다 보면 결국 좀 멀지만 편안한 관계를 만들 수 있고 학습된 습관이 될 거라는 걸 깨달았습니다. 그리고 어떻게 됐는지 아세요? 일 년에서 이 년이 지나면서 이제

직장에서 공감을 보여줄 상황과 방법

상황	공감 방법
직원 가족이 세상을 떠났다.	상심한 그들에게 애도하고 어떤 기분인지 안다고 말한다. 그런 다음 그들이 필요한 만큼 휴가를 제공한다.
직원이 프로젝트를 마치기 위해 애쓰고 있다.	무슨 일로 애쓰고 있는지, 어떻게 도움을 줄 수 있는지 묻는다. 함께 일하거나 가르치거나 추가 자원을 제공하거나 또는 업무를 재배정함으로써 도울 수 있다. 그들에게 우리 모두 고생하고 있으며 도움을 청하는 것이 전혀 잘못이 아님을 상기시킨다.
직원 두 명이 다투고 있다.	직원 두 사람과 만나 조심스럽게 양측 이야기를 듣는다. 갈등 내용을 이해한 다음에는 삼자 회의를 해서 두 직원이 서로의 관점에서 볼 수 있도록 한다. 그렇게 하는 것만으로도 두 사람이 스스로 문제를 해결할 가능성은 매우 커진다.
직원이 스트레스가 지나치다.	그들에게 스트레스는 정상이라는 걸 알려주고 운동을 하거나 산책을 하거나 오전에 휴가를 사용할 수 있음을 알려준다. 지나친 스트레스를 겪는 직원은 처음도 마지막도 아닐 것이기에 깔끔하게 전례를 세워두면 팀원 모두가 당신이 그들의 정신 건강을 중요하게 생각하며, 그들이 좀 더 느긋해질 수 있도록 필요하다면 뭐든 지원하리라는 걸 알 수 있을 것이다.

자연스럽고 즐거운 과정이 되었고, 공감할 기회가 생기면 기쁘게 받아들이고 있습니다. 그런 행동이 저를 훨씬 더 좋은 리더로 만들었다고 생각합니다."

#미투 시대의

공감 리더십

직장 성희롱은 늘 있었지만 2017년 여러 유명인이 일련의 성범죄 혐의로 몰락하면서 중대한 사회적 문제로 떠올랐다. 할리우드의 거물이었던 하비 와인스틴이 성범죄자라는 주장이 제기된 뒤 타라나 버크는 만연한 성희롱 문제를 널리 알리기 위해 #미투 해시태그를 만들었고, 알리사 밀라노는 이 미투 운동을 널리 알렸다. 미투 운동의 결과 미국의 여자들(그리고 남자들)은 자신이 겪은 상황을 공개했고, 결국 영화배우 케빈 스페이시, 미네소타주 상원의원 알 프랑켄, 카지노 재벌 스티브 윈, 벤처 투자자 데이브 매클루어, 코미디언 루이스 C. K., 유명 요리사 마리오 바탈리 그리고 심지어 전 미국 대통령인 조지 H. W. 부시까지 몰락했다. 2017년 잡지 〈타임스〉는 용감하게 이야기를 꺼낸 여성들을 가리키는 "침묵을 깬 사람들"을 올해의 인물로 선정했다.[25]

미국 내 직장인 가운데 71퍼센트는 성희롱을 당한 경험이 있으며, 이는 영국의 40퍼센트[26] 그리고 아시아 태평양 지역의 35퍼센트[27]와 비교된다. 30년 이상 일본의 여성들은 직장에서의 공평한 기회를 보장받고 있지만, 일본의 식품 가공업 재벌인 NH 푸드의 사장은 부하 직원이 여행하면서 항공사 직원에게 성적으로 부적절한 말을 한 뒤에 자리에서 물러났다. 미투 운동은 모든 곳 모든 사람에게 영향을 미치고 있다. 하지만 희생자들 가운데 오직 4분의 1만이 인사 부서에 그들이 겪은 상황을 알리고 있다.[28]

유명한 성희롱 사건이나 성폭행의 고발은 여성이 남성에게 문제를 제기하는 것이 대부분이지만, 전에도 내가 언급한 것처럼 성희롱은 권력과 지배력의 문제이다. 권력을 가진 여성도 성희롱을 할 수 있다. 그리고 하고 있다. 그 예로 캘리포니아 주의회 의원인 크리스티나 가르시아는(아이러니하게도 타임스 잡지 기사에 등장했던 여성들 가운데 한 명이다) 여러 명의 남성 직원을 성희롱한 혐의로 기소되었다.[29] 그리고 십 대 남학생과 성관계를 해 체포된 많은 여성 고교 교사를 생각하면 알 수 있다.

미투 운동은 다양한 방식으로 직장에 영향을 끼쳤는데, 모두가 좋은 것만은 아니다. 그 가운데는 직장 회식에서 술을 제한하게 되었다거나 연애 계약서를 써야 한다거나(직장 동료끼리 연애를 할 때는 자발적이라는 걸 밝히기 위해 계약서에 서명해야 한다) 직원들끼리 서로 안아주는 행동을 꺼리게 되는 것 등이 포함되어 있다. 나는 또 남성들이 여성 직원들과 인간관계나 멘토링을 하지 않게 되거나 심지어 그냥 단둘이 있는 것조차 삼간다는 말을 들었다. 그건 비극이다. 페이스북과 구글의 직원들은 직장 동료에게 데이트 신청을 딱

한 번만 할 수 있다. "바빠요."라든지 "그날 밤은 안 돼요."라는 말은 "거절"의 의미라고 페이스북의 글로벌 고용법 부서장인 하이디 스워츠는 말한다.[30] 미투 운동 덕분에 직장에서 일하는 여성들(그리고 남성)은 안전해지고 목소리에 힘을 더할 수 있었지만, 지난 10년 동안 사무실에서의 인간관계가 4퍼센트 줄었다는 점은 부작용이라 할 수 있다. 우리는 성인이 된 후에는 직장에서 많은 시간을 보내고 있고, 직장을 짝을 찾는 자연스러운 장소로 여기고 있다. 직장에서 연애를(가벼운 접촉까지) 금지한다면 우리 사이의 관계, 건강, 행복도 상처받을 수 있다. 우리는 상대방이 원하지 않는 상황이 언제 벌어지는지 인식하고 멈춰야 한다.

성희롱을 인식하는 일은 법적 정의를 이해하는 것에서 출발한다. "모든 달갑지 않은 성적 접근이나 요구는 비우호적 업무 환경을 만들어낸다면 불법적인 괴롭힘으로 간주할 수 있다."[31] 불행하게도 이 정의는 좌절감을 안길 정도로 광범위하다. 사실 성희롱은 대개 "느끼면 알 수 있다"는 식의 상황을 말한다. 하지만 직접 성희롱을 경험해보지 않으면 희생자가 어떤 기분일지 공감하기 쉽지 않다. 그러니 이런 식으로 생각해보도록 하자. 리더로서 당신은 팀원들 모두에게 연봉과 앞으로의 경력 관리에 대한 권력을 갖고 영향력을 미칠 수 있다. 당신은 이런 특권을 오직 그들을 지원하는 데 사용하여야 하며, 그들로부터 뭔가 이득을 얻거나 그들의 사기를 떨어뜨려서는 안 된다. 원하는 그리고 원하지 않는 몸짓 사이에는 아슬아슬한 선이 존재한다. 예를 들어 부적절한 이미지(특히 조금이라도 성적 내용이 있는)를 공유하거나, 성적인 농담을 하거나, 그런 내용을 연상하도록 하는 이메일을 보내서는 절대로 안 된다. 그러나 악수하거나 점심 식사를 함께하는 것은 걱정할 필요가 없다.

만일 성희롱이 될 수 있을 것 같은 장면을 목격했을 때는 다양하게 대응할 수 있다. 브리스톨 마이어스 스퀴브에서 정보 및 데이터 관리자로 일하는 존 헌츠맨은 각각 다른 상황에 다르게 대응하고 있다. "오늘날에는 희생자들이 굴하지 않고 반격하는 경우를 자주 봅니다. 그럴 때는 그들이 대응하게 하고 필요하면 지원을 해줍니다." 그는 말한다. 하지만 "희생자가 약하게 보이는 순간에는 가끔은 대신 대응을 해주면서 가해자를 사회적으로 공개할 겁니다. 하지만 그러면서도 소통할 수 있는 통로는 열어두어 행동을 개선할 수 있도록 하겠습니다."

성희롱 상황에 스스로 대처하는 일이 편안하게 느껴진다고 해도 벌어진 모든 상황과 매 단계에서 어떤 행동을 취했는지 문서로 반드시 정리해두도록 한다. 직접 대처가 불편하거나 어떻게 해야 할지 알 수 없을 때는 인사 부서에 보고한다. 직원이 다른 사람에 대해 성희롱 관련한 혐의를 주장하는 때도 같은 방식으로 대처한다. 즉시 조사를 하거나 인사 부서에 해당 문제를 보고해야 한다. 혐의 주장을 심각하게 받아들이지 못한다면 문제는 더욱 심각해지고, 폭스뉴스의 전 회장 로저 에일스의 경우처럼 그런 행동을 해도 괜찮다는 식의 안 좋은 문화가 만들어진다.

"리더로서 공감을 보여주는 건 성희롱 사건의 해결보다 훨씬 앞서서 시작합니다." 리버티 뮤추얼의 브랜드와 통합 마케팅 담당 임원인 제나 레벨은 말한다. "공감이란 직장 내 괴롭힘이나 차별을 보고하기 위해 나서는 행동을 받아들이고 지지하는 환경을 만들어 내는 것에서 시작하거든요."

성희롱 사건을 고발하는 사람에게 제대로 반응하는 것도 중요하지만 고발당한 사람의 권리를 존중하는 것도 마찬가지로 중요하다. "고발 내용이 100퍼센트 정확한지 확인하는 건 또 전혀 다른 문제입니다." 애틀랜틱 레코드의 마케팅 매니저인 말콤 맨즈웰은 말한다. "사람들은 이런 운동을 상사의 명성을 훼손하기 위해 사용하기도 했습니다."

취약성과
공감

진정으로 공감하는 리더가 되고 싶다면 두려울 수도 있는 행동도 해야 한다. 자신의 약한 부분을 드러내 보여주는 것이다. 우리는 남모르게 영화 속 영웅의 힘을 부러워하지만, 그들의 약점이야말로 우리에게 공감할 영역을 만들어 주고 그들이 인간적으로 보이게 만든다. 우리 세계의 노란 태양은 슈퍼맨에게 힘을 주지만 크립토나이트는 그를 약하게 만든다. 만일 슈퍼맨에게 약점이 없다면 매번 싸움에서 이기는 그를 보는 일은 지겨울 것이다.

　사람들에게 자신의 재능을 말하는 것과 자신의 약점을 들춰내는 것은 전혀 다른 일이다. "취약성은 인간관계의 출생지이자 가치 있는 느낌으로 이어지는 길입니다." 휴스턴대학 사회사업 대학원의 연구교수인 브렌 브라운은 내게 이렇게 말했다. "취약성이 느껴지지 않는다면 함께 공유하는 것이 건설적이지 않을 수 있습니다."

공감 문화 만들기.
당신에게 달렸다

　　　　　　물리적인 세상 그리고 온라인 세상에서 나쁜 리더십과 더 나쁜 행동들이 벌어지고 있고 상황은 조금도 나아지지 않고 있다. 젊은 시절부터 우리는 명석한 머리를 가진 리더가 더 좋다고 배워왔다. 그러나 우리가 진정으로 다른 사람들에게 영감을 주고 그들과 연결되고 싶다면 우리는 마음을 다하는 리더가 되어 주변 사람들에게 공감과 연민을 주어야 한다. 이런 역학을 바꾸는 건 젊은 리더인 당신에게 달렸다.

　직원들의 문제를 빨리 해결하려 애쓰는 대신 그들에게 무슨 일이 벌어지고 있는지 듣고 그들의 감정을 더 잘 이해하기 위해 자신의 경험을 사용하며 시간을 사용할 필요가 있다. 수많은 사람이 자라면서 나처럼 괴롭힘을 당했고, 그런 경험은 직장 내외에서 자존감에 치명적 영향을 미친다. 희생자로서 나는 무슨 말을 해도 비난당할까 봐 입을 다물게 되고, 조금이라도 입을 열려면 특별히 더 조심하게 된다. 어린 시절 괴롭힘당했던 고통과 트라우마를 다른 사람과 나눌 용기를 내기까지 시간이 오래 걸렸다. 하지만 내가 어떤 일을 겪었는지 사람들에게 말할 때, 상대방은 자신의 고통에 대해 좀 더 열린 마음으로 말하게 되고 결국 나는 외롭지 않다고 느끼게 된다.

그리고 최대한 신기술을 이용한 소통을 줄여라. 사진 한 장에 '좋아요'를 수백 개 받기 위해 경쟁하는 대신 전화를 걸어 누군가에게 내 삶을 윤택하게 해주어 얼마나 고마워하고 있는지 말하는 건 어떨까? 내 글에 누가 댓글을 쓰는지 계속 노려보는 대신 누구든 초대해서 함께 커피를 마시는 건 어떨까?

공감하는 리더가 되기 위한 요점 정리

1. 팀원들과의 대화에서는 취약점을 드러내라.

당신을 인간적으로 만들어 주고 팀원들이 문제를 겪을 때 당신에게 다가오기가 더 쉬워진다. 취약하다는 건 약점이 아니다. 그건 안전한 공간을 만들고 사람들이 당신과 더 깊은 관계를 맺도록 허락하는 강점이다.

2. 늘 팀원들 곁에 존재하라.

팀원들이 당신에게 이야기할 때는 집중을 방해하는 모든 걸(휴대전화 포함) 옆으로 치우고 귀를 기울여라.

3. 다른 사람을 먼저 생각하라.

당신이 자신의 경력, 권력을 갖는 일, 돈을 벌겠다는 생각에 너무 몰두하면 그 모든 것을 이룰 수 있도록 당신을 도울 사람들과의 연결이 끊어질 수 있다. 상대방 처지에서 생각하면 당신이 그들의 문제를 해결하거나 그들이 필요한 것을 지원하는 데 도움을 받을 수 있다. 만일 당신이 과거에 같은 비극이나 장애를 겪었다면 상황은 더 잘 풀릴 것이다. 하지만 그렇지 않다고 해도 뒤로 한 걸음 물러나 생각해보려고 최선을 다하라.

10

직원 경험을 개선하라

·

당신은 정보를 뿜어내고, 소통을 추진하고,
팀 전체에 문화를 유지하는 힘이 되어야만 한다.
— 스탠리 매크리스털 장군[1]

우리 세대에게 '경험'은 비즈니스를 규정하는 단어 가운데 하나
가 되었다. 사람이 다른 사람, 장소, 제품 또는 회사와 갖는 모든
상호작용을 포함하는 말이기 때문이다. 고객으로서 어떤 회사와
나누게 되는 경험의 유형에 따라 그 고객은 충성도가 매우 높고 보
수도 없이 브랜드를 광고해주는 사람부터 언제 어디서든 기회만
되면 그 회사의 브랜드를 깎아내리려 애쓰는 독성 고객까지의 연
속체 가운데 어디쯤 자리를 잡게 된다. 직원들에게도 그와 비슷한
연속체가 있다. 충성스럽고 생산적이고 오랫동안 당신과 함께 일
하는 직원부터 불성실하고 비생산적이며 팀과 회사를 망가뜨리는
직원까지. 어떤 직원이 그 연속체 가운데 어디에 자리를 잡는지는
당신이 팀을 위해 만들어내는 직원 경험으로 대개 결정된다.

그 경험은 당신이 생각하는 것보다 더 복잡하다. 그래서 직원 경험의 모든 면을 소개하고 어떻게 개선할지 정리해볼 생각이다. 긍정적인 직원 경험을 만들어낸다는 것은 직장의 육체적, 사회적, 문화적 요소는 물론 당신과 직원들 사이의 모든 접촉까지 관련이 있어서 많은 걸 고려하고 창의력을 많이 발휘해야 하며 지속적 노력이 필요하다.

앞서 이야기한 내용에서 나는 이미 직원 경험에 이바지하는 많은 요소를 언급했다. 이제 어떻게 그 모든 조각이 함께 맞아들어가는지 볼 시간이다. 그러나 그것들을 개별적으로 반복해 말하는 것보다는, 직원 경험을 생각할 때 고려해야 할 다섯 가지 규칙을 정리해보았다.

> **규칙 1.** 직원들을 대하는 방식의 일관성을 유지할 것. 직원들이 특별대우를 받거나 당신과 독특한 경험을 하는 동료를 보게 되면 배제되고 대접받지 못하는 느낌을 받을 것이다.
>
> **규칙 2.** 당신이 없더라도 유지될 수 있는 문화를 만드는 데 노력을 기울일 것. 존재하는 문화를 직원들이 무조건 받아들일 거라고 기대하지 말라.
>
> **규칙 3.** 무엇이 직원들을 움직이게 하고 그들을 팀 구성원이 아니라 개별적인 사람으로 어떻게 지원할 수 있을지 이해하기 위해 노력할 것. 직원들의 필요가 충족되었다고 추정하지 말라.

규칙 4. 직원들이 경험을 만들어내는 과정에서 일부가 되도록 권한을 부여해 다른 사람들에게도 같은 경험을 만들어 주도록 할 것. 직원 경험을 만드는 모든 책임을 전부 부담하려 하지 마라.

규칙 5. 기기, 플랫폼, 로봇에 덜 의존할 것. 그것들은 업무를 개인적인 것으로 만들고 직원들의 생리적 요구에 부응하는 인간미를 제거한다. 신기술이 당신을 위해 일해줄 거라 믿지 마라.

이 다섯 개 규칙을 따르면 뭘 피해야 할지 또 어디에 노력을 집중해야 할지 더 잘 파악할 수 있다. 당신이 만들어내는 직원 경험은 누군가 당신에게 이력서를 보내는 순간부터 회사에서 일하는 마지막 날까지 모든 것을 아우르고 통합한다는 사실을 기억하라. 전체 직원 경험의 라이프 사이클을 더 자세히 살펴보자.

직원 경험
라이프 사이클

가능한 최선의 경험을 만들기 위해 당신이 아닌 직원들 관점에서 모든 걸 이해할 필요가 있다. 직원 경험의 라이프 사이클에는 당신이 신경 써야 할 여섯 개의 뚜렷한 기간이 있으며, 아래 표에 표시해 두었다. 큰 중간 단계가 있는 모든 굵직한 프로젝트에는 각기 다른 직원들은 각기 다른 단계에서 다른 양

직원 관점	고용주 관점	대응 방법
입사	고용	면접하는 동안 지원자들이 당신의 가치와 문화를 이해할 수 있도록 돕는다. 지원자들이 최고의 성과를 냈을 때 함께 일했던 사람들 유형과 그들이 직장에서 매일 일하면서 원하는 경험에 관해 질문한다. 지원자들의 성격이 나머지 팀원들과 어떻게 어울릴지 생각하고, 혹시 가능하다면 채용 결정 전에 팀원들이 각자 지원자를 만날 수 있도록 한다. 가장 중요한 것은 미래에 대한 지원자들의 계획을 반드시 묻는 것이다. 채용 결정을 내리기 전에 지원자들의 기대가 직장과 그 문화의 현실과 맞는지 확인하는 것이다.
친해지기	조직 적응	소규모로 팀원들이 함께 점심을 먹거나 회의를 하도록 해 신규 입사자들이 조직 문화에 익숙해지도록 한다. 그들에게 일일 업무의 기본을 가르치고 일일 업무를 해낼 수 있는 도구를 확보했는지 확인한다. 새 팀원들에게는 그들이 자립할 수 있을 때까지 경력 많은 팀원을 멘토로 배치한다.
학습	발전	공유 학습 환경을 만들고 직원들끼리 도움이 필요할 때 서로 도울 수 있도록 독려한다. 팀원들과 개별적으로 사적인 대화를 나눈다. 그들에게 스스로 특별하다는 느낌을 주는 것 말고도 팀원들의 학습 유형을 확인할 수 있으며, 그런 과정을 통해 그들의 학습 경험과 기회를 극대화할 수 있다.
성취	성취 관리	직원들이 어떻게 업무를 수행하는지 늘 주시하고, 제대로 해나가고 있는지 직원들은 자신감이 있는지 확인하다가 필요할 때는 개입한다. 주기적으로 피드백을 모아 전달해 직원들이 그들의 현 상황과 개선 방법, 항상 확실한 팀 플레이어가 되는 방법을 알게 한다.
성장	경력 향상	팀원들을 평가한 다음 그들이 필요한 기술, 리더십 능력, 다음 단계로 전진할 수 있는 자신감을 확보했는지 확인한다. 그 과정에서 그들을 지원하고 독려한다. 그들의 포부와 성장과 발전이 그들에게 어떤 의미인지 이해한다.
퇴사	정리 절차	당신은 떠나는 직원이 당신과 당신 팀, 회사에 긍정적인 글과 말을 남기길 원한다. 누가 알겠는가? 미래의 어느 시점에 당신이 그들과 다시 일하고 싶어 한다는 걸 그들이(그리고 당신이) 깨닫고 부메랑처럼 다시 돌아올 수도 있다.

의 당신의 관심이 필요하다.

직원 경험에 속하는 것과
그렇지 않은 것

직원 경험이란 직원들의 인식, 행동, 감정에 영향을 미치는 모든 상호작용의 합이다. 그들의 경험은 팀원들과의 대화, 매일 차지하고 있는 육체적 공간, 그들이 하는 업무의 본질, 그들이 회사에서 경험하는 여정 내내 보고 느낀 것을 포함한다. 직장, 직업, 팀 동료, 상사에 대한 그들의 느낌이다.

제대로 된 직원 경험을 만드는 것은 탁구대나 공짜 간식처럼 다양한 종류의 혜택을 골라 제공한 뒤 사무실 의자에 기대앉아 마술이 펼쳐지기를 기다리는 것이 아니다. 그런 혜택들은 멋지게 들리지만 짧은 동안의 욕망을 해결해줄 뿐 장기적인 직원 생활에는 별 도움이 되지 않는다. 그것들은 직원들이 업무에 집중하게 하거나 일을 더 잘하도록 돕거나 당신 회사에 더 오래 머물고 싶게 만들지 못한다. 불행하게도 최적의 직원 경험을 만드는 일은 하룻밤에 이루어지지 않는다. 전체 라이프 사이클을 잘 관찰한 후 한 번에 한 면씩 개선해야 한다.

직원 경험의 세 가지 측면

: 문화, 관계, 공간

우리가 팀 동료들과 가진 다양한 접점에 관해 생각할 때, 세 가지 측면에 집중할 필요가 있다. 당신은 각 측면에서 어느 정도는 다양한 수단을 쓸 수 있으며, 그렇게 직원들 기분에 영향을 미칠 수 있다. 하지만 시간이 지날수록 당신이 관여하지 않고도 상황이 돌아가도록 정리될 것이 틀림없다. 세 가지 측면을 더 자세히 살펴보자.

⊕ 문화

문화는 팀원들이 목표를 달성하기 위해 어떻게 함께 일해야 하는지에 관한 불문율이며, 잘 화합하고 능률적인 팀을 만들어내는 접착제 역할을 한다. 문화는 핵심 가치, 공감, 공동체, 직장 윤리, 언어, 상징, 도덕 그리고 관습을 포함하는 수많은 요소의 집합이다. 밀교 의식을 회사 조직으로 옮겨 놓은 것이다. 대기업에서 일할 때 나는 친구들, 부모님 심지어 다른 회사에서 근무하는 비슷한 또래와 통하지 않는 언어를 구사했다. 그렇다, 그 "비밀" 언어는 내가 숭배 집단에 속한 기분이 들게도 했지만, 동시에 다른 모든 직원과 단단히 뭉치게 해주기도 했다. 뭔가 우리끼리만 공유하는 우리만의 언어였기 때문이다.

스콜라스틱의 기술 임원인 스테파니 빅슬러는 내게 과거 그녀의 상사 한 명이 성공하는 팀을 만들기 위해 어떻게 그런 식의 접근법을 사용했는지 말해주었다. "그는 팀 이름을 끝내팀(끝장을 내는 팀)으로 바꾸었습니다. 그 이름을 새긴 모자를 만들고 팀 사무실 공간에 커다랗게 팀명을 써서 붙이기도 했습니다. 회사 전체에서 모두가 팀 별명을 부르게 했고, 그 이름은 회사에서 우리 팀의 브랜드가 되었습니다." 그녀는 말한다. "그는 우리를 엘리트면서 뭐든 해내는 무리로 인식하게끔 했습니다. 우리가 해결하지 못할 정도로 어렵거나 큰 문제는 없었습니다. 그러자 우리는 일을 하면서 소속감과 자부심을 느끼게 되었습니다. 인간은 기본적으로 경쟁하는 동물이죠. 그리고 이런 식의 브랜딩과 팀 빌딩은 그런 기본적 본능을 강화해줍니다."

문화는 얼마나 중요한가? 서던캘리포니아대학의 연구원들은 17개국 759개의 기업을 연구해 혁신을 이끄는 가장 중요한 요소는 연봉이나 정부의 정책이 아니라 기업에서 일하는 사람들로부터 지지를 받는 강한 기업 문화라는 사실을 알아냈다.[2]

직원들에게 권한을 부여하지 않는 리더들은(오케스트라의 지휘자가 아니라 공사감독처럼 행동하는 사람, 부하 직원을 개별적인 인간이 아니라 숫자로 대하는 사람) 제대로 기능하지 않는 또는 실패한 문화를 만들어내는 것으로 끝나고 만다. 직원들이 의사결정을 할 권한이 없다고 느낄 때, 일하면서 피드백을 받지 못할 때 또는 그들이 해내는 일이 더 큰 그림에서 어떻게 맞아들어가는지 설명을 듣지 못할 때, 그들은 높은 수준의 성공을 이뤄내기 위해 헌신하지 않게 된다. 부서들끼리 서로 소통하지 않을 때, 직원들이 팀 동료를 음해하고 해칠 때, 조직은 서서히 망가지기 시작하고 문화는 유독성을 띠게 된다.

⊕ 관계

사람들은 로고나 브랜드 또는 제품보다 훨씬 더 감정적으로 다른 사람과 연결되기 때문에 관계는 직원 경험에서 대단히 중요한 요소이다. 만일 당신이 직원을 부당하게 대하거나 팀에 다른 사람을 괴롭히는 나쁜 직원이 있다면 좋은 팀원들은 떠날 것이다. 그리고 당신은 그들을 비난해서는 안 된다. 가장 좋은 리더와 회사는 가족 같은 환경을 만들어낸다. 당신이 다른 사람들이 성공하기 바라며 그들을 잘 보살피고 강한 정서적 연결을 만들어내면 직원들은 알아차리기 마련이다.

포르셰의 전 CEO 피터 W. 슈츠와 1980년대 초반 리더로서 가장 큰 도전에 관해 대화를 나누었는데, 그는 "죽어가는 조직을 되살리는 거였죠. 돈이 빠져나가는 회사를 성장하고 수익을 내는 회사로 바꿔야 했습니다."라고 말했다. 그런 문제에 부닥친 많은 CEO는 비용을 줄이고 새로운 제품이나 서비스를 개발하고, 새로운 마케팅 개념을 만들어내거나 영리한 광고를 생각해내게 된다. 그러나 슈츠는 직원 경험을 우선하고 회사 문화를 다시 세우는 것부터 시작했다. 그는 모든 직원이—우편물 담당 사원부터 엔지니어와 영업사원까지—가족처럼 느끼고 함께 성공하고자 노력하면 포르셰는 제품 품질이 좋아질 것이고 주요 자동차 경주 대회에서 다시 이기기 시작할 거라 믿었다.[3] 그는 옳았다. 엔진이 더 좋아지자 대회에서 승리하기 시작했고, 19080년에서 1986년 사이 세계적으로 매출이 연간 2만8천 대에서 5만3천 대로 증가했다.[4] 회사의 수익도 마찬가지로 좋아졌다.

회사를 떠나는 건 쉽지만 가족을 떠나는 건 훨씬 어렵다. 내가 직접 회사를 운영하기 전 회사 생활할 때 상사 두 명은 내가 회사를 떠난다고 하자 울음을 터뜨리기도 했다.

회사를 가족처럼 여기는 직원들은 서로 잘 어울릴 가능성이 크고, 그런 관계는 팀워크를 독려하고 개선한다. 직장인 2만 명을 대상으로 한 연구에서 회사에서 세 명 이상을 알고 지내는 사람들은 회사에서 더 오래 일할 가능성이 크다는 결과가 나왔다.[5] 이런 사교 관계와 관계 구축 가운데 많은 부분은 당신의 책임이다. 또 다른 연구에서 같은 연구원들은 1400명의 관리자와 3만 명의 직원을 대상으로 자료를 수집했는데, 직원들이 처음 만나는 관리자가 그들이 이후 오랜 세월 어떤 성과를 올리느냐에 가장 큰 영향을 미쳤다.[6] 직원들과 단단한 관계를 유지한다면 그들이 매년 점점 더 좋은 성과를 올리는 걸 볼 수 있다. 관계 구축에서 관리자의 역할에 관해 아래에서 좀 더 이야기하겠다.

⊕ 공간

공간은 직원들의 물리적 환경이며 직원들이 일할 때 사용하는 감각이 구내식당의 음식부터 사무실 환경, 명절 장식까지 모든 것들을 접촉하고 맛보고 눈으로 보고 냄새를 맡는 바로 그 장소이다. 직원들은 이런 이야기를 입에 담지는 않지만 함께 일하는 사람들의 연령대, 사무실의 배치와 구조, 조명까지 모든 것이 직원들에게는 중요하다. 물리적 공간은 직장에서의 창의력과 협업, 건강에 중요한 요소이다. 제대로 된 공간을 확보하지 못하면 다른 회사에서 그렇게 할 것이다. 직원들은 편안하기를 원하고 각자의 업무 진행 방식을 고려해주기를 원한다. 어떤 직원은 칸막이 자리를 원할 수도 있고 다른 사람은 휴게 공간을 원할 수도 있으며 이런 기호는 주기적으로 바뀔 수도 있다. 델 EMC에서 리더들은 새로운 기술을 이용해 사무실 공간을 현대화하고 있다고 상품 마케팅 매니저로 일하는 애덤 밀러가 말했다. 공간 현대화에는 "서서 일하는 책상, 비공식 회의 공간 등이 포함되어 있습니다. 이런 식의 변화가 직원들에게 유연성을 주고 결국 생산성으로 연결됩니다." 그리고 시스코에서는 새 CEO가 직원들에게 반려견을 직장에 데려와도 된다고 허락했다고 통합 사업 기획을 맡아 일하는 캐럴라인 군터는 말한다. 직원들에게 여러 대안을 주는 것은 그들에게 환경을 선택할 수 있도록 해주는 것이며 결국 그들을 더 생산적이고 창의적으로 만들 것이다.

원격지에서 근무하는 직원이나 재택근무자가 증가하고 있지만, 공간은 우리가 문화를 경험하고 관계를 일구고 업무상 문제를 해결하는 데 여전히 중요한 역할을 하고 있다. 크레이그 나이트와 알렉스 해슬람은 런던에서 47명의 사무 직장인에게 식물과 그림을 무한대로 제공하며 사무실을 꾸며보라고 했다.[7] 실험에 참여한 노동자들은 사무실을 장식할 기회를 얻지 못한 다른 노동자에 비해 32퍼센트 더 생산적이었고 팀의 성공에 더 몰입하는 것으로 나타났다. 다른 연구에서는 절반에 해당하는 응답자가 사무실을 다시 꾸미면 창의력이 증가하고 더 체계적으로 일할 수 있고 직업 만족도가 높아진다고 대답했다.[8] 그리고 미국 인테리어 디자이너 협회에서 진행한 연구에서는 사무실 환경이 마음에 드는 직원들은 업무 만족도가 더 높을 확률이 31퍼센트였다고 한다.[9]

다른 한편, 종일 소음 세례를 받거나 질이 좋지 않은 조명 또는 공기 속에서 일하거나 기술적으로 시대에 뒤떨어진 사무실 또는 공원이나 쾌적한 야외 공간에서 멀리 떨어진 건물에서 일하는 직원들은 일하며 즐거워할 가능성이 작고 더 오래 일할 의지가 적으며 당신을 위해 뭔가를 만들어낼 가능성이 작다. 공간은 우리 기분과 행동에 영향을 주고 우리가 하는 일의 대상이 되는 사람들에 대한 전체적 인상에도 영향을 준다.

공간에 대해 말하자면 우리는 유연성과 선택을 제공해야 할 필요가 있고, 공간을 어떻게 개선해주면 좋을지 직원들이 정직하게 말할 수 있도록 독려해야 한다. 왜 내가 탁구대나 공짜 간식, 복도 계단에 놓인 형형색색의 미끄럼틀에 대해 말하지 않는지 궁금할 것이다. 그런 것들은 좋은 걸 더 좋게 만드는 액세서리일 뿐, 직원들이 전체적인 실제 환경이 부족할 때 배에서 뛰어내리는 걸 막기에는 충분하지 않다.

공간은 회사 문화를 하루하루 강화하고 또 강화한다. 회사가 조명 스위치와 전체 배치를 조절하더라도 직원들이 각자의 자리나 사무실을 어떻게 개인화할 건지 결정할 수 있어야 한다. 당신이 솜씨가 좋다면 직원들의 공간 변화에 직접 영향을 줄 수도 있지만(예를 들어 당신은 어수선한 책상이나 인간공학적이지 못한 스크린 또는 키보드 위치 때문에 그들의 생산성과 건강에 부정적 영향이 있을 수 있다는 점을 지적할 수도 있다) 결국 그들의 이익을 위해 결정을 내릴 사람은 그들 자신이다.

직원들이 경험을
규정하게 하라

혼자서 또는 윗선에서 직원 경험을 만들어내는 대신 그 과정에 직접 직원들이 참여하도록 독려하는 것은 어떨까? 팀원들에게 그들이 원하는 경험에 관해 피드백을 받거나 아이디어를 공유한다면 그들의 기대에 훨씬 쉽게 미칠 수 있을 것이다. 워크데이의 신기술제품 관리 담당 임원인 에린 양이 팀원들의 경험을 개선할 수 있었던 한 가지 방법은 그들에게 경험을 규정하는 과정에 참여할 기회를 주는 거였다. "저는 우리 회사 샌프란시스코 사무실에서 새로 사용하게 될 사무 공간의 디자인을 돕게 될 운영위원회에 뽑힌 상태였어요." 그녀는 말했다. "우리는 제품관리와 개발을 위해 최적의 모습으로 사무실을 만들어낼 수 있었습니다. 저는 핀터레스트에 공유 게시판을 열고 팀원들이 사무실 배치에 대한 아이디어를 공유할 수 있도록 했습니다. 그랬더니 새로 꾸미는 공간에 팀원들이 훨씬 더 집중하게 되었습니다."

직원들이 직장 공간을 규정하도록 해주는 것 외에도 그들이 직장 경험의 다른 분야에서도 힘을 보탤 수 있도록 하자. 에린은 예를 들면 간식 프로그램 같은 워크데이의 다른 면에서도 이런 상황이 있었다고 말했다. "회사의 직원 프로그램을 담당하는 팀에서 주기적으로 직원들에게 설문 조사 형식으로 어떤 간식이 먹고 싶냐고 물었는데, 중요한 건 실제로 피드백을 받아서 변화를 주었다는 겁니다. 그랬더니 사람들이 아주 좋아하더군요."

팀원들에게 그들의 요구와 기대에 걸맞은 경험을 만들어내는 데 도움을 주기 위해 권한을 부여하는 가장 효과적인 방법은 그냥 그들에게 테이블의 한 자리를 내어주는 것이다. 그들의 의견과 생각이 변화에 영향을 줄 수 있음을 확실히 인식하도록 해야 한다. 1장에서 내가 언급한 것처럼 사람들은 본질적으로 자신이 하는 일이 중요하다고 느껴야 하기 때문이다. 직함이나 경력과 상관없이 직원들과 함께 중대한 논의를 하는 이유는 그들이 스스로 중요하다고 느끼게 하고 동시에 다양한 아이디어를 받아들일 수 있기 때문이다.

"제가 회의장에서 의자를 하나 내어달라고 말할 수 있을 정도로 자신이 있는지 확실하지 않던 순간에 제 상사가 의자 하나를 제게 내주면서—은유적으로도 그런 의미이고 실제로 의자를 빼주었습니다—저더러 앉으라고 했습니다." HBO의 선임 디지털 콘텐츠 매니저 케이티 루카스는 말한다. "그는 저를 끌어올려 권한을 줄 기회를 보고 있었던 겁니다." 팀원에게 (은유적이든 실제로든) 회의장의 의자를 내주어 그들을 의사결정에 관여하도록 하면 결국에는 직원 경험에 영향을 미치게 될 것이다.

직원 경험은 사업에서
어떻게 차이를 만드는가?

직장에 영향을 미칠 수 있는 요소라면 당연히 그렇듯, 우리는 직원 경험을 개선하는 데 집중해야 한다면 그걸 정당화할 수 있어야 한다. 다행스럽게도 우리는 직원들이 재직하는 동안 회사가 그들에게 긍정적이고 기억에 남을 경험을 제공할 경우 회사가 받는 사업적인 혜택의 측정이 가능했다. 직원들은 회사에 더 오래 근무할 것이고, 회사에 있는 동안에는 더 성과를 낼 것이고, 당신이 직원을 뽑을 때 도움이 되도록 브랜드의 비공식 홍보대사 역할을 자처할 것이다. 경영진을 대상으로 설문 조사를 해보면 80퍼센트 이상은 직원 경험이 그들 조직의 성공에 중요하거나 매우 중요하다고 대답했다. 그에 비해 겨우 1퍼센트만이 중요하지 않다고 대답했다.[10] 나는 그 1퍼센트는 곧 새 직장을 알아봐야 할 거라고 생각한다. 또 다른 연구에서 딜로이트는 우리의 연구 결과를 재확인했을 뿐 아니라 오직 22퍼센트의 회사만이 차별화된 직원 경험 구축에 솜씨가 있다는 사실을 알아냈다.[11]

IBM과 글로보포스는 다양한 측면의 업무를 직원의 전체 경험에 당신은 직원들을 위해 어떤 경험을 만들어냈는가?

당신 회사의 직원 경험을 효과적으로 돌아보고 개선하기 위해 스스로 아래 질문을 해볼 것. 그러면 직원들이 만족하고 몰두할 수 있도록 당신이 뭘 했는지(또는 하지 않았는지) 더 잘 알 수 있다. 아래 질문에 대답하기 어렵거나 추가 자료가 필요하다면 직원들과 일대일 면담을 하고 그들의 경험이 어땠는지 물어보기를 강력히 추천한다. 당신의 목표는 적어도 그들의 기대를 충족(넘기지는 못하더라도!)해야 한다.

1. 직원들의 원동력이 되는 가장 중요한 세 가지가 무엇이라고 생각하는가?

2. 직장 내부 또는 외부에서 모두 친하게 지내는 팀원들을 본 적이 있는가?

3. 직원들은 회사의 사명과 목적을 알고 있는가?

4. 구직자나 퇴직자로부터 그들의 경험에 대해 피드백을 받아본 적이 있는가?

5. 직원들의 이직이 너무 잦은가?

6. 성격을 기준으로 고용해야 한다는 생각이 얼마나 많은가?

7. 사무실 공간이 직원들 생산성에 얼마나 영향을 미치는지 조사해본 적이 있는가?

8. 직원들은 업무를 완결하기 위해 적절한 지원을 받고 있는가?

9. 직원들이 안전하다고 느낄 수 있는 가족적 환경을 만들어냈는가?

10. 입사부터 퇴사까지의 직원 경험에서 어떤 면을 개선했는가?

연결할 수 있었다.[12] 그들은 긍정적인 경험이 더 나은 성과, 낮은 이직률, 더 높은 수준의 사회 연결성, 더 좋은 팀워크와 관련이 있다는 사실을 발견했다. 예를 들어 직원들은 그들의 아이디어가 전달이 잘 된다고 느낄 때 80퍼센트 이상이 더 긍정적 경험이었다고 보고했다.

다음 연습은 직원 경험을 개선할 수 있는 분야를 알아낼 수 있도록 도움을 준다. 당신이 받은 피드백, 매일 팀원들이 보여주는 행동, 직장을 더 좋게 만들기 위해 했거나 하지 않았던 행동에 근거를 둔 것이다.

직원 경험을
어떻게 개선할 것인가?

지금까지 나는 직원 경험이 회사의 성공에 왜 그렇게 중요한지 그리고 당신은 어느 분야에서 개선이 필요한지 설명했다. 이제 약간의 주요 전략에 관해 이야기할 때다. 우리 연구에 따르면 전국의 인사 부서 리더들은 우리에게 직원 경험을 향상할 최고의 세 가지 방법은 다음과 같다고 말했다.

1. 훈련 및 발전에 투자한다.
2. 직원들의 업무 공간을 개선한다.
3. 더 많이 인정해준다.[13]

모두 정확히 맞는 말 아닌가? 직원들이 기술을 연마하는 데 필요한 과정과 자원이 있다면, 그들은 회의에서 좀 더 자신감이 넘칠 것이고 지식을 팀원들과 공유할 가능성이 더 크다. 이미 논의한 바와 같이 업무 공간은 우리가 대단히 많은 시간을 보내는 곳이기에 무척 중요하다. 그리고 인정을 받으면 직원들은 스스로 기분이 좋아지고, 다른 사람들의 긍정적인 특성과 성과를 인정하려는 문화를 만들어내게 된다.

직원 경험을 먼저 측정하지도 않은 채 개선하려 애쓰는 건 시간 낭비다. 경험 자체를 가장 정확하게 측정하기 위해서는 현재 제공되는 경험이 당신을 위해 일하는 사람들 또는 일하고 싶어 하는 사람들의 기대에 얼마나 잘 맞는지 확인해야 할 필요가 있다.

회사 외부. 리뷰 웹사이트 또는 전문적인 네트워크를 통해 많은 정보를 찾아볼 수 있는데, 구직자들과 직원들이 어떤 대접을 받았는지, 표현에 구속받지 않는 익명의 피드백을 얻을 수 있다. 그런 자료에서 드러나는 약점은 차이를 줄일 기회이다. 예를 들어 한 직원이 어떤 업무를 하기 위해 입사했는데 알고 보니 실제로는 전혀 다른 일을 하게 되어 퇴사했다고 하면 당신은 직무기술서를 새롭게 고치고 신규 입사자 적응 프로그램을 바꿔야 할 필요가 있다는 것이 명확해진다. 퇴직한 직원들에게서 경영진이 직원들을 지원하지 않았다는 의견이 반복적으로 나온다면, 당신은 교육을 받거나 사내 경영진 훈련 교육 과정을 변경해야 한다. 이런 피드백은 상당히 흔한 편인데, 직원들은 일이 싫어 회사를 떠나는 것보다 경영진이 기대에 못 미쳐 회사를 그만두는 일이 더 많기 때문이다.

회사 내부. 직원이 입사할 때부터 결국은 퇴사할 때까지 직원 경험 시작부터 끝까지 모든 측면을 확인하라. 가장 최근 정보를 얻는 가장 쉬운 방법은 팀원 모두를 최소 한 달에 한 번 포커스 그룹으로 사용해 그들로부터 어떻게 업무 환경을 개선할지 솔직한 피드백을 얻어내는 것이다. "사람들에게 그들이 보기 원하는 변화에 대한 피드백을 포스트잇에 써서 사무실의 지정된 공간에 붙이도록 했더니 아주 좋은 결과를 얻을 수 있었습니다." 바이어컴의 마케팅 및 전략, 트렌드, 통찰력 담당 이사인 세라 엉거는 말한다. "하지만 중요한 건 의견에 귀를 기울였다는 거죠."

당신은 또한 신규 입사자가 적응하는 기간이나 떠나는 직원이 인수인계하는 기간에도 정보를 수집해야 한다. 이런 식으로 사전, 중간 그리고 사후의 정보를 합쳐보면 직원들이 겪은 경험을 좀 더 완벽한 그림으로 보여줄 것이다. 만일 누군가 대단히 열정적으로 회사에서 일하기 시작했지만 절망으로 끝나버렸다면, 당신은 이유를 찾아내야 한다. 그래야 그런 일이 다시 발생하지 않기 때문이다. 행복하고 불행한 지원자나 직원을 비교해 차이가 왜 발생하는지 그리고 어떻게 그 차이를 채울 것인지 알아내야 한다.

직원 경험을 만들어낼 때

당신의 역할

당신은 최고로 멋진 직장을 가질 수 있지만, 경영진과 직원들 사이에 튼튼한 관계가 없다면 실패할 것이다. 분명한 사실이다. 그러므로 당신은 더 좋은 리더가 되는 동시에 다른 사람들도 그렇게 될 수 있도록 독려하거나 훈련해야 한다. 관리자들은 함께 일하는 직원들 경험에 어마어마한 영향을 미치는데, 그 이유는 그들은 조언을 구하거나 새로운 프로젝트를 맡기는 등 끊임없이 직원들과 상호작용을 하기 때문이다. 변화를 추구하는 리더십 유형을 보여주고, 피드백에 마음을 열고 환영하며 모두가 최고 능력을 발휘하도록 독려한다면 당신은 그들에게 더 매력적으로 보일 수 있고 그들은 당신을 위해 더 열심히 일할 것이다.

좋은 경영자는 타고나는 것이지 만들 수 없다고 하지만, 내 경험으로는 좋은 경영은 주요 기술을 배우는 데 필요한 시간을 투자할 의지만 있다면 누구에게나 가르칠 수 있다. 우리는 경력이 오래되었다거나 열심히 일한다거나 하는 이유로 또는 회사를 그만두지 못하도록 관리자들을 승진시키는 일은 그만두어야 할 필요가 있다. 평범하거나 실력 없는 관리자들에게 더 많은 권한을 주는 것은 직원 경험을 망가뜨리는 최고의 방법이다.

직원들을 위해 강력하고 신나는 경험을 만들어낼 때는 사소한 것처럼 보이는 일이 중요하다. 강력한 팀 관계를 만드는 가장 좋은 방법 가운데 하나는 회사의 벽 밖에서 생각하고 직원들을 위해 사교를 위한 야유회나 행사를 계획하는 것이다. 감사 표시로 저녁 회식을 한다거나 생일 축하 또는 근속 기념행사를 하면 진정으로 팀을 하나로 묶을 수 있다. 안타깝게도 대부분 회사는 튼튼한 직원들의 관계를 더 많은 수익을 창출하는 주요 요소로 보지 않는다는 결론에 집중하고 있다. 취업 관련 대기업인 로버트 하프가 수행한 연구에서는 80퍼센트의 회사가 연례 모임을 하지 않는다는 것이 밝혀졌다.[14] 간단하고 공개적인 "감사 인사", 파티, 상품권, 스포츠 관람권, 저녁 대접 등이 큰 도움이 될 수 있다. 별것 아니라고 생각할 수 있지만, 직원들에게는 그렇지 않다. 특히 그들이 기대하고 있지 않을 때는 더욱 그렇다.

당신이 사무실 외부의 사교 활동을 지원하는 걸 직원들이 보면 그들은 같은 행동을 시작할 것이다. 만일 그렇지 않다면 그럴 수 있도록 공개적으로 독려하라. 직원들이 같은 팀의 다른 사람들에게 친절하게 행동하면 그들은 긴 안목으로 보면 머물고 싶어지는 공동체를 만들어내는 것이다. 공동체가 튼튼한 사회적 유대감을 갖고 있으면 직원들은 그 속에서 단순히 눈앞의 업무를 끝내는 일에 그치지 않고 서로 신뢰하고 서로 보살피게 되고 회사는 성공한다. 병원에 입원한 팀 동료를 문병하는 것처럼 강한 공감을 드러내는 행동들은 직원들의 원기에 큰 영향을 미치고, 그들이 당신을 그저 관리자가 아니라 진정으로 그들을 걱정하는 친구로 볼 수 있도록 도움을 준다. 회사 동료들이 회사 스포츠팀에서 활약하고 있거나 다른 직원들을(여자 직원들, 젊은 직원들, 라틴계 직원 등) 돕는 지원하는 중이라면, 그들은 시키지도 않았는데 직원들 사이의 관계를 그리고 그들의 팀을 구축하고 키우는 것이다. 사무실 밖에서의 사교는 전체 직원 경험의 많은 요소 가운데 하나에 불과하다는 걸 기억해 두자. "재밌고 사교적인 직원은 아주 좋고 보기 좋지만, 상사가 직장에서 너무 그런 사람들만 좋아하면 뭔가 우선순위가 뒤바뀐 것이 아닌가 하는 생각이 듭니다." 타임의 교육 및 개발 담당 임원인 어맨다 퍼시티는 말한다. "그 누구도 '와, 사장님이 볼링 치러 데려가 주셨어. 난 정말 이 회사가 좋아!'라고 말하는 걸 들어본 적은 없습니다." 네슬레 퓨리나의 브랜드 매니저인 어맨다 제이드먼은 이렇게 덧붙인다. "사람들은 영감을 받고 스스로 가치 있는 사람이라고 느끼고 자신이 하는 일을 믿고 싶어 합니다. 그렇다고 해도 가끔은 동료에게 아기를 위한 선물을 사주기도 하고 생일에 케이크를 선물하기도 하죠. 그러나 그들에게 가장 영향이 큰 것은 매일 처리하는 업무입니다. 정직하고 투명해야 하죠. 귀를 기울여야 합니다. 재능이 있는 직원이 그들이 원하고 받을 자격이 있는 중요한 업무를 맡고 승진하는 걸 보장해야 합니다. 전혀 혁명적인 일이 아니에요. 단지 관리자로서 쉽게 잊는 것들일 뿐입니다."

팀 동료들과 축하 파티를 하는 것 외에도 당신은 직원들을 개인적인 차원에서 알고 싶어 한다. 우리는 어쩌면 모두 비슷한 기본적 필요와 욕구가 있다. 하지만 개인으로서 우리는 또한 각자의 동기와 꿈이 있다. 직원들을 개별적으로 알아가면서 그들의 가장 큰 동기와 관심, 영감을 기록해두도록 한다. 그러면 당신은 의식적으로 그들이 필요로 하는 것들을 충족하는 방향으로 일하게 될 것이다.

리더들과 얼굴을 보며 이야기하는 시간은 직장 경험에 영향을 주는 중대한 역할을 할 수 있다. 코노코필립스의 부동산 관리자인 린지 웨들은 회사에서 그녀가 엄청나게 존경하지만, 함께 일해본 적 없는 리더와의 경험이 있다. 그 리더는 나중에 그녀의 관리 방식에 영향을 미쳤다. "무슨 회의를 함께 하다가 제가 딸 아이 이름을 말씀드렸어요. 몇 달 뒤 그분을 엘리베이터에서 만났는데 '안녕! 애비게일은 잘 지내나?'라고 말하더라고요. 솔직히 엄청나게 놀랐습니다. 내 개인적인 이야기를 기억하고 있었다는 점 그리고 시간을 내서 딸 아이에 관해 이야기했다는 것이 인상 깊었어요." 그녀는 말했다. "그분은 회사에서 가장 바쁜 사람이었는데, 그 순간의 사려 깊은 행동이 제게는 무척 오래 가더라고요. 그래서 저도 의식적으로 상대방의 배우자나 아이의 이름을 외우고 그들의 이름을 부르면서 안부를 물으려 노력하고 있습니다."

아래 표는 직장에서 각자의 동기와 관심이 있는 직원들을 지원하는 당신에게 도움을 줄 수 있다. 직원을 파악하는 것은 일방통행이 아니다. "저는 직원들을 개인적인 차원에서 파악하고 그들이 같은 수준으로 저를 파악할 수 있도록 함으로써 직장에서의 직원 경험을 개선했습니다." TIBCO 소프트웨어의 선임 마케팅 매니저인 어맨다 힐리는 말한다. "직장과 가정에서 전혀 다른 사람으로 행동하는 건 피곤한 일입니다. 저의 경우에 저는 보는 그대로의 인물입니다. 저는 남편에 관해서도 이야기할 것이고 내가 듣는 노래를 보

직원의 동기와 관심	직원 지원 방법
유연성	출근을 늦게 하도록 허락해주거나 일주일에 최소 하루는 재택근무를 하도록 해준다.
보수	성과가 좋고 사업 결과를 잘 만들어낸다면 적어도 일 년에 한 번은 연봉을 인상해주도록 한다.
사교	팀 내 또는 외부의 사람들을 소개해주고 친목 행사를 만들어 초대한다.
스포츠	현금 보너스 외에 추가로 그들이 좋아할 스포츠 관람권 두 장을 선물한다.
여행	여러 도시에 사무실이 있다면 멀리 떨어진 곳에 출장을 보낸다. 또는 업계 콘퍼런스가 있다면 참석하도록 해서 배우면서 여행도 할 수 있도록 한다.

내줄 것이고 제 고양이 사진을 공유할 겁니다. 개인적으로 소소한 일들은 저와 제가 맡은 일이 전진하도록 해주는 결합 조직 같은 겁니다."

내가 볼 때 긍정적 직원 경험을 구축하는 데 있어서 관리자들이 하는 가장 큰 실수는 신규 입사자가 입사한 지 90일이 되었는데도 현실적 기대를 설정하지 않는 것이다. 신규 입사자들에게 그들이 무엇을 배울 것인지 알게 하고, 목표를 설정하고 그들의 직무 책임이 계속 발전할 수 있도록 계획을 세우는 일은 매우 중요하다. 그들에게 회사는 그저 직업이 아니라 장기적인 그들 경력의 일부라고 느끼게 해야 한다. 스스로 로봇이거나 조립 공정에 속한 톱니바퀴라는 생각을 하고 싶은 사람은 아무도 없다. 사람들은 자신이 맡은 일이 회사의 성공에 어떤 영향을 미칠지 알고 싶어 한다. "제가 중요하게 생각하는 것은 사람들의 기여를 제가 인정한다는 것, 그리고 그들이 절 위해 일하든 그렇지 않든 그 기여가 차이를 만들어 낸다는 사실을 그들 스스로 이해하도록 하는 겁니다." 마스터카드의 정보 관리 및 법률, 프랜차이즈 관리 담당 이사인 존 음왕기가 말한다. "자신이 하는 일이 중요하다는 걸 알면 한 개인의 경험은 무척 개선됩니다. 그리고 그들은 스스로 전문가로 발전하는 데 함께 하는 동반자로 당신을 인식합니다."

직원들이 앞으로 나아가는데 필요한 기술의 구체적 내용과 업무를 완수하는데 필요한 과정, 이런 계획이 그들의 성과를 향상하는 데 어떻게 도움이 되는지에 관한 설명 등을 포함한 훈련 계획을 직원들과 함께 세워라. 이렇게 하면 사람들이 뭔가 새로운 걸 시작할 때 자연스럽게 갖게 되는 스트레스와 긴장감을 줄이는 데 도움을 받을 수 있다. 당신은 직원들의 경험을 조절하고 싶어 하지만 그렇게 되지 않는다. 적어도 항상 그렇지는 않다. 사람들이 소문으로 브랜드의 생명을 좌우하는 소비지상주의와 마찬가지로 당신의 직원들은 그들 경험에 관해 다른 사람들에게 좋게 말할 수도 있고 나쁘게 말할 수도 있다. 그들에게 제대로 된 도구와 전용 지원 시스템을 제공해 직원들이 경험을 소유할 수 있도록 권한을 부여하는 것이 중요한 이유이다. 그들에게 자율성을 줄수록(그들이 책임감 있게 행동할 수 있으리라 가정한다) 그들은 당신에게 압박을 덜 가할 것이다. 페이스북의 성과관리 책임자 비벡 라발은 모든 걸 종합해 정리해준다. "제가 함께 일했던 최고의 리더들은 제가 발전하고 성장하는 데 개인적인 관심을 보여주었습니다." 그는 말한다. "그들은 제게 목표를 물었고 제가 어떻게 발전하고 성장할 수 있는지 새로운 아이디어를 제안했고 제 업무 스타일을 이해하기 위해 시간을 들였고, 가장 중요하게도 저와 일하는 동안에 제가 배우고 성공할 수 있는 자리에 있을 수 있도록 행동을 취했습니다."

직원 경험 개선하기의 요점 정리

1. 가장 중요한 경험에 집중하라.

전체 직원 경험의 라이프 사이클을 생각하고 한 번에 한 분야씩 개선하려 애써라. 그래야 과부하에 걸리지 않는다. 팀원들과 매일 벌어지는 상호작용을 제외하고는 직원들이 일하기 시작한 첫날부터 마지막 날 사이에서 가장 중요한 기간의 경험 집중하라.

2. 직원 경험을 그들의 관점에서 보라.

내부 및 외부의 자료를 사용해 개선할 분야를 확인하라. 당신의 팀을 포커스 그룹으로 활용하고 당신이 어떻게 느끼는지 다른 사람들로부터 받은 피드백은 어떤지 솔직하게 말해 직원들도 솔직해질 수 있도록 하라.

3. 직원들에게 권한을 부여하라.

직원들에게 자신의 진로를 그릴 수 있는 자유를 주어 그들이 경험을 어느 정도 조절할 수 있도록 권한을 부여하라. 개인적인 차원에서 직원들을 파악하고, 그들의 개인적인 발전을 돕고 그들의 포부를 지원할 수 있도록 하라.

다시, 사람에 집중하라

•

신기술이 등장해 발전하고 모든 산업과 직업, 문화에서 혁신을 일으키고 있지만 우리는 기기와 네트워크 그리고 인공지능이 어떻게 인간 행동을 바꾸게 될지, 어떤 직업을 없애고 우리 조직, 공동체, 삶에 어떤 영향을 미칠지 전혀 감을 잡지도 못하고 있다. 신기술이 우리를 더욱 가까이 모이게 해줄 거라고 생각했지만, 신기술은 우리의 직장 생활을 더 힘들고 의미 없는 것으로 만들었다. 그리 머지않은 미래에 로봇이 모닝커피를 내오고 사람 대신 이를 닦아줄 수도 있겠지만, 당신은 여전히 심장과 정신 그리고 혼을 가지고 있을 것이며 당신을 위해 또는 당신과 함께 일할 사람들 역시 마찬가지일 것이다. 효과적인 리더가 되는 데 필요할 중요한 능력, 이를테면 공감, 열린 마음, 비전은 기계에 대신 맡길 수 없는 것들

이다. 그런 이유로 리더인 우리는 인간으로 돌아가 신기술의 노예
가 아닌 주인이 되어야 한다.

저명한 신기술 리더들이 말하는 신기술에 관한 경고

신기술 혁명이 가져온 변화를 막을 방법은 없다. 하지만 우리는
조심해서 신기술을 받아들여야만 한다. 그것은 나뿐 아니라 신기
술과 인공지능 업계에서 가장 존경받는 전문가들도 하는 생각이
다. 그리고 그들이 경고하면 우리는 진정으로 주의해야 한다. 예를
들어 스티브 워즈니악, 스티븐 호킹, 일론 머스크는 인공지능(AI)
이 미칠 사회적 영향에 관한 공개서한에 서명했다.[2] 그리고 마이크
로소프트의 연구팀장 에릭 호비츠는 언젠가 AI가 인류에게 반기를
들고 우리 존재 자체에 대한 위협이 될 거라고 믿고 있다.

다른 두 명의 기술 권위자인 애플의 CEO 팀 쿡과 페이스북의
CEO 마크 저커버그는 졸업식 연설을 통해 그들이 스스로 홍보하
며 제공하는 도구와 시스템의 위험성에 대해 경고했다. MIT의 졸
업식에서 쿡은 말했다. "가끔 우리를 연결해야 할 바로 그 신기술
이 우리를 갈라놓습니다. 신기술은 아주 멋진 일을 해낼 수 있습
니다. 하지만 아주 멋진 일을 하길 원하지 않습니다."[3] 하버드에서
저커버그는 말했다. "우리 부모님이 졸업할 때는 직업, 교회, 공동
체에서 삶의 목적이 확실하게 제시되었습니다. 하지만 오늘날 신
기술과 자동화는 많은 직업을 없애고 있습니다. 공동체의 회원 수
는 감소하고 있습니다. 많은 사람이 단절감과 우울함을 느끼고 공

허함을 채우려 애쓰고 있습니다."[4]

우리가 살아가는, 기술로 가득 찬 세상에서 젊은 리더가 된다는 건 힘든 일이다. 그리고 우리는 다른 사람들과 감정적 연결을 만들어낼 수 있는 때에만 성공할 수 있다. 연결이란 우리가 공감하고 친절한 행동을 하고 다른 사람을 해치지 않는 그런 유형의 연결을 말한다.

직장은 점점 더 로봇화되고 있다

버진 펄스 연구에서 우리는 직원들과 관리자들에게 어떤 경향이 그들의 업무 환경에 가장 큰 영향을 미친다고 생각하는지 물었다.[5] 그들은 사물인터넷, AI, 스마트폰의 발달, 가상현실, 웨어러블 기기에 가장 관심이 있다고 대답했다. 다른 말로 하면 자동화이다. 자동화는 얼마나 영향이 클까? 우리는 수백 개의 조직을 대상으로 설문 조사를 했고, 평균적으로 그들은 앞으로 몇 년 이내에 인력을 최소 10퍼센트 감축할 것으로 예상한다는 대답을 얻었다.[6]

많은 사람이 로봇을 뭔가 미래의 상징하는 것으로 생각하지만 우리는 이미 생각하는 것보다 멀리 와있다. 맥도날드는 직원을 키오스크로 바꾸고 있고[7] 도미노피자는 배달원을 자동운전 로봇으로 대체하고 있으며[8] 로우스는 직원 대신 로봇을 배치해 손님을 맞이하고 있고[9] 알로프트 호텔은 로봇 벨보이를 실험하고 있다.[10] 안전한 직업은 없다. 중국에서는 특정 죄목을 다루는 법정에서 판결을 도울 법률 로봇이 배치했다. 그보다 더 무시무시한 일은 없다.[11] 요점 : 자동화는 우리의 세계 경제에서 수많은 직업을 완전히 없앨 것이며, 없어지지 않은 직업을 가진 사람들이 수행하는 다양한 업무도 사라지게 할 것이다.

회사의 시각으로 보면 로봇은 인건비가 훨씬 적게 들고 수익성을 올릴 수 있다. 생각해보라. 만일 회사가 3만 달러를 한 번 투자해 로봇을 구매하거나 똑같은 십여 가지 업무를 하는 정직원을 연봉 7만5천 달러에(추가로 건강보험, 유급 휴가, 연봉 인상과 보너스를 고려해야 한다) 고용해야 한다면 회사는 로봇을 선택할 것이다. 로봇은 하루에 24시간 일할 수 있지만, 인간은 기껏해야 최대 8시간 일할 수 있을 것이다. 로봇은 업무 내용을 두고 당신에게 따지지 않을 것이고 번아웃이나 스트레스로 불만을 드러내지도 않을 것이다. 로봇은 아무 불만 없이 시키는 일을 해낼 것이다. 이런 기계들의 비용은 필연적으로 낮아질 것이며 고용주에게는 점점 더 매력적인 대안이 될 것이다. 세계의 많은 CEO는 머릿속에서 바로 이런 생각을 하고 있다.

내 생각에 신기술이 계속 우리를 다른 인간들로부터 분리할 것임은 의심할 여지가 없다. 가상현실이든 챗봇이든 마이크로칩 주입이든 최신 SF영화 속 이야기 같지만 이미 세상에 존재하는 기술들이며 아무리 개인화가 된다고 해도 마찬가지다. 스웨덴 기업 에피센터는 직원들에게 공짜로 마이크로칩을 몸속에 넣어주겠다고 제안했고, 이미 150명이 이를 받아들였다. 칩을 이식한 직원들은 쉽게 건물에 출입할 수 있고 지갑을 꺼내지 않고도 복사기 같은 사

결론

335

무용 기기를 사용할 수 있지만, 끊임없이 추적을 당하게 되는데 내게는 무척 침범당하는 느낌을 준다. 회사를 옮기고 싶다면 수술로 칩을 제거해야 한다는 걸 상상해보라!

이제 좀 더 인간적이고 덜 기계적이어야 할 때

나는 인간으로 돌아가기 르네상스를 목격한 것뿐 아니라 직접 참여하기도 했다. 신기술이 나를 다른 사람들에게서 고립된 것처럼 느끼게 만들면, 나는 자연스럽게 더 많은 연결이 필요하다고 느낀다. 그것이 누굴 만나 커피를 마시는 일이든, 사무실로 걸어서 찾아가는 일이든, 심지어 부모님께 전화를 드리는 일이든 나는 신기술이 나를 능가하지 못하게 하려고 한다. 그 대신 나는 신기술을 사용해 좀 더 개인적인 상황과 더 깊은 타인과의 대화를 만들어낸다. 직장에서 우리 팀들은 우리가 회사에 나가 지원해주지 않으면 제 기능을 할 수가 없다. 그리고 연결되는 느낌 없이는 팀들은 헌신적이거나 생산적일 수 없다. 기계들이 하드스킬을 능숙히 다루고 인간보다 아무리 빠르게 많은 업무를 해낼 수 있게 된다고 해도 인간은 위대한 리더를 만드는 소프트스킬의 면에서는 늘 우위에 있을 것이다. CNBC와의 인터뷰에서 시노베이션 벤처스의 창립자 리카이푸는 기계들이 점점 더 똑똑해지는 세상에서 인간이 존재할 곳이 있느냐는 질문을 받았다. 리는 신기술에 투자하고 있지만 "진심으로 다른 사람에게 마음을 전하는 일은, 제가 생각하기에 기계는 절대로 잘할 수 없는 것입니다."라고 대답했다.[12] 오늘날의 직업들은 1980년대와 1990년대보다 훨씬 더 다른 사람과 함께 또는 다른 사람을 위해 일할 수 있는 능력을 강조하고 있다.[13] 직업들이 사라지면서 새로운 직업이 만들어지고 있고, 새로 생긴 직업들은 계속해 리더십과 팀워크, 시간 관리, 사회적 기술을 필요로 할 것이다. 단단한 업무 관계를 발전시키는 당신의 능력은 당신이 열망하는 대로 리더가 될 때까지 당신의 가장 중요한 자산이 될 것이다. 신기술로 가득한 미래에도 불구하고 우리의 사회적 기술은 우리가 계속해 경력과 삶을 짜낼 수 있는 실뭉치가 되어 줄 것이다. 〈포춘〉의 수석 편집자 제프 콜빈이 내게 말했다. "우리는 10만 년에 걸친 진화를 통해 컴퓨터가 아닌 다른 인간과의 깊은 상호작용을 가치 있는 것으로 인식하고 있습니다."[14]

우리는 더 깊은 연결과 더 강한 관계를 만들기 위해 신기술을 사용할 필요가 있다는 사실을 인식하는 것에서부터 시작해야 한다. 그리고 우리는 더 많은 친구뿐 아니라 지금 있는 친구들과 더 깊은 대화가 필요하다는 사실을 인정하는 것으로 계속해야 한다. 그리고 나는 새 글이 있는지, 좋아요와 댓글이 늘었는지 확인하지만, 실제로 전화를 걸어 대화하거나 상대방에게 생일 축하 인사를 건네는 일은 거의 없는, 인터넷에만 존재하는 표면적인 "우정"을 말하는 것이 아니다. 내가 말하는 친구는 실제 시간을 투자하는, 당신이 진정으로 신경 쓰는, 당신이 매일 보는 또는 보지 않는 동료 직원들과 유지하는 관계를 뜻한다.

교육부터 정서적 지지까지, 성공하기 위해 우리가 필요로 하는 모든 것은 우정을 가짐으로써 개선할 수 있다. "당신의 인맥이 당신의 진짜 가치"라든지 "무엇을 아는지보다 누구를 아는지가 중요하다."라는 말이 대대로 이어지는 데는 이유가 있다. 진리이기 때문이다! 기계가 아니라 인간이 당신을 지식, 직업, 성취로 이끌 것이다. 오랜 세월 동안 나는 나이 든 어른들에게 우정에 관해 물어야 한다고 지적해왔다. 그리고 어른들 모두는 내게 연구자들이 오랜 세월 말해온 내용을 말해주었다. 나이가 들수록 가까운 친구들은 적어진다는 것. 여러 연구를 보면 사람들은 직업적인 결정보다 인간관계에서의 실수를 훨씬 더 후회한다고 한다.[15] 이런 걸 알면 누구를 붙잡고 누구를 놓아주어야 할지 결정할 때 도움을 받을 수 있다. 우리는 나이가 들어가면서 아이들이 생기거나 일과가 너무 바빠지는 등 더 많은 책임을 지게 되고 그 결과로 친구가 줄게 된다. 당신은 이런 상황에서 뭔가를 할 수 있고, 그 과정에서 좀 더 성취감 있는 업무 경험을 직원들에게 줄 수 있다.

지금이 미래다

고립의 시대에 빛이 있었다. 오늘 나는 당신에게 휴대전화를 내려놓고 알림을 끄고 인터넷을 꺼보기를 제안한다. 당신이 해낼 수 있음을 안다! 시간을 되돌릴 수는 없지만, 인간으로 되돌아갈 수는 있다. 그러니 매일 매시간 매분 벌어지는 모든 상호작용을 소중히 여겨라. 당신이 앞장설 것을 믿는다. 내가 바로 곁에서 당신에게 손을 내밀어 줄 것이다.

» 내 에이전트에게

이 책은 내 에이전트이자 영웅인 짐 러빈에게 바친 것이다. 그는 늘 날 믿어주었고 우리가 함께 일한 뒤로 내 경력 전체에 깊은 영향을 미쳤다. 짐은 출판계의 이름 없는 영웅으로 우리 시대의 가장 위대한 작가들 그리고 사상의 뒤에서 힘을 보탠 원동력이었지만, 겸손하게 무대 뒤편을 고수하고 있다. 은퇴해서 골프나 즐길 나이에도 여전히 다음 세대 작가들이 성공할 수 있도록 돕는 길을 선택한 그는 내게 영감을 주었다. 짐처럼 자신이 하는 일을 진정으로 사랑하는 사람만이 존경받는 회사를 이끄는 동시에 끝없이 이어지는 작가들을 관리할 수 있다. 그가 나를 "산만하다"고 하지만, 이 책을 그에게 바침으로써 나는 이 책을 내가 쓴 지금까지의 책들 가운데 최고로 만들고 그가 상상한 이상으로 내가 성공하는 꿈을 꿔본다.

» 부모님께

절 믿어주셔서, 제 생각을 미리 들어주셔서 감사합니다. 두 분을 정말 사랑합니다!

≫ 출판사 다 카포 프레스에게

댄 앰브로시오, 존 라지에비치, 케리 루벤스타인, 케빈 하노버, 마이클 클라크, 마이클 지라타노, 미리엄 리아드 그리고 그들이 속한 팀은 이 책의 개념을 믿었고, 내가 글로 이 책을 완성할 수 있도록 도왔다. 여러분이 보내준 믿음, 투자, 시간에 감사합니다.

≫ 아민 브롯에게

편집해주신 덕분에 제가 더 좋은 작가가 되었고, 이 책이 더 나아졌습니다. 노력과 지지 그리고 격려에 어떻게 더 감사를 드려야 할지 모르겠습니다.

≫ 케빈 로크만 교수님께

케빈은 이 책을 위해 직장 내 연결지수 평가를 개발하기로 즉시 동의해주었다. 고립에 대한 그의 학술 연구가 계속되었으면 하는 바람이다.

≫ 퓨처 워크플레이스에게

데이비드 밀로, 진 마이스터, 케빈 멀케이, 레아 도이치, 트레이시 퓨, 뚜안 도안을 포함한 우리 팀의 지원에 감사한다. 그들의 도움 덕에 우리는 다음 세대 리더들에게 영향을 미치고 직장에 변화를 만들고 있다.

» 버진 펄스에게

웬디 워브와 처음 통화를 한 이래 나는 이 책의 국제 연구를 위한 완벽한 파트너가 버진 펄스임을 알았다. 앤드루 보이드, 아서 게링, 엘리스 마이어, 헤일리 맥도널드에게 특히 감사한다.

» CA 테크놀로지스에게

오래 전 CA에 강사로 고용되면서 나는 전문 강사 경력을 시작하게 되었고, 이제 그들이 내 책의 전국 발매 행사를 주관하면서 상황은 처음으로 되돌아왔다. 로라 드레이크와 퍼트리샤 롤린스가 날 믿어준 데 대해 특별히 감사한다.

» 100인의 밀레니엄 세대에게

이 책을 위해 나는 세계에서 가장 주목받는 회사에서 일하는 최고의 밀레니엄 세대 리더 백 명과 인터뷰를 했다. 애덤 밀러, 앨리슨 앨워디, 어맨다 프라가, 어맨다 힐리, 어맨다 퍼시티, 어맨다 제이드먼, 아미트 트리베디, 에이미 린다, 에미이 오델, 앤드루 미엘리, 안토니오 맥브룸, 벤 톰슨, 빌 코널리, 빌 웰스, 브래드퍼드 찰스 윌킨스, 브랜던 그로스, 브라이언 테일러, 칼리 찰슨, 캐럴라인 군터, 찰리 콜, 크리스 구미엘라, 댄 클램, 대니 게이너, 대니얼 제이텔, 대니얼 킴, 대니얼 라크로스, 대니엘 버클리, 데릭 발토스코니, 데릭 톰슨, 에드 맨드랠라, 에밀리 캐플런, 에린 밀라드, 에린 양, 펠리페 나바로, 헤더 샘프, 일로나 유르키에비치, 제이슨 공,

제나 레벨, 제나 바살로, 제니퍼 코크런, 제니퍼 플레이스, 제니퍼 그레이브, 제니퍼 로페즈, 제니퍼 쇼퍼, 제니퍼 골드버그, 제시카 라티머, 제시카 로버츠, 질 작셰프스키, 조 로런스, 존 헌츠맨, 존 음왕기, 저스틴 비렌바움, 저스틴 오르킨, 케이트 만지아라티, 케이티 루카스, 케이티 베숑, 키어 얼릭, 크리스티 틸먼, 카일 요크, 라라 호건, 로라 이넉, 로라 페티, 리오 래드빌, 린지 웨들, 리즈 미어쉬, 말콤 맨즈웰, 매슈 메로트라, 메그 페인탈, 메건 그레이디, 멜라니 체이스, 미셸 오들런드, 마이크 맥스웰, 마이크 슈넬러, 난디 J. 샤리프 박사, 나왈 파쿠리, 님 드 스와트, 옴 마르와, 파올로 머톨라, 퍼트리샤 롤린스, 폴 라이시, 필립 크림, 라지브 쿠마르, 라시다 하지, 로지 페리즈, 로스 파인버그, 샘 하우, 샘 바이올렛, 샘 워로백, 세라 드안젤로, 세라 엉거, 세라 웰스포드, 샤르미 간디, 시몽 부셰, 쇼드 게링, 스테파니 빅슬러, 스테파니 부슈, 트레이시 셰퍼드 래스킨, 울리히 캐도우, 비키 응 그리고 비벡 라발에게 감사한다.

» 쓰리 브리지스 프러덕션에게

이 책의 가장 큰 메시지를 그림으로 재미나게 표현해준 것에 감사한다. 알렉 롤리스, 캐서린 베켓, 크리스티안 로버츠, 지나 페란티, 제임스 미그, 라라 골디, 피터 게츠, 트레버 리빙스턴 그리고 야스민 야와르에게 감사한다.

» 친구들에게

책을 쓰는 내내 내 친구들은 나를 지지해주었을 뿐 아니라 내가 떠올린 일부 생각을 미리 검토해주었다. 앨런 가넷, 코리 브래드번, 데이비드 호먼, 파누쉬 토라비, 제임스 알투처, 제이 셰티, 제프 가벨, 제니퍼 서튼, 제니 블레이크, 제스 코딩, 조 크로셋, 조너선 미트먼, 조던 하브링거, 조쉬 화이트, J. R. 로스타인, 줄리아 레비, 줄리 빌링스 응우옌, 라베 에덴, 루이스 하우즈, 미키 펜저, 마이크 스미스, 피트 지글러, 레이철 투로, 러셀 와이너, 라이언 포, 셰인 스노 그리고 요니 프렌켈에게 감사한다.

머리말 : 직장에서 신기술이 어떻게 우리를 고립시키는가

1. Dan Schawbel, "Arianna Huffington: Why Entrepreneurs Should Embrace the Third Metric," *Forbes*, March 25, 2014, https://www.forbes.com/sites/danschawbel/2014/03/25/arianna-huffington/

2. Jeffrey M. Jones, "In U.S., Telecommuting for Work Climbs to 37%," Gallup, August 19, 2015, http://news.gallup.com/poll/184649/telecommuting-work-climbs.aspx

3. James Manyika et al., "Harnessing Automation for a Future That Works," McKinsey & Company, January 1, 2017, https://www.mckinsey.com/featured-insights/digital-disruption/harnessing-automation-for-a-future-that-works

4. Rob Cross et al., "Collaborative Overload," *Harvard Business Review*, December 20, 2016, https://hbr.org/2016/01/collaborative-overload

5. "How Americans Spend Their Money," *New York Times*, February 10, 2008, http://archive.nytimes.com/www.nytimes.com/imagepages/2008/02/10/opinion/10op.graphic.ready.html

6. "Why Can't We Put Down Our Smartphones?," *60 Minutes*, CBS Interactive, April 7, 2017, https://www.cbsnews.com/news/why-cant-we-put-down-our-smartphones-60-minutes/

7. Gavin Francis, "Irresistible: Why We Can't Stop Checking, Scrolling, Clicking and Watching—Review," *Guardian News and Media*, February 26, 2017, https://www.theguardian.com/books/2017/feb/26/irresistible-why-cant-stop-checking-scrolling-clicking-adam-alter-review-internet-addiction

8. Sarah Perez, "U.S. Consumers Now Spend 5 Hours per Day on Mobile Devices," TechCrunch, March 3, 2017, https://techcrunch.com/2017/03/03/u-s-consumers-now-spend-5-hours-per-day-on-mobile-devices/

9. Patrick Nelson, "We Touch Our Phones 2,617 Times a Day, Says Study," Network World, July 7, 2016, https://www.networkworld.com/article/3092446/smartphones/we-touch-our-phones-2617-times-a-day-says-study.html

10. Eric Barker, "This Is How to Stop Checking Your Phone: 5 Secrets from Research," *Barking Up the Wrong Tree*, March 5, 2017, https://www.bakadesuyo.com/2017/03/

how-to-stop-checking-your-phone/

11. Anderson Cooper, "What Is 'Brain Hacking'? Tech Insiders on Why You Should Care," *60 Minutes*, CBS Interactive, April 9, 2017, https://www.cbsnews.com/news/brain-hacking-tech-insiders-60-minutes/

12. "Despite the Tech Revolution, Gen Z and Millennials Crave in-Person Collaboration," Future Workplace and Randstad, September 6, 2016, https://www.randstadusa.com/about/news/despite-the-tech-revolution-gen-z-and-millennials-crave-in-person-collaboration/

13. Miller McPherson et al., "Social Isolation in America: Changes in Core Discussion Networks over Two Decades," *American Sociological Review* 71, no. 3 (June 1, 2006): 353 – 375, https://doi.org/10.1177/000312240607100301; and Vivek Murthy, "Work and the Loneliness Epidemic," *Harvard Business Review, September* 27, 2017, https://hbr.org/cover-story/2017/09/work-and-the-loneliness-epidemic

14. Dan Schawbel, "Vivek Murthy: How to Solve the Work Loneliness Epidemic," *Forbes, October* 7, 2017, https://www.forbes.com/sites/danschawbel/2017/10/07/vivek-murthy-how-to-solve-the-work-loneliness-epidemic-at-work/#c4bc48d71727

15. Carolyn Gregoire, "The 75-Year Study That Found the Secrets to a Fulfilling Life," *Huffington Post*, August 11, 2013, https://www.huffingtonpost.com/2013/08/11/how-this-harvard-psycholo_n_3727229.html

16. Hakan Ozcelik and Sigal Barsade, "Work Loneliness and Employee Performance," n.d., https://journals.aom.org/doi/abs/10.5465/ambpp.2011.65869714

17. Stephen Jaros, "Meyer and Allen Model of Organizational Commitment:Measurement Issues," *ICFAI Journal of Organizational Behavior* 6 (November 4, 2007): 1 – 20.

18. Kerry Hannon, "People with Pals at Work More Satisfied, Productive," *USA Today*, August 13, 2006, http://usatoday30.usatoday.com/money/books/reviews/2006-08-13-vital-friends_x.htm

19. Future Workplace and Virgin Pulse, "The Work Connectivity Study," to be published November 13, 2018, at http://workplacetrends.com/the-work-connectivity-study/

20. Future Workplace and Polycom, "The Human Face of Remote Working Study," March 21, 2017, http://workplacetrends.com/the-human-face-of-remote-working-study/

21. "Japan Population to Shrink by One-Third by 2060," *BBC News*, January 30, 2012, http://www.bbc.com/news/world-asia-16787538

22. Alanna Petroff and Oceane Cornevin, "France Gives Workers 'Right to Disconnect' from Office Email," *CNNMoney*, Cable News Network, January 2, 2017, http://money.cnn.com/2017/01/02/technology/france-office-email-workers-law/index.html

23. "PM Commits to Government-Wide Drive to Tackle Loneliness," Gov.uk, January 17, 2018, https://www.gov.uk/government/news/pm-commits-to-government-wide-drive-to-tackle-loneliness

24. Uptin Saiidi, "Millennials: Forget Material Things, Help Us Take Selfies," CNBC, May 5,

주

/

2016, https://www.cnbc.com/2016/05/05/millennials-are-prioritizing-experiences-over-stuff.html

25. "Table 1: Time Spent in Primary Activities and Percent of the Civilian Population Engaging in Each Activity, Averages per Day by Sex, 2016 Annual Averages," US Bureau of Labor Statistics, June 27, 2017, https://www.bls.gov/news.release/atus.t01.htm

26. J. Holt-Lunstad, T. B. Smith, and J. B. Layton, "Social Relationships and Mortality Risk: A Meta-Analytic Review," *PLoS Med* 7, no. 7 (2010): e1000316, https://doi.org/10.1371/journal.pmed.1000316

27. Lydia Saad, "The '40-Hour' Workweek Is Actually Longer—by Seven Hours," Gallup, August 29, 2014, http://news.gallup.com/poll/175286/hour-workweek-actually-longer-seven-hours.aspx

1장. 성취에 집중하라

1. Dan Schawbel, "Michael Bloomberg: From Billionaire Businessman to Climate Change Activist," *Forbes, May* 30, 2017, https://www.forbes.com/sites/danschawbel/2017/05/30/michael-bloomberg-from-billionaire-businessman-to-climate-change-activist/#1e00ede25a20

2. Michael Bond, "How Extreme Isolation Warps the Mind," BBC Future, May 14, 2014, http://www.bbc.com/future/story/20140514-how-extreme-isolation-warps-minds

3. Erica Goode, "Solitary Confinement: Punished for Life," *New York Times*, August 3, 2015, https://www.nytimes.com/2015/08/04/health/solitary-confinement-mental-illness.html

4. Mark Molloy, "Too Much Social Media 'Increases Loneliness and Envy'—Study." *Telegraph*, March 6, 2017, https://www.telegraph.co.uk/technology/2017/03/06/much-social-media-increases-loneliness-envy-study/

5. Melissa Carroll, "UH Study Links Facebook Use to Depressive Symptoms," University of Houston, August 6, 2017, http://www.uh.edu/news-events/stories/2015/April/040415FaceookStudy.php

6. Mike Brown, "How Accurately Does Social Media Portray the Lives of Millennials?," LendEDU, May 15, 2017, https://lendedu.com/blog/accurately-social-media-portray-life-millennials/

7. Holly B. Shakya and Nicholas A. A. Christakis, "A New, More Rigorous Study Confirms: The More You Use Facebook, the Worse You Feel," *Harvard Business Review*, April 10, 2017, https://hbr.org/2017/04/a-new-more-rigorous-study-confirms-the-more-you-use-facebook-the-worse-you-feel

8. Future Workplace and Kronos, "The Employee Engagement Study," January 9, 2017, http://workplacetrends.com/the-employee-burnout-crisis-study/

9. Staples Business Advantage, "The North American Workplace Survey," June 29, 2015,

http://workplacetrends.com/north-american-workplace-survey/

10. Jeffrey M. Jones, "In U.S., 40% Get Less Than Recommended Amount of Sleep," Gallup, December 19, 2013, http://news.gallup.com/poll/166553/less-recommended-amount-sleep.aspx

11. "Overweight & Obesity Statistics," National Institute of Diabetes and Digestive and Kidney Diseases, US Department of Health and Human Services, August 1, 2017, https://www.niddk.nih.gov/health-information/health-statistics/overweight-obesity

12. Millennial Branding and Randstad, "Gen Y and Gen Z Global Workplace Expectations Study," September 2, 2014, http://millennialbranding.com/2014/geny-genz-global-workplace-expectations-study/

13. Victoria Bekiempis, "Nearly 1 in 5 Americans Suffers from Mental Illness Each Year," *Newsweek*, February 28, 2014, http://www.newsweek.com/nearly-1-5-americans-suffer-mental-illness-each-year-230608

14. "2017 Employee Financial Wellness Survey," PwC, April 2017, https://www.pwc.com/us/en/industries/private-company-services/library/financial-well-being-retirement-survey.html

15. Future Workplace and Virgin Pulse, "The Work Connectivity Study," to be published November 13, 2018, at http://workplacetrends.com/the-work-connectivity-study/

16. Joshua Bjerke, "Inaugural Study Finds Employee Wellbeing a Strong Predictor of Performance," Recruiter, October 5, 2012, https://www.recruiter.com/i/inaugural-study-finds-employee-wellbeing-a-strong-predictor-of-performance/

17. "Millennials Plan to Redefine the C-Suite, Says New American Express Survey," American Express, November 29, 2017, http://about.americanexpress.com/news/pr/2017/millennials-plan-to-redefine-csuite-says-amex-survey.aspx

18. D. Kahneman and A. Deaton, "High Income Improves Evaluation of Life but Not Emotional Well-Being," *Proceedings of the National Academy of Sciences* 107, no. 38 (2010):16489–16493, https://doi.org/10.1073/pnas.1011492107

19. Kerry Hannon, "People with Pals at Work More Satisfied, Productive," *USA Today*, August 13, 2006, http://usatoday30.usatoday.com/money/books/reviews/2006-08-13-vital-friends_x.htm

20. Jennifer Robinson, "Well-Being Is Contagious (for Better or Worse)," Gallup, November 27, 2012, www.gallup.com/businessjournal/158732/wellbeing-contagious-better-worse.aspx

21. Shannon Greenwood, "In 2017, Two-Thirds of U.S. Adults Get News from Social Media," Pew Research Center's Journalism Project, September 7, 2017, http://www.journalism.org/2017/09/07/news-use-across-social-media-platforms-2017/pi_17-08-23_socialmediaupdate_0-01/

22. Victoria Ward, "Facebook Makes Us More Narrow-Minded, Study Finds," *Telegraph, January* 7, 2016, https://www.telegraph.co.uk/news/newstopics/

주

/

howaboutthat/12086281/Facebook-makes-us-more-narrow-minded-study-finds.html

23. Future Workplace and Virgin Pulse, "The Work Connectivity Study."

24. Dan Schawbel, "Richard Branson: His Views on Entrepreneurship, Well-Being and Work Friendships," *Forbes*, October 23, 2017, https://www.forbes.com/sites/danschawbel/2017/10/23/richard-branson-his-views-on-entrepreneurship-well-being-and-work-friendships/#68e4165755d2

25. Kat Boogaard, "Instead of Work-Life Balance, Try to Achieve Work-Life Integration," *Inc.*, August 15, 2016, https://www.inc.com/kat-boogaard/4-tips-to-better-integrate-your-work-and-life.html

2장. 생산성을 최적화하라

1. Dan Schawbel, "Steve Harvey: His Biggest Obstacles, Time Management and Best Career Advice," *Forbes*, December 18, 2012, https://www.forbes.com/sites/danschawbel/2012/12/18/steve-harvey-his-biggest-obstacles-time-management-and-best-advice/#49b754dd442a

2. Kronos Inc. and Future Workplace, "The Employee Burnout Crisis: Study Reveals Big Workplace Challenge in 2017," January 9, 2017, https://www.kronos.com/about-us/newsroom/employee-burnout-crisis-study-reveals-big-workplace-challenge-2017

3. Ian Hardy, "Losing Focus: Why Tech Is Getting in the Way of Work," *BBC News*, May 8, 2015, http://www.bbc.com/news/business-32628753

4. Virgin Pulse, "95% of Employees Are Distracted During the Workday, New Virgin Pulse Survey Finds," October 22, 2014, https://www.virginpulse.com/press/95-of-employees-are-distracted-during-the-workday-new-virgin-pulse-survey-finds/

5. Harmon.ie, "Collaboration & Social Tools Drive Business Productivity, Costing Millions in Work Interruptions," May 18, 2011, https://harmon.ie/press-releases/collaboration-social-tools-drain-business-productivity-costing-millions-work

6. Vanessa K. Bohns, "A Face-to-Face Request Is 34 Times More Successful Than an Email," *Harvard Business Review*, April 11, 2017, https://hbr.org/2017/04/a-face-to-face-request-is-34-times-more-successful-than-an-email

7. Staples Business Advantage, "The North American Workplace Survey," June 29, 2015, http://workplacetrends.com/north-american-workplace-survey/

8. Future Workplace and Virgin Pulse, "The Work Connectivity Study," to be published November 13, 2018, at http://workplacetrends.com/the-work-connectivity-study/

9. Joe Myers, "Is Technology Making Us Less Productive?," World Economic Forum, March 7, 2016, https://www.weforum.org/agenda/2016/03/is-technology-making-us-less-productive/

10. Future Workplace and Beyond.com, "The Multi-Generational Leadership Study,"

November 10, 2015, http://workplacetrends.com/the-multi-generational-leadership-study/

11. Dan Schawbel, "Charles Duhigg: How to Become More Productive in the Workplace," *Forbes*, July 24, 2016, https://www.forbes.com/sites/danschawbel/2016/07/24/charles-duhigg-how-to-become-more-productive-in-the-workplace/#536731c36d36

12. Nicholas Bloom, "To Raise Productivity, Let More Employees Work from Home," *Harvard Business Review*, January 1, 2014, https://hbr.org/2014/01/to-raise-productivity-let-more-employees-work-from-home

13. Future Workplace and Polycom, "The Human Face of Remote Working Study," March 21, 2017, http://workplacetrends.com/the-human-face-of-remote-working-study/

14. Staples Business Advantage, "The North American Workplace Survey."

15. Jason Bramwell, "What Day Is the Most Productive? Tuesday!," AccountingWEB, December 23, 2013, https://www.accountingweb.com/practice/growth/what-day-is-the-most-productive-tuesday

16. National Sleep Foundation, "How Much Sleep Do We Really Need?," n.d., https://sleepfoundation.org/how-sleep-works/how-much-sleep-do-we-really-need/page/0/2

17. Lisa Evans, "The Exact Amount of Time You Should Work Every Day," *Fast Company*, September 15, 2014, https://www.fastcompany.com/3035605/the-exact-amount-of-time-you-should-work-every-day

18. Dave Mielach, "Exercise Is Good for Your Health and Your Career," *Business News Daily*, February 24, 2012, https://www.businessnewsdaily.com/2084-exercise-good-health-career.html

19. Christian Nordqvist, "Calories: Recommended Intake, Burning Calories, Tips, and Daily Needs," *MedicalNewsToday*, February 12, 2018, www.medicalnewstoday.com/articles/245588.php

20. David T. Neal et al., "Habits—A Repeat Performance," *Current Directions in Psychological Science* 15, no. 4 (2006): 198–202, doi:10.1111/j.1467-8721.2006.00435.x

21. "Global Mobile Consumer Survey: US Edition," Deloitte United States, February 28, 2018, https://www2.deloitte.com/us/en/pages/technology-media-and-telecommunications/articles/global-mobile-consumer-survey-us-edition.html

22. Julie C. Bowker et al., "How BIS/BAS and Psycho-Behavioral Variables Distinguish Between Social Withdrawal Subtypes During Emerging Adulthood," *Personality and Individual Differences* 119 (2017): 283–288, doi:10.1016/j.paid.2017.07.043

23. May Wong, "Stanford Study Finds Walking Improves Creativity," Stanford News, April 24, 2014, https://news.stanford.edu/2014/04/24/walking-vs-sitting-042414/

24. Workfront, "2016–2017 State of Enterprise Work Report: U.S. Edition," July 1, 2016, https://resources.workfront.com/workfront-awareness/2016-state-of-enterprise-work-report-u-s-edition

주

/

3장. 공유 학습을 훈련하라

1. Dan Schawbel, "Trevor Noah: Growing Up with Trauma, Being an Immigrant and His Views on the Election," *Forbes*, November 15, 2016, https://www.forbes.com/sites/danschawbel/2016/11/15/trevor-noah-growing-up-with-trauma-being-an-immigrant-and-his-views-on-the-election/#a07b3ae3b4c5

2. Anuradha A. Gokhale, "Collaborative Learning Enhances Critical Thinking," *Journal of Technology Education* 7, no. 1 (1995), https://doi.org/10.21061/jte.v7i1.a.2

3. Cornerstone OnDemand, "New Study Shows Who Sits Where at Work Can Impact Employee Performance and Company Profits," Cornerstone, July 27, 2016, https://www.cornerstoneondemand.com/company/news/press-releases/new-study-shows-who-sits-where-work-can-impact-employee-performance-and-company

4. Kronos and WorkplaceTrends, "The Corporate Culture and Boomerang Employee Study," September 1, 2015, http://workplacetrends.com/the-corporate-culture-and-boomerang-employee-study/

4장. 다양한 아이디어를 장려하라

1. Dan Schawbel, "Ed Catmull: What You Can Learn About Creativity from Pixar," *Forbes*, April 8, 2014, https://www.forbes.com/sites/danschawbel/2014/04/08/ed-catmull-what-you-can-learn-about-creativity-from-pixar/#4460ac3f4222

2. Jessica Guynn et al., "Few Minorities in Non-Tech Jobs in Silicon Valley, USA TODAY Finds," *USA Today*, December 29, 2014, http://www.usatoday.com/story/tech/2014/12/29/usa-today-analysis-finds-minorities-underrepresented-in-non-tech-tech-jobs/20868353/

3. Grace Donnelly, "Tech Employees Overestimate How Well Their Companies Promote Diversity," *Fortune*, March 22, 2017, fortune.com/2017/03/22/tech-employees-overestimate-how-well-their-companies-promote-diversity

4. Catalyst, "Women in Management," February 7, 2017, http://www.catalyst.org/knowledge/women-management

5. John Tierney, "Will You Be E-Mailing This Column? It's Awesome," *New York Times*, February 8, 2010, http://www.nytimes.com/2010/02/09/science/09tier.html

6. Richard Fry, "Millennials Projected to Overtake Baby Boomers as America's Largest Generation," Pew Research Center, March 1, 2018, http://www.pewresearch.org/fact-tank/2018/03/01/millennials-overtake-baby-boomers/

7. US Census Bureau, "Educational Attainment in the United States: 2017," December 14, 2017, https://www.census.gov/data/tables/2017/demo/education-attainment/cps-detailed-tables.html

8. Laura Pappano, "The Master's as the New Bachelor's," *New York Times*, July 22, 2011, http://www.nytimes.com/2011/07/24/education/edlife/edl-24masters-t.html

9. William Boston, "Bad News? What Bad News? Volkswagen Bullish Despite Emissions Costs," *Wall Street Journal*, April 28, 2016, https://www.wsj.com/articles/volkswagen-says-diesel-car-buy-backs-to-cost-almost-9-billion-1461831943

10. Christiaan Hetzner, "VW Ex-Chairman Piech Challenges Board Nominees, Report Says," *Automotive News*, April 30, 2015, http://www.autonews.com/article/20150430/COPY01/304309944/vw-ex-chairman-piech-challenges-board-nominees-report-says

11. Lea Winerman, "E-Mails and Egos," PsycEXTRA Dataset, February 2006, http://www.apa.org/monitor/feb06/egos.aspx

12. Vanessa K. Bohns, "A Face-to-Face Request Is 34 Times More Successful Than an Email," *Harvard Business Review*, April 11, 2017, https://hbr.org/2017/04/a-face-to-face-request-is-34-times-more-successful-than-an-email

13. Steven Pressfield, "Writing Wednesdays: Resistance and Self-Loathing," November 6, 2013, https://www.stevenpressfield.com/2013/11/resistance-and-self-loathing/

14. Korn Ferry, "Executive Survey Finds a Lack of Focus on Diversity and Inclusion Key Factor in Employee Turnover," March 2, 2015, https://www.kornferry.com/press/executive-survey-finds-a-lack-of-focus-on-diversity-and-inclusion-key-factor-in-employee-turnover/

15. Charles Duhigg, "What Google Learned from Its Quest to Build the Perfect Team," *New York Times*, February 25, 2016, https://www.nytimes.com/2016/02/28/magazine/what-google-learned-from-its-quest-to-build-the-perfect-team.html

16. Dan Schawbel, "Adam Grant: Why You Shouldn't Hire for Cultural Fit," *Forbes*, February 2, 2016, https://www.forbes.com/sites/danschawbel/2016/02/02/adam-grant-why-you-shouldnt-hire-for-cultural-fit/#58d045717eba

17. Future Workplace and Beyond, "The Multi-Generational Leadership Study," November 19, 2015, http://workplacetrends.com/the-multi-generational-leadership-study/.

5장. 개방형 협업을 포용하라

1. Dan Schawbel, "Beth Comstock: Being an Introverted Leader in an Extroverted Business World," *Forbes*, October 20, 2016, https://www.forbes.com/sites/danschawbel/2016/10/20/beth-comstock-being-an-introverted-leader-in-an-extroverted-business-world/#5d544eaa594f

2. Lydia Saad, "The '40-Hour' Workweek Is Actually Longer—by Seven Hours," August 29, 2014, http://news.gallup.com/poll/175286/hour-workweek-actually-longer-seven-hours.aspx

3. Christine Congdon et al., "Balancing 'We' and 'Me': The Best Collaborative Spaces Also

Support Solitude," *Harvard Business Review*, October 1, 2014, https://hbr.org/2014/10/balancing-we-and-me-the-best-collaborative-spaces-also-support-solitude

4. Future Workplace and Randstad, "Despite the Tech Revolution, Gen Z and Millennials Crave In-Person Collaboration," September 6, 2016, https://www.randstadusa.com/about/news/despite-the-tech-revolution-gen-z-and-millennials-crave-in-person-collaboration/

5. Lynda Gratton and Tamara J. Erickson, "Eight Ways to Build Collaborative Teams," *Harvard Business Review*, November 1, 2007, https://hbr.org/2007/11/eight-ways-to-build-collaborative-teams

6. Jerry Useem, "When Working from Home Doesn't Work," *The Atlantic*, November 1, 2017, https://www.theatlantic.com/magazine/archive/2017/11/when-working-from-home-doesnt-work/540660/.

7. Steven Levy, "Apple's New Campus: An Exclusive Look Inside the Mothership," *Wired*, May 16, 2017, https://www.wired.com/2017/05/apple-park-new-silicon-valley-campus/

8. Meeting King, "$37 Billion per Year in Unnecessary Meetings, What Is Your Share?," October 21, 2013, https://meetingking.com/37-billion-per-year-unnecessary-meetings-share/

9. Patricia Reaney, "U.S. Workers Spend 6.3 Hours a Day Checking Email:Survey," *Huffington Post*, May 13, 2016, https://www.huffingtonpost.com/entry/check-work-email-hours-survey_us_55ddd168e4b0a40aa3ace672

10. Kenneth Burke, "How Many Texts Do People Send Every Day?," Text Request, May 18, 2016, https://www.textrequest.com/blog/many-texts-people-send-per-day/

11. Vanessa K. Bohns, "A Face-to-Face Request Is 34 Times More Successful Than an Email," *Harvard Business Review*, April 11, 2017, https://hbr.org/2017/04/a-face-to-face-request-is-34-times-more-successful-than-an-email

12. Future Workplace and Randstad, "Despite the Tech Revolution, Gen Z and Millennials Crave In-Person Collaboration."

6장. 인정으로 보상하라

1. Dan Schawbel, "Gary Vaynerchuk: Managers Should Be Working for Their Employees," *Forbes*, March 8, 2016, https://www.forbes.com/sites/danschawbel/2016/03/08/gary-vaynerchuk-managers-should-be-working-for-their-employees/#4e9df3e92008

2. Dan Schawbel, "David Novak: Why Recognition Matters in the Workplace," *Forbes*, May 23, 2016, https://www.forbes.com/sites/danschawbel/2016/05/23/david-novak-why-recognition-matters-in-the-workplace/#58354e497bb4

3. The Maritz Institute, "The Human Science of Giving Recognition," Maritz White Paper,

January 2011, http://www.maritz.com/~/media/Files/MaritzDotCom/White%20Papers/
Motivation/White_Paper_The_Science_of_Giving_Recognition1.pdf

4. Maritz Institute, "Human Science of Giving Recognition."

5. E4S, "Incentives Bring Loyalty, Says Survey," June 7, 2008, http://www.e4s.co.uk/news/
articles/view/747/job-news-and-information/gap-temp/Incentives-bring-loyalty-says-
survey

6. Daniel H. Pink, *Drive: The Surprising Truth About What Motivates Us* (New York: Riverhead Books, 2012).

7. Sho K. Sugawara, Satoshi Tanaka, Shuntaro Okazaki, Katsumi Watanabe, and Norihiro Sadato, "Social Rewards Enhance Offline Improvements in Motor Skill," *PLoS ONE* 7, no. 11 (2012): e48174, https://doi: 10.1371/journal.pone.0048174

8. Badgeville, "Study on Employee Engagement Finds 70% of Workers Don't Need Monetary Rewards to Feel Motivated," June 13, 2013, https://badgeville.com/
study-on-employee-engagement-finds-70-of-workers-dont-need-monetary-
rewards-to-feel-motivated-211394831.html

9. Melissa Dahl, "How to Motivate Your Employees: Give Them Compliments and Pizza," The Cut (blog), *New York Magazine*, August 29, 2016, https://www.thecut.com/2016/08/
how-to-motivate-employees-give-them-compliments-and-pizza.html

10. Dan Ariely and Matt R. Trower, *Payoff: The Hidden Logic That Shapes Our Motivations* (New York: TED Books/Simon & Schuster, 2016).

11. Martin Dewhurst et al., "Motivating People: Getting Beyond Money," *McKinsey Quarterly* (November 2009), https://www.mckinsey.com/business-functions/organization/our-
insights/motivating-people-getting-beyond-money

12. Future Workplace and Virgin Pulse, "The Work Connectivity Study," to be published November 13, 2018, at http://workplacetrends.com/the-work-connectivity-study/

13. Shawn Bakker, "A Study of Employee Engagement in the Canadian Workplace," Psychometrics Canada, n.d., https://www.psychometrics.com/knowledge-centre/
research/engagement-study/

14. WorldatWork, "Trends in Employee Recognition," June 1, 2013, https://www.
worldatwork.org/docs/research-and-surveys/Survey-Brief-Trends-in-Employee-
Recognition-2013.pdf

15. US Bureau of Labor Statistics, "Employee Tenure Summary," September 22, 2016, https://
www.bls.gov/news.release/tenure.nr0.htm

16. US Bureau of Labor Statistics, "Employee Tenure Summary."

17. Martin Berman-Gorvine, "Employee Peer Recognition Boosts Work Engagement," Bloomberg, December 19, 2016, https://www.bna.com/employee-peer-
recognition-n73014448785/

18. Francesca Gino and Adam Grant, "The Big Benefits of a Little Thanks," *Harvard Business Review*, March 30, 2015, https://hbr.org/2013/11/the-big-benefits-of-a-little-thanks

주
/

19. Emiliana R. Simon-Thomas and Jeremy Adam Smith, "How Grateful Are Americans?," *Greater Good Magazine*, January 10, 2013, https://greatergood.berkeley.edu/article/item/how_grateful_are_americans

20. Harvard Health Publishing, "In Praise of Gratitude," *Harvard Mental Health Letter*, November 2011, https://www.health.harvard.edu/newsletter_article/in-praise-of-gratitude

21. Erin Holaday Ziegler, "Gratitude as an Antidote to Aggression," College of Arts & Sciences, University of Kentucky, October 20, 2011, https://psychology.as.uky.edu/gratitude-antidote-aggression

22. Gino and Grant, "The Big Benefits of a Little Thanks."

7장. 성격을 고려해 채용하라

1. Dan Schawbel, "Richard Branson's Three Most Important Leadership Principles," *Forbes*, September 23, 2014, https://www.forbes.com/sites/danschawbel/2014/09/23/richard-branson-his-3-most-important-leadership-principles/#b7801e63d509

2. Randstad US, "An Over-Automated Recruitment Process Leaves Candidates Frustrated and Missing Personal Connections, Finds Randstad US Study," August 3, 2017, https://www.randstadusa.com/about/news/an-over-automated-recruitment-process-leaves-candidates-frustrated-and-missing-personal-connections-finds-randstad-us-study/

3. Inc., "Tony Hsieh: 'Hiring Mistakes Cost Zappos.com $100 Million,'" November 15, 2012, https://www.youtube.com/watch?v=XHcyKU-wZoA&feature=youtu.be

4. Newton Software, "The Real Cost of a Bad Hire," July 6, 2016, https://newtonsoftware.com/blog/2016/07/06/the-real-cost-of-a-bad-hire/

5. Millennial Branding and Beyond.com, "The Cost of Millennial Retention Study," December 6, 2013, http://millennialbranding.com/2013/cost-millennial-retention-study/

6. CareerBuilder, "Nearly Seven in Ten Businesses Affected by a Bad Hire in the Past Year, According to CareerBuilder Survey," December 13, 2012, http://www.careerbuilder.com/share/aboutus/pressreleasesdetail.aspx?sd=12/13/2012&id=pr730&ed=12/31/2012

7. Future Workplace and Virgin Pulse, "The Work Connectivity Study," to be published November 13, 2018, at http://workplacetrends.com/the-work-connectivity-study/

8. Simon Chandler, "The AI Chatbot Will Hire You Now," *Wired*, September 13, 2017, https://www.wired.com/story/the-ai-chatbot-will-hire-you-now

9. Chad Brooks, "Skip Skype: Why Video Job Interviews Are Bad for Everyone," *Business News Daily*, July 30, 2013, https://www.businessnewsdaily.com/4834-video-skype-job-interview.html

10. Nikki Blacksmith et al., "Technology in the Employment Interview: A Meta-Analysis and Future Research Agenda," *Personnel Assessment and Decisions* 2, no. 1 (2016),

doi:10.25035/pad.2016.002

11. Millennial Branding and Beyond.com, "The Multi-Generational Job Search Study," May 20, 2014, http://millennialbranding.com/2014/multi-generational-job-search-study-2014/

12. Tracy Moore, "When Headcount Is in Stride with Revenue (the Right Balance)," LinkedIn, June 4, 2015, https://www.linkedin.com/pulse/right-balance-when-headcount-stride-revenue-tracy-moore/

13. Jessica Stillman, "8 Powerful Lessons You Can Learn from the Career of Elon Musk," *Inc.*, August 18, 2016, https://www.inc.com/jessica-stillman/8-powerful-lessons-you-can-learn-from-the-career-of-elon-musk.html

14. Chris Anderson, "16 Management Quotes from the Top Managers in the World," Smart Business Trends, May 20, 2013, http://smartbusinesstrends.com/16-management-quotes/

15. Lauren A. Rivera, "Hiring as Cultural Matching," *American Sociological Review* 77, no. 6 (2012): 999–1022, https://doi.org/10.1177/0003122412463213

16. Dan Schawbel, "Hire for Attitude," *Forbes*, January 23, 2012, https://www.forbes.com/sites/danschawbel/2012/01/23/89-of-new-hires-fail-because-of-their-attitude/#5959ffb2137a

17. Matthew Hutson and Tori Rodriguez, "Dress for Success: How Clothes Influence Our Performance," *Scientific American*, January 1, 2016, https://www.scientificamerican.com/article/dress-for-success-how-clothes-influence-our-performance/

18. Chad A. Higgins and Timothy A. Judge, "Effect of Applicant Influence Tactics on Recruiter Perceptions of Fit and Hiring Recommendations: A Field Study," PsycEXTRA Dataset, doi:10.1037/0021-9010.89.4.622

19. Joel Goldstein, "6 Personality Traits Employers Look for When Hiring,"

20. Lifehack, April 25, 2014, https://www.lifehack.org/articles/work/6-personality-traits-employers-look-for-when-hiring.html

21. Christine Marino, "7 Need-to-Know Facts About Employee Onboarding," HR.com, July 7, 2015, blog.clickboarding.com/7-need-to-know-facts-about-employee-onboarding

22. Kelsie Davis, "3 Questions Your New Hire Will Have on the First Day," Bamboo Blog, BambooHR, August 26, 2014, https://www.bamboohr.com/blog/new-hire-first-day/

8장. 참여해 유지하라

1. Schawbel, Dan. "Personal Branding Interview: Tom Rath." *Personal Branding Blog*, October 25 2009, www.personalbrandingblog.com/personal-branding-interview-tom-rath/

2. CareerBuilder, "New CareerBuilder Study Unveils Surprising Must Knows for Job Seekers

and Companies Looking to Hire," July 1, 2016, https://www.careerbuilder.com/share/aboutus/pressreleasesdetail.aspx?ed=12%2F31%2F2016&id=pr951&sd=6%2F1%2F2016

3. Future Workplace and Virgin Pulse, "The Work Connectivity Study," to be published November 13, 2018, at http://workplacetrends.com/the-work-connectivity-study/

4. Gallup, "State of the American Workplace Report," http://news.gallup.com/reports/199961/state-american-workplace-report-2017-aspx

5. Staples Business Advantage, "The North American Workplace Survey," June 29, 2015, http://workplacetrends.com/north-american-workplace-survey/

6. Future Workplace and Virgin Pulse, "The Work Connectivity Study."

7. Dee DePass, "Honeywell Ends Telecommuting Option," *Star Tribune*, October 21, 2016, http://www.startribune.com/honeywell-ends-telecommuting-option/397929641/

8. Sabrina Parsons, "Marissa Meyer at Yahoo! Declares: Face Time Is the Key," *Forbes*, March 4, 2013, https://www.forbes.com/sites/sabrinaparsons/2013/03/04/marissa-meyer-at-yahoo-declares-face-time-is-the-key/#13b0f0112be9

9. Will Oremus, "Now Meg Whitman Wants Everyone to Stop Working from Home, Too," *Slate Magazine*, October 8, 2013, http://www.slate.com/blogs/future_tense/2013/10/08/hp_working_from_home_ban_marissa_mayer_s_yahoo_policy_becomes_industry_narrative.html

10. Lionel Valdellon, "Remote Work: Why Reddit and Yahoo! Banned It," Wrike, February 10, 2015, www.wrike.com/blog/remote-work-reddit-yahoo-banned/

11. Jim Harter and Annamarie Mann, "The Right Culture: Not Just About Employee Satisfaction," *Business Journal*, April 12, 2017, Gallup, http://news.gallup.com/businessjournal/208487/right-culture-not-employee-happiness.aspx

12. Santiago Jaramillo, "The Value of Employee Engagement," Emplify, July 2017, https://emplify.com/blog/the-value-of-employee-engagement/

13. "Employee Engagement Levels Are Focus of Global Towers Perrin Study," *Monitor*, January 2006, http://www.keepem.com/doc_files/Towers_Perrin_0106.pdf

14. Kim Elsbach et al., "How Passive 'Face Time' Affects Perceptions of Employees: Evidence of Spontaneous Trait Inference in Context," *SSRN Electronic Journal*, September 29, 2008, http://dx.doi.org/10.2139/ssrn.1295006

15. Scott Turnquest, "Distributed Teams and Avoiding Face Time Bias," ThoughtWorks, April 24, 2013, www.thoughtworks.com/insights/blog/distributed-teams-and-avoiding-face-time-bias

16. Dan Schawbel, "Amy Cuddy: How Leaders Can Be More Present in the Workplace," *Forbes*, February 16, 2016, https://www.forbes.com/sites/danschawbel/2016/02/16/amy-cuddy-how-leaders-can-be-more-present-in-the-workplace/#64de74c3731c

17. Ken Sterling, "Why Mark Zuckerberg Thinks One-on-One Meetings Are the Best Way to Lead," *Inc.*, September 28, 2017, https://www.inc.com/ken-sterling/why-mark-zuckerberg-thinks-one-on-one-meetings-are-best-way-to-lead.html

18. Lorne Michaels Quotes, BrainyQuote, n.d., https://www.brainyquote.com/quotes/lorne_michaels_501975

19. WorkplaceTrends.com and Virtuali, "The Millennial Leadership Survey," July 21, 2015, http://workplacetrends.com/the-millennial-leadership-survey/

20. Adam Bryant, "In Sports or Business, Always Prepare for the Next Play," *New York Times*, November 10, 2012, http://www.nytimes.com/2012/11/11/business/jeff-weiner-of-linkedin-on-the-next-play-philosophy.html

21. Dan Schawbel, "Drew Houston: Why the Most Successful Entrepreneurs Solve Big Problems," *Forbes*, May 23, 2017, https://www.forbes.com/sites/danschawbel/2017/05/23/drew-houston-why-the-most-successful-entrepreneurs-solve-big-problems/#6ed883f67acd

22. Dan Schawbel, "Biz Stone: From His Mom's Basement to Cofounding Twitter," *Forbes*, April 1, 2014, https://www.forbes.com/sites/danschawbel/2014/04/01/biz-stone-from-his-moms-basement-to-co-founding-twitter/#137f51001161

23. Shawn Achor, "The Happiness Dividend," *Harvard Business Review*, June 23, 2011, hbr.org/2011/06/the-happiness-dividend

24. M. D. Lieberman and N. I. Eisenberger. "Pains and Pleasures of Social Life," *Science* 323, no. 5916 (2009): 890–891, doi:10.1126/science.1170008

25. Dan Schawbel, "Michael E. Porter on Why Companies Must Address Social Issues," *Forbes*, October 9, 2012, https://www.forbes.com/sites/danschawbel/2012/10/09/michael-e-porter-on-why-companies-must-address-social-issues/#3d3fc24e468a

26. Dan Schawbel, "Personal Branding Interview: Simon Sinek," Personal Branding Blog, February 15, 2010, http://www.personalbrandingblog.com/personal-branding-interview-simon-sinek/

27. Paul J. Zak, "The Neuroscience of Trust," *Harvard Business Review* (January–February 2017), https://hbr.org/2017/01/the-neuroscience-of-trust

28. Future Workplace and Virgin Pulse, "The Work Connectivity Study."

29. Millennial Branding and Randstad, "Gen Y and Gen Z Global Workplace Expectations Study," September 2, 2014, http://millennialbranding.com/2014/geny-genz-global-workplace-expectations-study/

30. Keith Ferrazzi, "Getting Virtual Teams Right," *Harvard Business Review* (December 2014), https://hbr.org/2014/12/getting-virtual-teams-right

9장. 공감으로 리드하라

1. Dan Schawbel, "David Ortiz: From a Dominican Upbringing to 3-Time World Series Champion," *Forbes*, May 16, 2017, https://www.forbes.com/sites/danschawbel/2017/05/16/david-ortiz-from-a-dominican-upbringing-to-3-time-world-series-champion/#6c7a11e877a8

2. Quoted in Jennifer Oldham and Liz Willen, "Are Texting, Multitasking Teens Losing Empathy Skills? Some Differing Views," HechingerEd, June 10, 2011, http://hechingered. org/content/are-texting-multitasking-teens-losing-empathy-skills-some-differing-views_4002/

3. Drake Baer, "An MIT Researcher Found 2 Scary Things That Happen When You're on a Phone All Day," Business Insider, October 20, 2015, http://www.businessinsider.com/ mit-researcher-sherry-turkle-says-phones-make-us-lose-empathy-2015-10

4. "Maya Angelou 〉 Quotes 〉 Quotable Quote," Goodreads, n.d., https://www.goodreads. com/quotes/5934-i-ve-learned-that-people-will-forget-what-you-said-people

5. "2006 Northwestern Commencement—Sen. Barack Obama," NorthwesternU, July 15, 2008, https://www.youtube.com/watch?v=2MhMRYQ9Ez8

6. Jeff Cox, "CEOs Make 271 Times the Pay of Most Workers," CNBC, July 20, 2017, https:// www.cnbc.com/2017/07/20/ceos-make-271-times-the-pay-of-most-workers.html

7. Maya Kosoff, "Mass Firings at Uber as Sexual Harassment Scandal Grows," *Vanity Fair*, June 6, 2017, https://www.vanityfair.com/news/2017/06/uber-fires-20-employees-harassment-investigation

8. Maeve Duggan, "Online Harassment 2017," Pew Research Center, July 11, 2017, http:// www.pewinternet.org/2017/07/11/online-harassment-2017/

9. "2017 WBI US Survey: Infographic of Major Workplace Bullying Findings," June 24, 2017, http://www.workplacebullying.org/tag/bullying-statistics/

10. Dawn Giel, "Wells Fargo Fake Account Scandal May Be Bigger Than Thought," CNBC, May 12, 2017, https://www.cnbc.com/2017/05/12/wells-fargo-fake-account-scandal-may-be-bigger-than-thought.html

11. Andre Lavoie, "How to Get Rid of Toxic Office Politics," Work Smart, *Fast Company*, April 10, 2014, https://www.fastcompany.com/3028856/how-to-make-office-politicking-a-lame-duck

12. Jamil Zaki, "What, Me Care? Young Are Less Empathetic," *Scientific American*, January 1, 2011, https://www.scientificamerican.com/article/what-me-care/

13. Justin Bariso, "This Email from Elon Musk to Tesla Employees Is a Master Class in Emotional Intelligence," *Inc.*, June 14, 2017, https://www.inc.com/justin-bariso/elon-musk-sent-an-extraordinary-email-to-employees-and-taught-a-major-lesson-in.html

14. Almie Rose, "One Woman's Brave Email Is Helping to Break the Mental Health Stigma," attn:, July 10, 2017, https://www.attn.com/stories/18200/how-email-helping-break-mental-health-stigma

15. Harry McCracken, "Satya Nadella Rewrites Microsoft's Code," *Fast Company*, September 18, 2017, https://www.fastcompany.com/40457458/satya-nadella-rewrites-microsofts-code

16. Belinda Parmar, "Want to Be More Empathetic? Here's Some Advice from a Navy SEAL," World Economic Forum, December 13, 2016, https://www.weforum.org/

다시, 사람에 집중하라

/

agenda/2016/12/what-a-navy-seal-can-teach-business-leaders-about-empathy/

17. Anne Loehr, "Seven Practical Tips for Increasing Empathy," Blog, April 7, 2016, http://www.anneloehr.com/2016/04/07/increasing-empathy/

18. "Patient Photos Spur Radiologist Empathy and Eye for Detail," RSNA Press Release, December 2, 2008, http://press.rsna.org/timssnet/media/pressreleases/pr_target.cfm?ID=389

19. Adam M. Grant, "The Significance of Task Significance: Job Performance Effects, Relational Mechanisms, and Boundary Conditions," *Journal of Applied Psychology* 93, no. 1 (2008):108-124, doi:10.1037/0021-9010.93.1.108

20. Craig Dowden, "Forget Ethics Training: Focus on Empathy," *Financial Post*, February 27, 2015, http://business.financialpost.com/executive/c-suite/forget-ethics-training-focus-on-empathy

21. Businessolver.com, "Empathy at Work: Why Empathy Matters in the Workplace," Businessolver, n.d., https://www.businessolver.com/executive_summary#gref

22. Shalini Misra, "New Study Shows Putting Cell Phones out of Sight Can Enhance In-Person Conversations," Virginia Tech, August 7, 2014, https://vtnews.vt.edu/articles/2014/08/080714-ncr-misrasmartphonestudy.html

23. P. Mulder, "Communication Model by Albert Mehrabian," ToolsHero, 2012, https://www.toolshero.com/communication-skills/communication-model-mehrabian/

24. William A. Gentry et al., "Empathy in the Workplace," 2016, http://www.ccl.org/wp-content/uploads/2015/04/EmpathyInTheWorkplace.pdf

25. Stephanie Zacharek et al., "TIME Person of the Year 2017: The Silence Breakers," *Time*, December 7, 2017, http://time.com/time-person-of-the-year-2017-silence-breakers/

26. "BBC—Sexual Harassment in the Work Place 2017," ComRes, November 12, 2017, http://www.comresglobal.com/polls/bbc-sexual-harassment-in-the-work-place-2017/

27. Karishma Vaswani, "The Costs of Sexual Harassment in the Asian Workplace," *BBC News*, December 13, 2017, http://www.bbc.com/news/business-42218053

28. "The Reckoning: 2017 & Sexual Misconduct," Challenger, Gray & Christmas, Inc., February 2, 2018, http://www.challengergray.com/press/press-releases/reckoning-2017-sexual-misconduct

29. Kristine Phillips, "Lawmaker Who Led #MeToo Push Accused of Firing Aide Who Wouldn't Play Spin the Bottle," *Washington Post*, February 20, 2018, https://www.washingtonpost.com/news/post-nation/wp/2018/02/19/lawmaker-who-led-metoo-push-invited-staffer-to-play-spin-the-bottle-complaint-says/?utm_term=.1edecbc20392

30. Madeleine Aggeler, "Facebook and Google Employees Can Ask Each Other Out Once, but Only Once," The Cut (blog), *New York Magazine*, February 6, 2018, https://www.thecut.com/2018/02/facebook-employees-can-ask-each-other-out-once-but-only-once.html

주

31. Sue Shellenbarger, "Is It OK for Your Boss to Hug Your Intern?," *Wall Street Journal*, February 13, 2018, https://www.wsj.com/articles/at-the-office-talking-about-sexual-harassment-is-still-tough-1518532200

10장. 직원의 경험을 개선하라

1. Dan Schawbel, "Stanley McChrystal: What the Army Can Teach You About Leadership," *Forbes*, July 13, 2015, https://www.forbes.com/sites/danschawbel/2015/07/13/stanley-mcchrystal-what-the-army-can-teach-you-about-leadership/#4c295ce972d5

2. "Radical Innovation in Firms Across Nations: The Preeminence of Corporate Culture," *Journal of Marketing* (December 2008), http://faculty.london.edu/rchandy/innovationnations.pdf

3. Dan Schawbel, "Peter W. Schutz on Becoming the CEO of Porsche," *Forbes*, August 24, 2012, https://www.forbes.com/sites/danschawbel/2012/08/24/peter-w-schutz-on-becoming-the-ceo-of-porsche/#653e257815f4

4. Wikipedia, s.v. "Peter Schutz," accessed November 6, 2017, https://en.wikipedia.org/wiki/Peter_Schutz#cite_note-8

5. Mitchell Hoffman et al., "The Value of Hiring Through Employee Referrals in Developed Countries," *IZA* World of Labor, June 2017, doi:10.15185/izawol.369

6. Michael Housman, "Enemies to Allies: 6 Ways Employee Relationships Affect the Workplace," LinkedIn, April 22, 2015, https://www.linkedin.com/pulse/enemies-allies-6-ways-employee-relationships-affect-the-workplace/

7. Craig Knight and S. Alexander Haslam, "The Relative Merits of Lean, Enriched, and Empowered Offices: An Experimental Examination of the Impact of Workspace Management Strategies on Well-Being and Productivity," *Journal of Experimental Psychology: Applied* 16, no. 2 (2010): 158–172, doi:10.1037/a0019292

8. "The Importance of a Pleasant Workspace," Workplace Property, n.d., www.industrial-space-to-let.co.uk/the-importance-of-a-pleasant-workspace.html

9. Rose Hoare, "Are Cool Offices the Key to Success?," CNN, August 10, 2012, https://www.cnn.com/2012/08/10/business/global-office-coolest-offices/index.html

10. Future Workplace and Beyond.com, "The Active Job Seeker Dilemma Study," April 19, 2016, http://workplacetrends.com/the-active-job-seeker-dilemma-study/

11. Josh Bersin et al., "The Employee Experience: Culture, Engagement, and Beyond," Deloitte Insights, February 28, 2017, https://www2.deloitte.com/insights/us/en/focus/human-capital-trends/2017/improving-the-employee-experience-culture-engagement.html

12. IBM and Globoforce, "The Employee Experience Index," October 4, 2016, http://www.globoforce.com/wp-content/uploads/2016/10/The_Employee_Experience_Index.pdf

13. Future Workplace and Beyond.com, "The Active Job Seeker Dilemma Study."

14. "Retreats Build Teams, but Only 20% of Companies Use Them," CPA Practice Advisor, July 26, 2017, http://www.cpapracticeadvisor.com/news/12354785/retreats-build-teams-but-only-20-of-companies-use-them

결론 : 다시, 사람에 집중하라

1. Dan Schawbel, "Dr. Oz: What He's Learned from Over a Decade in the Spotlight," Forbes, September 18, 2017, https://www.forbes.com/sites/danschawbel/2017/09/18/dr-oz-what-hes-learned-from-over-a-decade-in-the-spotlight/#438e9a336c5b

2. "An Open Letter: Research Priorities for Robust and Beneficial Artificial Intelligence," Future of Life Institute, January 2015, https://futureoflife.org/ai-open-letter

3. "Tim Cook's MIT Commencement Address 2017," MIT, June 9, 2017, https://www.youtube.com/watch?v=ckjkz8zuMMs

4. "Facebook CEO Mark Zuckerberg Delivers Harvard Commencement Full Speech," Global News, May 25, 2017, https://www.youtube.com/watch?v=4VwElW7SblA

5. Future Workplace and Virgin Pulse, "The Work Connectivity Study," to be published November 13, 2018, at http://workplacetrends.com/the-work-connectivity-study/

6. Future Workplace and Konica Minolta, "The Workplace of the Future Study," November 29, 2016, http://workplacetrends.com/workplace-of-the-future-study/

7. Tae Kim, "McDonald's Hits All-Time High as Wall Street Cheers Replacement of Cashiers with Kiosks," CNBC, June 22, 2017, https://www.cnbc.com/2017/06/20/mcdonalds-hits-all-time-high-as-wall-street-cheers-replacement-of-cashiers-with-kiosks.html

8. Jeremy Kahn, "Domino's Will Begin Using Robots to Deliver Pizzas in Europe," Bloomberg, March 29, 2017, https://www.bloomberg.com/news/articles/2017-03-29/domino-s-will-begin-using-robots-to-deliver-pizzas-in-europe

9. Rachael King, "Newest Workers for Lowe's: Robots," Wall Street Journal, October 28, 2014, https://www.wsj.com/articles/newest-workers-for-lowes-robots-1414468866

10. John Markoff, " 'Beep' Says the Bellhop," New York Times, August 11, 2014, https://www.nytimes.com/2014/08/12/technology/hotel-to-begin-testing-botlr-a-robotic-bellhop.html

11. Neil Connor, "Legal Robots Deployed in China to Help Decide Thousands of Cases," Telegraph, August 4, 2017, https://www.telegraph.co.uk/news/2017/08/04/legal-robots-deployed-china-help-decide-thousands-cases/

12. Sophia Yan, "A.I. Will Replace Half of All Jobs in the Next Decade, Says Widely Followed Technologist," CNBC, April 27, 2017, https://www.cnbc.com/2017/04/27/kai-fu-lee-robots-will-replace-half-of-all-jobs.html

13. Alex Gray, "Goodbye, Maths and English. Hello, Teamwork and Communication?,"

World Economic Forum, February 16, 2017, https://www.weforum.org/agenda/2017/02/
employers-are-going-soft-the-skills-companies-are-looking-for/

14. Dan Schawbel, "Geoff Colvin: Why Humans Will Triumph over Machines," *Forbes*,
August 4, 2015, https://www.forbes.com/sites/danschawbel/2015/08/04/geoff-colvin-
why-humans-will-triumph-over-machines/2/#134eb10b2b54

15. Mike R. Morrison and Neal J. Roese, "Regrets and the Need to Belong," PsycEXTRA
Dataset, n.d., http://journals.sagepub.com/doi/abs/10.1177/1948550611435137

"새로운 기술들이 직장 문화에 변화를 재촉했으나, 사업에 필요한 기본 요소들은 여전히 중요하다. 《다시, 사람에 집중하라》에서 댄 쇼벨은, 신기술이 지닌 단점을 극복하고 사업을 성공시키기 위한 관계, 협업, 과업 완수 등 진정한 기초 다지기에 다시 초점을 맞춘다. 크든 작든 직장을 책임지는 리더라면 반드시 읽어야 할 책이다."

　　　　　　　　　　　　　　　　－ 론 셰이크(파네라 브레드Panera Bread의 창업자)

"《다시, 사람에 집중하라》는 새로운 기술로 인해 직장 내 성취감이 어떻게 저하되는지 생생히 드러낸다. 댄 쇼벨은 이 도발적이고 통찰력 넘치는 책을 통해 보다 인간적이고, 보다 덜 기계적인 상호작용을 요구한다. 또한 그 방법에 대해서도 실질적으로 안내하고 있다. 오늘날 직장에서 더 합리적이고 효율적인 결과를 이끌어내는 유능한 리더가 되길 원한다면, 이 책을 지나치지 말길 바란다."

　　　　　　　　　－ 김위찬(뉴욕타임스 베스트셀러 《블루오션 시프트》의 저자, INSEAD의 BCG 석좌교수)

"댄 쇼벨은 정교한 사례 분석을 통해 쓴 책 《다시, 사람에 집중하라》에서, 지금과 같은 신기술 시대에 우리가 어떻게 인간성을 회복하고 직장에서 진정한 커뮤니케이션과 상호 연결을 이루어낼지에 대한 의미심장한 통찰을 전한다. 그는 리더들이 동기 부여가 잘 되고 협업이 가능한 팀을 구성해, 직장을 건강하고 생산적인 곳으로 만들어야 한다고 주장한다. 업무에서 어떻게 성취감을 끌어내야 할지 고민하는 모든 직장인을 위한 책이다."

— 빌 조지(메드트로닉Medtronic 전 회장 겸 CEO, 하버드 경영대학원 선임연구원, 《최고는 무엇이 다른가》의 저자)

"이끄는 팀의 워라벨을 높이고자 하는 모든 리더에게 《다시, 사람에 집중하라》를 추천한다. 댄 쇼벨은 성공에 필수적인 인간관계를 구축하는 방법을 개인과 조직 두 가지 측면 모두에서 설명한다. 신기술 발전과 관계없이 인간의 감수성은 영원할 것이다. 이 책은 더 높은 성과와 행복으로 이어지는, 더 강력한 관계를 수립하는 방법을 전하고 있다."

— 미셸 란델(소덱소Sodexo의 CEO)

"댄 쇼벨은 성과를 내기 위해 인간성이 필요하다는 생각을 강화하고, 대개 새로운 기술들이 이런 중요한 연결을 제한한다는 사실을 드러낸다. 그의 아이디어를 실제 직장 현장에 적용하면, 개인적인 행복과 업무 생산성을 증가시키는 의미 있는 연결고리를 찾을 수 있을 것이다."

— 데이브 얼리치(뉴욕타임스 베스트셀러 《와이 오브 워크》의 공동저자), 렌시스 리커트(미시간대학 로스경영대학원 석좌교수)

"댄 쇼벨은 《다시, 사람에 집중하라》에서 무인운전과 같은 다양한 신기술보다 인간성이야말로 최우선되어야 한다는 사실을 상기시킨다. 이러한 진전은 더 나은 결과를 위해 창의적으로 함께 일하는 사람과 사람 간의 커뮤니케이션과 연결에서 찾아볼 수 있다."

— 베스 콤스톡(GE의 전 부회장)

다시, 사람에 집중하라 /

"《다시, 사람에 집중하라》는 보다 더 강력한 협업과 생산적인 인력을 열망하는 리더들을 위한 유용한 책이다. 댄 쇼벨의 조언에 따라 직장 내 인간관계가 더 단단해지면, 결국 더 뚜렷하고 의미심장한 사업 성과를 낳을 수 있음을 증명하고 있다"

— 버트 제이콥스(라이프 이즈 굿Life is Good 공동 창업자)

"댄 쇼벨은 《다시, 사람에 집중하라》에서 이제 휴대전화를 내려놓고 더 깊은 관계에 투자하라고 강조한다. 지금 이 시대에 우리가 깊이 새겨야 할, 또 하나의 가장 강력한 메시지이다."

— 댄 히스(뉴욕타임스 베스트셀러 《순간의 힘》 《스틱!》 《스위치》
《자신 있게 결정하라》의 공동저자)

"생산성을 말하면서 실용성을 무시하는 책들이 있고, '이유'를 누락한 채 점검 목록만 내놓는 책들도 있다. 그러나 만일, 관련 연구를 기반으로 한 실제 사례가 풍부한 책이 있어서, 누구든 직장에서 더 효과적으로 일하는 데 도움을 받을 수 있다면? 《다시, 사람에 집중하라》는 실용적 통찰을 담고 있으며, 업무 능률 향상에 도움을 줄 뿐 아니라 진정으로 원하는 인생을 어떻게 살아갈 것인지 잠시 멈춰 생각할 기회마저 제공한다."

— 시드니 핑켈스타인(다트머스대학 교수, 《슈퍼보스》 《실패에서 배우는 성공의 법칙》의 저자)

"《다시, 사람에 집중하라》는 더 나은 리더가 되는 방법에서 기본으로 돌아가는 실제 사례들을 전한다. 뛰어난 통찰과 훌륭한 조언이 조화를 이룬, 보기 드문 책이다."

— 데이비드 노바크(얌! 브랜즈Yum! Brands의 전 CEO이자 창립자)

"식민지 시대, 새뮤얼 애덤스와 그의 동료 혁명가들은 선술집에서 만나 맥주를 한 잔씩 마시며 미국 혁명을 모의했다. 대화, 소통, 협업 그리고 공통의 열정. 《다시, 사람에 집중하라》은 우리가 그처럼 중요한, 사람과 사람 간의 상호작용을 되찾아야 한다고 강조한다. 자신만의 혁명을 일으키고 싶다면, 댄 쇼벨의 이 책이 훌륭한 안내서가 되어줄 것이다. 건배할 시간이다!"

– 짐 코치(새뮤얼 애덤스의 설립자이자 양조자,
《자신의 갈증을 해소하라 : 맥주 한두 잔으로 배우는 사업 수업》의 저자)

"이끄는 팀원들과 더 돈독한 관계를 만들어내고 싶은 리더라면 반드시 《다시, 사람에 집중하라》를 읽어야 한다. 신기술에 의지하는 대신 좀 더 인간적 소통을 해야 한다는 쇼벨의 메시지는 시간이 지나면서 그 의미를 더해갈 것이다."

– 하워드 비하르(스타벅스 전 사장)

"세계가 관심을 기울여야 할 중요한 주제를 다룬, 매우 시의적절한 책!"

– 게리 켈러(켈러 윌리엄스 리얼티 인터내셔널Keller Williams Realty International의 창립자,
뉴욕타임스 베스트셀러 《원씽》의 저자)

"신기술은 우리의 멋진 하인이지만 끔찍한 주인이기도 하다. 불행하게도 시간이 흐르면서 신기술은 점차 하인에서 주인으로 진화하며, 여러 면에서 사업과 개인들의 혼란을 초래했다. 다행스럽게도 오늘날 해당 분야에서 가장 영민한 인물 가운데 한 명인 댄 쇼벨은, 다시 한 번 행동에 나서서 그의 통찰과 지혜를 전한다. 그는 핵심 문제를 파악했을 뿐 아니라, 팀원들이 업무를 즐기며 직장과 함께 성장하는 문화와 환경을 만들어낼 수 있는 해결책을 체계적으로 제공한다. 모든 리더가, 그리고 모든 사람이 열심

히 읽고 바로바로 참고할 수 있도록 책상에 늘 비치해야 할 책이다."

— 밥 버그(《기버》, 《고 기버 인플루언서》의 공동저자)

"인간관계를 강화하고 경력이나 사업을 구축하기 위해 올해 단 한 권의 책을 사야 한다면, 그 책은 《다시, 사람에 집중하라》가 될 것이다. 신뢰도 높은 실질 연구와 사례에 근거를 둔 《다시, 사람에 집중하라》는 직장 내 전략과 아이디어, 실습과 조언을 압축해 모은 필독서이다."

— 수전 로앤 《하우 투 워크 어 룸》, 《일단 만나! : 모든 중요한 일은 만나야 이루어진다》의 저자

다시,
사람에 집중하라

초판 1쇄 인쇄 2020년 7월 20일
초판 1쇄 발행 2020년 7월 24일

지은이 팀 스메들리
옮긴이 남명성
펴낸이 정용수

사업총괄 장충상 본부장 홍서진
편집장 박유진 편집 김민기 정보영 책임편집 박유진
디자인 김지혜 영업·마케팅 윤석오
제작 김동명 관리 윤지연

펴낸곳 ㈜예문아카이브
출판등록 2016년 8월 8일 제2016-000240호
주소 서울시 마포구 동교로18길 10 2층(서교동 465-4)
문의전화 02-2038-3372 주문전화 031-955-0550 팩스 031-955-0660
이메일 archive.rights@gmail.com 홈페이지 ymarchive.com
블로그 blog.naver.com/yeamoonsa3 인스타그램 yeamoon.arv

한국어판 출판권 ⓒ ㈜예문아카이브, 2020
ISBN 979-11-6386-050-1 03320